2019年
广西蓝皮书
BLUE BOOK OF GUANGXI

广西民族地区发展报告
DEVELOPMENT REPORT OF ETHNIC MINORITY AREAS OF GUANGXI

广西社会科学院　编

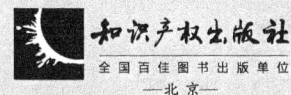

图书在版编目（CIP）数据

广西民族地区发展报告/广西社会科学院编 . — 北京：知识产权出版社，2021.8
（2019年广西蓝皮书）
ISBN 978-7-5130-7585-5

Ⅰ.①广… Ⅱ.①广… Ⅲ.①民族工作—研究报告—广西—2019 Ⅳ.①D633

中国版本图书馆CIP数据核字（2021）第144582号

内容提要

本书以广西民族地区脱贫攻坚为年度聚焦，以总报告、民族经济·社会篇、民族文旅·民生篇、年度聚焦·脱贫攻坚篇、大事记为主要框架，力求全面反映2018年广西民族地区和民族发展的状况，同时紧跟新时期新阶段广西民族发展和民族工作的主线，详述广西民族地区和民族发展的现状、成就和经验，充分发挥蓝皮书在广西民族地区和民族发展方面的作用。

责任编辑：高　源　　　　　　　　　　　责任印制：孙婷婷

2019年广西蓝皮书

广西民族地区发展报告
GUANGXI MINZU DIQU FAZHAN BAOGAO

广西社会科学院　编

出版发行：	知识产权出版社有限责任公司	网　　址：	http://www.ipph.cn
电　　话：	010-82004826		http://www.laichushu.com
社　　址：	北京市海淀区气象路50号院	邮　　编：	100081
责编电话：	010-82000860 转8701	责编邮箱：	laichushu@cnipr.com
发行电话：	010-82000860 转8101	发行传真：	010-82000893
印　　刷：	北京九州迅驰传媒文化有限公司	经　　销：	各大网上书店、新华书店及相关专业书店
开　　本：	720mm×1000mm　1/16	印　　张：	16.75
版　　次：	2021年8月第1版	印　　次：	2021年8月第1次印刷
字　　数：	266千字	定　　价：	88.00元

ISBN 978-7-5130-7585-5

出版权专有　侵权必究
如有印装质量问题，本社负责调换。

2019年广西蓝皮书编委会

主　任：陈立生
副主任：谢林城　黄天贵　解桂海
委　员：（按姓氏笔画排序）

　　　　王建平　邓　坚　刘东燕　刘汉富
　　　　李素娟　杨　鹏　吴　坚　陈　涛
　　　　陈红升　林智荣　冼少华　姚　华
　　　　黄红星　曹玉娟　蒋　斌　覃　娟
　　　　覃卫军　谢柱军　雷小华　廖　欣

本书编委会

主　编：张　健　黄仲盈

副主编：覃　娟　潘文献　覃丽丹　冼　奕

编　辑：王红梅　刘建文

前　言

蓝皮书系列是广西社会科学院学术研究的一个重要品牌。广西社会科学院民族研究所自2009年开始负责编撰有关民族发展的蓝皮书，至今已经公开出版了2009年版、2012年版、2013年版、2014年版、2015年版、2016年版、2017年版和2018年版。2009年版和2012年版蓝皮书书名为《广西民族发展报告》，按族别全面反映了广西12个世居民族当年的经济、社会、文化等方面的发展情况。从2013年开始，蓝皮书由广西社会科学院与广西壮族自治区民族宗教事务委员会合作编纂出版，书名改为《广西民族地区发展报告》，内容不再只是对当年广西民族地区和民族发展进行全面的研究和反映，而是选择一个重点，如文化、民生、教育、旅游等内容进行专题研究，在此基础上形成一个综合性的研究报告。

本书以广西民族地区脱贫攻坚为年度聚焦，以总报告、民族经济·社会篇、民族文旅·民生篇、年度聚焦·脱贫攻坚篇、大事记为主要框架，力求全面反映2018年广西民族地区和民族发展的状况，同时紧跟新时期新阶段广西民族发展和民族工作的主线，详述广西民族地区和民族发展的现状、成就和经验，深入研究民族地区和民族发展中的热点问题和新问题，既有宏观论述和总体分析，也有区域发展和个案分析，点面结合，充分发挥蓝皮书在广西民族地区和民族发展方面的决策参考、政策先声、投资指南、舆论平台、研究资料库的作用，突出原创性、实证性、权威性、连续性、前沿性。

本书作者以科研机构的专业研究人员为主，也有部分来自行政机构、事业单位等部门的人员。本书在框架上力求全面反映2018年广西民族地区和民族发展的总体情况，在选题上尽量捕捉广西民族地区和民族发展的热点和难点问题。我们希望本书既是对广西民族地区和民族发展的一次真实记录，又能对民族工作起到一定的决策参考作用，同时对民族发展的学术研究也有所裨益。由于经验和水平有限，书中的缺陷在所难免，希望得到业内专家和热心读者的批评指正，欢迎大家提出宝贵意见。

目　录

总　报　告

开启建设壮美广西新征程
——2018年广西民族地区发展报告
……………………………… 广西社会科学院课题组　003

民族经济·社会篇

广西民族自治地方不平衡不充分发展的体现与应对…………黄仲盈　041
广西人口较少民族经济社会发展报告………………………黄润柏　053
广西民族乡经济社会发展情况调研……………………………李　博　066

民族文旅·民生篇

广西民族文化和旅游融合发展报告……………………………冼　奕　075
广西民族地区民生发展报告……………………………………张　健　085

年度聚焦·脱贫攻坚篇

全面建成小康社会背景下破解广西深度贫困问题研究
………………………………… 覃　娟　梁艳鸿　潘文献　097

广西教育精准扶贫工作成效、存在问题及对策建议……… 易　鹏　118
乡村振兴战略背景下广西民族地区旅游扶贫创新路径研究…… 王红梅　126
广西边境地区脱贫攻坚调研报告
　　——以龙州县为例 ……………………………… 农世杰　138
广西壮族地区脱贫攻坚调研报告
　　——以那坡县为例 ……………………… 梁艳鸿　覃　娟　147
广西土瑶地区脱贫攻坚调研报告……………………… 袁丽红　160
广西布努瑶地区脱贫攻坚调研报告…………………… 奉　媛　172
广西苗族地区脱贫攻坚调研报告……………………… 潘文献　181
广西毛南族地区脱贫攻坚调研报告…………………… 黄润柏　195
广西仫佬族地区脱贫攻坚调研报告…………………… 覃丽丹　208
广西侗族地区脱贫攻坚调研报告
　　——以三江侗族自治县为例 …………… 陆　昂　覃　娟　219
广西京族地区消除贫困人口发展报告………………… 罗柳宁　234

附　录

2018年广西民族发展大事记 ………………………… 廖凌子　245

广西民族地区发展报告

总 报 告

开启建设壮美广西新征程

——2018年广西民族地区发展报告

广西社会科学院课题组*

2018年是贯彻落实十九大精神的开局之年，也是广西壮族自治区成立60周年，习近平总书记专门题写了"建设壮美广西　共圆复兴梦想"的匾额，题词明确了广西新时代发展的总目标总要求，为广西新时代发展描绘了宏伟蓝图，为做好当前和今后一个时期的广西工作提供了根本遵循。广西全面围绕落实"三大定位"❶新使命和"五个扎实"❷新要求，开启建设壮美广西的新征程。

一、60年大庆活动精彩纷呈，彰显建设壮美广西辉煌成就

2018年，广西壮族自治区成立60周年，广西精心组织策划了召开一个庆祝大会、举办一个成就展、举办一场庆祝晚会、开展一系列宣传活动、开展一系列文化体育活动、开展一系列慰问活动、召开一次表彰大会、办好一批民生实事项目"八个一"重大活动，突出抓好45项主要工作任务。

---

* 课题组成员：张健，广西社会科学院民族研究所，副研究员；覃娟，广西社会科学院科研处处长，研究员；刘建文，广西社会科学院民族研究所，副研究员；潘文献，广西社会科学院民族研究所，副研究员；冼奕，广西社会科学院民族研究所，助理研究员；王红梅，广西社会科学院民族研究所，助理研究员。

❶ 三大定位：构建面向东盟的国际大通道，打造西南中南地区开放发展新的战略支点，形成21世纪海上丝绸之路与丝绸之路经济带有机衔接的重要门户。

❷ 五个扎实：扎实推动经济持续健康发展、扎实推进现代特色农业建设、扎实推进民生建设和脱贫攻坚、扎实推进生态环境保护建设、扎实建设坚强有力的领导班子。

（一）召开一个庆祝大会

2018年12月10日下午，广西壮族自治区成立60周年庆祝大会在广西体育中心隆重举行。中共中央、全国人大常委会、国务院、全国政协、中央军委发来贺电。中共中央政治局常委、全国政协主席、中央代表团团长汪洋出席庆祝大会并讲话。庆祝大会还进行了主题为"奋进新时代 壮美新广西"的群众文艺表演。来自56个民族、社会各界、广西各地的3万多名群众欢聚一堂，表演具有浓郁的壮乡特色，融合了广西秀美山水元素及壮乡铜鼓文化、山歌文化、海洋文化、民族服饰文化、北部湾地域文化、海上丝绸之路历史文化等特色文化，集中凸显了各族人民的主体地位，体现了以习近平同志为核心的党中央对民族地区和少数民族的亲切关怀，充分体现了广西各族人民对以习近平同志为核心的党中央的坚定拥护和衷心爱戴。

（二）举办一个成就展

2018年12月10日，广西壮族自治区成立60周年成就展在广西规划馆开幕。展览包括关怀篇、概况篇、历程篇、成就篇和展望篇5个篇章，以"殷切关怀 巨大鼓舞""多彩八桂 魅力广西""岁月峥嵘 沧桑巨变""富民兴桂 阔步前行""蓝图已绘就 奋进正当时"为主题，紧紧围绕"建设壮美广西 共圆复兴梦想"，体现党的民族政策和民族区域自治制度的优越性，集中展现自治区成立60年来，特别是改革开放40年来取得的辉煌成就，生动展示习近平新时代中国特色社会主义思想在广西的实践成果。

（三）举办一场文艺晚会

庆祝广西壮族自治区成立60周年文艺晚会于2018年12月9日在广西文化艺术中心举行。晚会以"壮志飞扬"为主题，由14个节目和4个广西故事组成，以壮族民歌《多谢了》作为贯穿主线，聚焦广西60年发展的壮阔历程，反映在以习近平同志为核心的党中央的坚强领导下，八桂大地在改革开放中激荡春潮、砥砺奋进的前进脚步和服务民生的丰硕成果；讲述脱贫攻坚新故事、城乡建设新变化、人民群众新面貌、国际舞台新担当、民族团结新篇章；表达壮乡儿女贯彻落实"三大定位"新使命和"五个扎实"新要求，阔步奋进新时代的豪情壮志，多角度呈现新时代广西更加开放、美丽、自信的风采。晚会突出政治性、民族性、时代性，用最真的情感、最新的创意讴歌伟大的党、伟大的祖国、伟大的人民、伟大的时代，表达广西各族人民永远跟党走的信心和决心。

（四）开展一系列宣传活动

2018年，为了做好庆祝改革开放40周年、广西壮族自治区成立60周年的宣传工作，自治区党委在中央和自治区的主要媒体开设了专栏，全方位开展"辉煌60年·壮美新广西"系列宣传活动，通过集中采访报道等形式聚焦广西60年来的巨变和发展成就，全面反映民族区域自治制度在广西的成功实践。据不完全统计，《人民日报》、新华社、中央广播电视总台、《光明日报》《经济日报》、中新社、《中国日报》等中央媒体通过客户端、微信公众号等平台，创作了一系列新媒体优秀产品，部分媒体还对庆祝大会进行图文直播、微博直播。其间，广西推出形象宣传片《相约广西》，创作了《沧海丝路》《北部湾人家》等影视作品，其他中央、自治区的主要媒体推出的作品有《广西一分钟》《这里是广西》《文化广西形象片》《壮美广西60秒》《新华社记者镜头下的壮乡60年巨变》《辉煌60年·壮美新广西》《心手相牵　团结并进　民族一家亲》《搬进幸福村　开启幸福门》等，在北京开展民族文化艺术展览展演，全方位对广西进行报道、宣传。

（五）开展一系列文化体育活动

按照"隆重、热烈、节俭、务实、安全"的原则，广西策划组织了一系列文艺精品项目和重点文化体育活动，其内容丰富、覆盖面广、参与度高。其中，文艺精品项目和优秀剧目（作品）共60项，包括中央项目1项、国家部委项目1项，自治区层面14个精品项目、各市44个优秀剧目（作品）；重点文化体育活动220项，包括自治区层面60项、各市层面160项。从2017年起，自治区党委宣传部就启动了文艺精品项目的策划创作工作，包括影视剧、舞剧、交响乐、壮剧等在内的4个自治区文艺精品项目，如电视剧《北部湾人家》《沧海丝路》、舞剧《花界人间》、交响音乐会《壮乡和韵》、壮剧《我家住在铜鼓岭》、电影《又是一年三月三》等具有广西特色的精彩文化产品。通过内容丰富多彩、群众喜闻乐见、民族特色浓郁的书法、绘画、摄影、划龙舟、马拉松、歌咏歌唱比赛等文体活动，集中展示广西民族文化和体育事业发展取得的丰硕成果，并使广大基层群众共享文化发展成果。

(六)开展一系列慰问活动

在广西壮族自治区 60 周年大庆前夕,自治区党委、人大、政府、政协的领导分别深入基层走访慰问老领导、老干部、老同志、老党员、先进模范人物和有突出贡献的专家学者,详细询问他们的身体状况和生活情况,向他们致以崇高的敬意和真诚的问候,感谢他们为广西发展做出的贡献,希望他们一如既往地关注、关心和支持地方发展稳定各方面工作,继续为广西经济社会发展贡献力量,并叮嘱相关部门同志做好服务保障工作,多为他们解决困难问题。

(七)召开一次表彰大会

2018 年 11 月 28 日,广西壮族自治区第八次民族团结进步表彰大会在广西人民会堂举行,表彰为巩固和发展平等团结互助和谐的社会主义民族关系、在民族团结进步事业中做出突出贡献的 200 个模范集体和 299 名模范个人。自治区党委书记鹿心社出席会议并讲话,强调要坚持中国特色解决民族问题的正确道路,谱写新时代广西民族团结进步事业新篇章,让民族团结之花在广西常开长盛。

(八)办好一批民生实事项目

围绕 60 周年大庆,广西实施了一大批民生基础工程,涉及教育、卫生、文化、生态环境等方面,包括支持乡村学校建设,实施基层卫生基础设施三年建设等;推进了一批重大民生工程建设,包括革命老区河池市和百色市通高速公路、大力推进北部湾大学建设、建设广西国际壮医医院等。截至 2018 年 12 月,7 个重大公益性项目总投资 403 亿元,已经全部建成投入使用。其中,广西文化艺术中心 2018 年 1 月 3 日正式投入使用;广西国际壮医医院 9 月 15 日正式开业;桂林机场航站楼扩建工程 9 月 30 日正式启用;南宁会展中心升级改造工程在 2018 年的东盟博览会期间投入使用;北部湾大学建设项目已完工;河池至百色高速公路 11 月 28 日正式通车运营;南宁园博园 11 月 18 日向市民开放体验。

二、民族地区经济社会稳中有进,向建设壮美广西迈出坚实步伐

2018 年,广西坚持稳中求进工作总基调,深入贯彻新发展理念,落实

高质量发展要求，以供给侧结构性改革为主线，统筹稳增长、促改革、调结构、惠民生、防风险，做好稳就业、稳金融、稳外贸、稳外资、稳投资、稳预期工作，全区经济运行总体平稳、稳中提质。

（一）主要经济指标情况

2018年，广西全区地区生产总值20352.51亿元，比上年增长6.8%。其中，第一产业增加值增长5.6%，第二产业增加值增长4.3%，第三产业增加值增长9.4%。第一、第二、第三产业增加值占地区生产总值的比重分别为14.8%、39.7%和45.5%，对经济增长的贡献率分别为13.1%、25.4%和61.5%。按常住人口计算，广西全年人均地区生产总值41489元，比上年增长5.8%。全员劳动生产率为71455元/人，比上年提高6.5%。[1] 近几年，顺应国内外宏观经济环境的变化，广西加快了经济结构调整和"挤水分"的步伐，经济增长率缓慢下降（表1）。

表1 2014—2018年广西地区生产总值增长速度

单位：%

指标	2014年	2015年	2016年	2017年	2018年
增长速度	8.5	8.1	7.2	7.1	6.8

2018年，广西全区财政收入2790.35亿元，比上年增长7.1%。全年全区固定资产投资（不含农户）比上年增长10.8%，其中，第一产业投资增长18.6%；第二产业投资增长13.0%，其中工业投资增长12.2%；第三产业投资增长9.9%。全年全区社会消费品零售总额8291.59亿元，比上年增长9.3%；按经营地统计，城镇消费品零售额7240.82亿元，增长9.1%；乡村消费品零售额1050.77亿元，增长10.6%。全年全区货物进出口总额4106.71亿元，比上年增长5.0%。其中，出口2176.14亿元，增长14.6%；进口1930.57亿元，下降4.1%。贸易顺差（进口小于出口）245.57亿元，比上年增加359.83亿元。对东盟国家进出口总额2061.49亿元，比上年增长6.3%。其中，出口1259.80亿元，增长13.9%；进口801.69亿元，下降3.7%。全

---

[1] 广西壮族自治区统计局，国家统计局广西调查总队.2018年广西壮族自治区国民经济和社会发展统计公报[EB/OL].（2019-04-10）[2019-10-06].http://www.gxzf.gov.cn/sytt/20190410-743047.shtml.

年全区居民人均可支配收入21485元，比上年名义增长7.9%，扣除价格因素，实际增长5.5%。按常住地分，城镇居民人均可支配收入32436元，比上年名义增长6.3%，扣除价格因素，实际增长3.8%。农村居民人均可支配收入12435元，比上年名义增长9.8%，扣除价格因素，实际增长7.4%。❶ 可以说，广西经济社会发展取得了长足的进步，但是，在全国5个少数民族自治区中，广西主要的人均指标仍然处于中等偏下水平，人均地区生产总值处于最低水平（表2）。

表2　2018年我国5个少数民族自治区主要经济指标比较

自治区	常住人口/万人	地区生产总值/亿元	经济增长率/%	人均地区生产总值/元	一般公共预算收入/亿元	进出口贸易额/亿元	城镇居民人均可支配收入/元	农村居民人均可支配收入/元
广西	4926.00	20352.51	6.8	41489	1681.48	4106.71	32436	12435
内蒙古	2534.00	17289.20	5.3	68302	1857.50	1034.40	38305	13803
新疆①	2486.76	12199.08	6.1	49475	1531.46	200.10	32764	11975
宁夏	688.11	3705.18	7.0	54094	751.41	249.16	31895	11708
西藏	343.82	1477.63	9.1	43397	230.29	47.52	33797	11450

资料来源：各少数民族自治区2018年国民经济和社会发展统计公报。

注：①新疆的贸易额以美元为单位。

（二）少数民族特色产业发展情况

广西有三大民族特色产业和优势产业——铝业、甘蔗、桑蚕茧产业。经过几十年的发展，这些产业已经名列全国前茅，成为广西民族地区经济的支柱产业。

1. 生态铝产业——新崛起的特色产业

广西的铝产业主要分布在百色市的平果县、右江区、田东县、德保县、田林县、隆林县和靖西市等少数民族地区，以生产氧化铝、电解铝为基础；

---

❶ 广西壮族自治区统计局，国家统计局广西调查总队.2018年广西壮族自治区国民经济和社会发展统计公报[EB/OL].（2019-04-10）[2019-10-06].http://www.gxzf.gov.cn/sytt/20190410-743047.shtml.

平果县和右江区也生产铝型材，以南南铝业为主的南宁市铝加工业则以高端装备用的铝型材加工为主业。

百色市铝土矿储量约10亿吨，约占全国储量的1/3，是广西铝产业"二次创业"的主战场，也是全国生态型高质量发展铝产业示范基地。1987年，广西铝工业从百色市平果县起步。目前，百色市成为我国重要的铝工业基地，铝工业年产能已形成了氧化铝850万吨、电解铝82万吨、铝加工210万吨的生产规模。

近年来，百色市立足百色煤炭、铝土矿等资源优势，推动煤电铝一体化循环经济产业发展。百矿集团2013年开始运作煤电铝一体化项目。2015年，为配套铝产业发展，百色市还建设了区域电网，电网运行后，电解铝企业电价0.35元/千瓦时，铝深加工企业电价0.4元/千瓦时，增强了企业竞争力。2013—2018年，百矿集团原煤年生产能力从350万吨增加到900万吨，煤炭储量从3亿吨增加到10亿多吨，电铝产业从无到有，营业收入从30亿元增加到300亿元。百色新山铝产业示范园依托百矿集团煤电铝一体化，引进美亚宝、南桂、扬力等20多家知名铝型材加工企业入驻，铝材深加工产能达30万吨，电解铝80%就地消化。2017年，百色市出台《关于加快铝产业二次创业的决定》，提出打造"千亿元铝产业"目标，电解铝、铝材加工产量大幅增长。目前，百色市拥有涉铝大型企业18家，中小型企业100多家，铝业全产业链初步成型。2018年，"铝二次创业"持续推进，氧化铝产量为816.77万吨，电解铝产量150万吨，铝材加工308万吨，铝及配套产业产值达1280亿元。❶ 同年，广西全区年产氧化铝816.77万吨，下降7.0%；电解铝186.54万吨，同比增长103.1%。❷

目前，广西正以供给侧结构性改革为主线，强龙头、调结构、补链条，全面推进铝工业发展。2017年，靖西煤电铝一体化项目开工建设，项目规划年产250万吨氧化铝、年产100万吨电解铝、年产80万吨铝精深加工；百色市平果、田阳新山等重点园区铝产业集群加快形成，天桂铝业、百矿那坡等氧化铝项目有序推进，年产氧化铝200万吨的龙州县低品位难处理

---

❶ 参见《2019年百色市政府工作报告》。

❷ 广西壮族自治区统计局，国家统计局广西调查总队.2018年广西壮族自治区国民经济和社会发展统计公报[EB/OL].（2019-04-10）[2019-10-06].http://www.gxzf.gov.cn/sytt/20190410-743047.shtml.

铝土矿开发及综合利用（氧化铝）项目正在筹建之中，推动百色生态型铝产业示范基地先进制造业与生产性服务业融合发展。这些项目将极大带动民族地区的工业经济增长，促进广西铝产业转型升级。

2018年，广西印发了《南宁高端铝产业基地建设行动计划（2018—2022）》，5年内，南宁将以铝产业"科技研发—合金材料—精深加工—下游应用—成套装备"为方向，以航空交通铝合金新材料为重点，以科技创新为支撑，打造"一平台两主体五集群"，即打造铝合金新材料及应用技术研发平台，进一步做大做强广西南南铝加工有限公司、南南铝业股份有限公司等铝加工生产主体，形成高端铝合金精深加工百亿元产业群、汽车百亿元产业群、航材锻造（军民融合）配套加工百亿元产业群、轨道交通百亿元产业群、高端绿色建筑铝材百亿元产业群，将南宁打造成为我国重要的高端铝产业基地，力争到2022年进入全国铝合金新材料加工领域前三位。

2. 桑蚕茧丝绸产业异军突起

广西是我国"东桑西移"产业转移的主要承接地，经过十几年的努力，广西已经基本实现蚕、桑品种的自主化。"良种＋良法＋良具"使广西种桑养蚕技术处于全国先进水平，已经成为我国蚕桑产业的大省，形成了"世界蚕业看中国，中国蚕业看广西"的格局。

广西蚕桑生产覆盖86个县市区、615个乡镇，目前已基本建成桂西北、桂中、桂南三大优势产区和河池、南宁、来宾、柳州、百色、贵港6个蚕桑生产重点市。这些产区大部分在少数民族地区，其中河池市是广西的桑蚕茧丝绸生产大市，桑园面积和蚕茧产量排在全区第一位。在全区主要蚕桑生产市、县建成24个高产量、高质量、高效益的"三高"蚕业示范基地，20个蚕桑标准园示范基地，6个农业（核心）示范区，示范推广蚕桑新品种、新技术、新机具、新模式等，辐射带动广西蚕桑产业发展。2018年，广西桑园面积284万亩，蚕茧产量36.89万吨，增长3.8%[1]，蚕茧产量约占全国总量的一半，约占世界蚕茧产量的40%；涉及从业人员约370万人，蚕农售茧收入188.73亿元。广西有94家缫丝企业，自动缫丝规模达1100组44万绪，桑蚕丝年产量约1.8万吨。

---

[1] 广西壮族自治区统计局，国家统计局广西调查总队.2018年广西壮族自治区国民经济和社会发展统计公报[EB/OL].（2019-04-10）[2019-10-06].http://www.gxzf.gov.cn/sytt/20190410-743047.shtml.

河池市是广西桑蚕茧丝绸生产大市。2018年，河池市桑园面积55.44千公顷，增加0.12千公顷，蚕茧产量12.96万吨，占广西蚕茧产量的1/3，增长5.6%；蚕丝7100吨，同比增长2.2%。俗话说"中国蚕业看广西，广西蚕业看宜州"，"壮族歌仙"刘三姐的故乡宜州是中国蚕桑之乡、全国最大的"中国优质茧丝生产基地"、广西桑枝食用菌产业发展"十强县"、广西"十佳"桑蚕生产基地县区。2017年，宜州桑蚕生产、茧丝绸加工、资源综合利用及电商销售总额达62.6亿元。2018年，宜州区桑园面积36.19万亩，鲜茧产量5.99万吨，蚕农售茧收入29.8亿元，人均养蚕收入6500元以上，桑园面积、蚕茧产量连续13年保持全国县域第一，获评为"中国蚕桑之乡"，"宜州桑蚕茧"获国家农产品地理标志认证，并列入广西首批农产品区域公用品牌。❶

百色市是广西新崛起的桑蚕基地。种桑养蚕主要分布在平果、德保、靖西、那坡、凌云、隆林6个主产县（市）。2018年，百色全市桑园种植面积2.31万公顷，新增1847公顷，增长8.7%，前三季度蚕茧产量1.25万吨，增长65.9%。靖西市和那坡县已经发展成为全国优质蚕茧生产基地。目前，百色市已有5家蚕丝厂，安装有自动缫丝生产线53组，运行生产线42组。❷

虽然桑蚕业是传统产业，但是，广西加大蚕桑生产技术创新，创新集成了桑园密植速成丰产、冬夏剪伐无干养成、综合防控蚕病、二段高温催青、三期饲养管理的亚热带蚕桑种养生产模式及其配套技术；研发了小蚕共育自动化生产线、塑料蚕框、条格蔟、木质方格蔟、毛刷式摘茧机等一批省力化新机具。

广西创新桑蚕良种供给，重点加强广西蚕桑良种繁育与试验示范基地等10家区域性重点蚕种场和8家规模化桑苗繁育基地的建设。目前，广西桑蚕原种年产能达到20万张、一代杂交年产能600万张；桑树新品种繁育基地制种园面积500亩，年生产桑树新品种种子0.8万~1万千克，可育苗8亿~10亿株。❸ 广西全区蚕桑良种率达到100%。桑蚕业的创新推动了广西桑蚕茧丝绸行业的可持续发展。

---

❶ 数据由河池市宜州区农业局提供。
❷ 参见《百色市2018年前三季度农村经济运行情况分析》。
❸ 陈静，贺亮军.提升广西农产颜值·桑蚕片：小虫"吐"出大产业[EB/OL].（2018-03-02）[2019-08-19].http://www.gxcy.gov.cn/Item/257222.aspx.

广西正在引导蚕茧生产向丝绸加工转变，蚕丝业由数量扩张转向质量提升。支持桂西北优势区建设成为桑蚕优质茧生产区，重点建设可缫制5A级以上高品位生丝的优质原料茧基地；在桂中优势区，重点推进优质原料茧基地建设，创名优蚕茧，打造茧丝品牌，延伸产业链，提升综合效益；在桂南优势区，重点发展高产高效蚕业，推进万亩以上连片桑园示范基地建设。同时，加快发展绢纺、丝织、印染、家纺、服装等深加工，打造茧丝绸产业链和世界一流的茧丝绸加工生产基地。

3. 蔗糖产业高质量发展

广西甘蔗种植主要分布在崇左市、南宁市、贵港市、百色市、来宾市、钦州市等地，主产区在少数民族地区。广西是中国最大的产糖地区，目前日处理甘蔗能力为64.26万吨，平均每间糖厂生产规模达6985吨/日。2018年，广西全区甘蔗种植面积886.40千公顷，增加10.28千公顷，甘蔗产量7292.76万吨，增产2.2%；成品糖1016.37万吨，同比增长12.7%❶，占全国食糖产量的60%以上。

"中国糖业看广西，广西糖业看崇左"。甘蔗是崇左市重要的支柱产业，甘蔗种植分布在宁明县、龙州县、江州区、大新县、扶绥县等壮族聚居区，是广西糖业高质量发展的缩影。2018—2019年榨季，崇左市辖区内制糖企业开机生产15家，总榨蔗量1858.10万吨，占广西全区5360万吨的34.7%，比上个榨季总榨蔗量多99.72万吨，增幅5.67%，创近5年来新高。混合产糖217.70万吨，比上个榨季多12.09万吨，增幅5.88%。入厂原料蔗及产糖量连续17个榨季位居全国地级市首位。甘蔗和蔗糖产量占广西全区1/3、全国1/5，制糖深加工生产技术水平处于全国领先地位，是全国最大的糖业循环经济开发基地，是名副其实的"中国糖都"。

为了推进广西糖业高质量发展，自治区政府采取建设甘蔗"双高"基地和广西·中国糖业产业园的措施。2014年以来，崇左市掀起甘蔗"双高"基地建设的热潮，截至2018年，已累计落实"双高"基地193.38万亩。加大了良种推广力度，重点推广粤糖93/159、桂柳05136、桂糖29、桂糖42、桂糖43五个高产高糖、抗逆性强、宿根性好的品种。目前，崇左市共建设

---

❶ 广西壮族自治区统计局，国家统计局广西调查总队.2018年广西壮族自治区国民经济和社会发展统计公报［EB/OL］.（2019-04-10）［2019-10-06］.http://www.gxzf.gov.cn/sytt/20190410-743047.shtml.

有20个良种繁育基地，面积2.86万亩，每年可提供10万吨左右优良品种，全市"双高"基地种植良种率达到100%，良种繁育基地数量和规模均排全区第一。经自治区糖业办组织专家测产，2018年，崇左甘蔗"双高"产量平均达到7.31吨/亩，含糖量达到了14.29%。

糖业产业园建设助推糖业高质量发展。2017年7月，自治区人民政府同意将糖业产业园落户崇左市。2018年8月，《广西·中国糖业产业园总体规划（2018—2035）》通过验收。根据崇左糖业发展情况，广西·中国糖业产业园按照"一园三区"布局进行规划建设，着力构建1个核心产业园、2个特色产业区的"1+2"产业布局框架，形成以核心产业园为主体，特色产业分工协作的糖业产业空间布局体系，推进糖业转型升级，"吃干用尽"每一根甘蔗，形成集蔗、糖、酒、浆、纸、生物化工等为一体的糖精循环经济产业链。核心产业园位于中泰（崇左）产业园，重点建设蔗糖精深加工为主的糖业生产基地；特色产业区位于中国—东盟南宁空港扶绥经济区及江州区蔗糖循环经济产业区，前者建设以糖果加工为龙头的糖果休闲食品产业基地，后者重点建设制糖循环经济产业基地及糖业文化旅游区。截至2018年7月，糖业产业园共策划实施项目65个，计划总投资285.65亿元。其中，竣工投产项目13个，完成投资50.63亿元；在建项目25个，计划投资88.75亿元；储备项目27个，计划投资146.27亿元。

蔗糖业带动了边境民族地区群众脱贫致富，促进了中越边境地区的经贸合作。龙州县与越南高平省下琅县在越方境内合作种植甘蔗约1.5万亩，每年约2万吨甘蔗收获运回中国境内加工，惠及越南边民。

三、精准扶贫、民生工作有亮点，为全面实现小康社会打下坚实基础

（一）民族地区精准扶贫新亮点

2018年，广西全区按照党中央、国务院的决策部署，狠抓自治区关于打赢脱贫攻坚战三年行动的落实，重点聚焦深度贫困地区和极度贫困地区。全区实现27.9万户116.2万建档立卡贫困人口脱贫，1452个贫困村出列，14个贫困县（含9个国定贫困县）脱贫摘帽，贫困发生率从2017年年底的6.6%下降至2018年年底的3.7%。[1] 2018年，已脱贫的27.9万户

---

[1] 数据来源于广西壮族自治区扶贫办官方网站。

中,享受"雨露计划"、易地扶贫搬迁、金融扶贫、产业扶贫、基础设施扶贫的脱贫户占98.87%。超过九成的脱贫户年人均纯收入达到5000元及以上;4000~4999元1.82万户,占6.52%;3300~3999元0.36万户,占1.28%;3300元以下0.001万户,占0.004%(图1)。

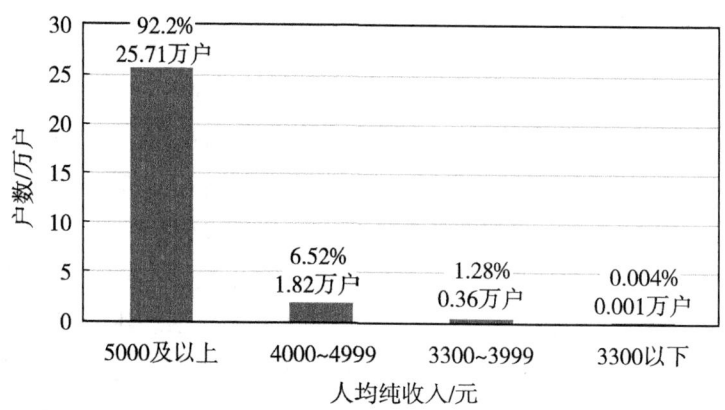

图1 2018年脱贫户人均纯收入分组情况

资料来源:2018年广西壮族自治区扶贫开发数据分析报告。

截至2018年年底,广西全区未脱贫建档立卡贫困户剩余41.28万户151.27万人,其中,绝大多数贫困户已解决"两不愁三保障"❶,共达35.37万户,占全部未脱贫户的85.68%,剩下的未达标户"两不愁"问题都已基本解决,后阶段目标主要在于提升"三保障"。全区20个深度贫困县(区、市)"九有一低于"❷达标情况总体良好,脱贫摘帽有序推进。至2018年年底,20个深度贫困县住房保障达标率为96.48%,安全用水达标率为94.4%,义务教育巩固率都达到94%以上,贫困人口100%参加医疗保障。❸2019年,计划脱贫摘帽的深度贫困县各项指标也基本达标。截至2018年年底,大化、都安、隆林、那坡四个极度贫困县贫困人口由2015年年底的35.43

---

❶ 两不愁三保障:即到2020年,稳定实现扶贫对象不愁吃、不愁穿,义务教育、基本医疗和住房安全有保障。

❷ 九有一低于:贫困县脱贫摘帽的标准,即有特色产业、有住房保障、有基本医疗保障、有义务教育保障、有路通村屯、有饮用水、有电用、有公共服务设施、有社会救助,贫困发生率低于3%。

❸ 参见《广西深度贫困地区脱贫攻坚监测分析研究报告》(内部资料)。

万人减少至 18.7 万人；全区 1490 个深度贫困村已脱贫摘帽 228 个，绝大多数深度贫困村贫困发生率已降至 30% 以下。2017 年年底，贫困发生率在 30% 以上的有 445 个重点深度贫困村，截至 2018 年年底，已有 295 个重点深度贫困村贫困发生率降至 30% 以下。

（二）民生惠民工程

2018 年，广西全区坚持把保障和改善人民生活作为重点工作，财政支出 80.5% 用于民生领域。在教育保障方面，新建中小学校（幼儿园）263 所，改扩建 7800 多所，乡镇中心幼儿园覆盖率 99.6%，九年义务教育巩固率达到 95%，高中阶段毛入学率为 89.4%。❶ 义务教育超大班额基本消除，贫困地区控辍保学专项行动稳步推进。在医疗保障方面，全区医疗卫生水平稳步提升，广西国际壮医医院等一大批重大医疗卫生设施投入使用。基层医疗卫生机构服务能力不断增强，乡镇卫生院业务用房和设备配备基本达到国家标准。在社会保障和救助方面，养老、医疗、失业保险参保人数和覆盖面不断扩大，城乡居民基本养老保险参保率超过 98%。2018 年，全区有 12 万人享受城市居民最低生活保障，182.2 万人享受农村居民最低生活保障，24.7 万人享受特困人员救助供养。

（三）民族地区基础设施建设

2018 年是广西壮族自治区成立 60 周年。广西民族地区基础设施建设成果显著，作为自治区 60 周年大庆的献礼工程，广西文化艺术中心、广西国际壮医医院、北部湾大学、广西新媒体中心、河池至百色高速公路、桂林机场新航站楼、南宁国际会展中心升级改造工程、第 12 届中国（南宁）国际园林博览会园博园等项目建成并投入使用。

高速公路方面，2018 年，广西民族地区建成了河池至百色、柳州至南宁改扩建、靖西至龙邦、吴圩机场至大塘 4 条高速公路。2018 年 11 月，连接河池至百色两个民族地区的高速公路建成通车。河池至百色高速公路起于河池金城江区北香圩，接六寨至河池高速公路，途经河池市金城江区、南丹县、东兰县、巴马县，百色市田阳县、右江区，止于百色市右江区那务村，接百色至隆林高速公路，全长 179.18 千米，按四车道高速公路标准

---

❶ 参见《2019 年广西壮族自治区政府工作报告》。

建设，设计速度 80 千米/小时。这条高速公路成为中国西南地区与东盟之间的便捷陆上通道，结束了东兰、巴马、凤山三县不通高速公路的历史，对于百色市和河池市的旅游发展起到积极作用。

柳州市至南宁市高速公路改扩建工程起自鹿寨北互通式立交，接已建的桂林市至柳州市高速公路和在建的阳朔至鹿寨高速公路，经柳州市、来宾市、宾阳县、六景镇，止于南宁市那容互通式立交东，接在建的南宁市新外环高速公路，全长约 248 千米。2018 年 5 月 1 日，柳南改扩建项目控制性工程之一、全桥总长为 1127 米的柳南高速新六景郁江特大桥建成通车。柳州至南宁高速公路改扩建工程基本实现通车，双向八车道的通行条件使交通通畅程度得到明显提升。

靖西市至龙邦高速公路。2018 年 12 月建成通车的靖龙高速公路是国家高速公路网规划中银川市至百色市（G69）高速公路的重要路段，线路起于靖西市新靖镇旧州村，与百色至靖西高速公路相接，与靖西至那坡高速公路、崇左至靖西高速公路相交，终点位于靖西市龙邦口岸海关大楼附近，主线全长 28.30 千米，按时速 100 千米设计。靖西至龙邦高速公路进一步完善了广西出境高速公路网。

吴圩机场至大塘高速公路。2018 年 11 月，吴圩机场至大塘高速公路正式通车，该项目主线设计里程 39.77 千米，设计速度 120 千米/小时，双向四车道，是第三条通往南宁吴圩机场的高速公路。钦州、防城港、北海方向来车可直达吴圩机场，同时连接广东方向，车辆可直接经由该路去往珠江三角洲，加强了广西与粤港澳大湾区及东盟国家的合作交流。

水利建设方面，2018 年 1 月，桂林市防洪及漓江补水枢纽工程斧子口水库正式下闸蓄水，标志着桂林市防洪及漓江补水枢纽主体工程全面完成。斧子口水库作为桂林市防洪工程体系的重要组成部分和漓江生态补水的重要水源工程，与其他水库和城市堤防工程联合发挥作用。该项目主要功能是城市防洪和漓江生态环境补水，兼顾发电、灌溉，实现水资源综合利用，提高了桂林市的防洪标准，漓江桂林断面河道枯水期流量补充到每秒 60 立方米，对改善漓江生态环境、通航条件和自然景观，以及解决制约桂林市经济社会可持续发展的水资源安全问题具有重大意义。

2018 年 10 月，南宁市邕宁水利枢纽开始下闸蓄水。蓄水后，邕宁水利枢纽解决了西津至老口河段航运二级航道水位衔接问题，航道航行条件得到改善，邕江航道全线达到常年可通1000吨级船队的Ⅲ级航道标准。同时，南宁市水面面积率由8%提高到10.5%，对打造西江黄金水道和百里秀美邕江，提高南宁城市生态环境建设具有重要意义。

高速铁路建设方面，广西全面实施交通优先发展战略，推进"市市通高铁"交通发展战略。截至2018年7月，广西全区铁路运营里程5191千米，复线率47.2%，电气化率60.5%；路网密度219千米/万平方千米，高于全国平均水平。高铁运营里程1771千米，排在全国第一。2018年，广西在建的高铁有合浦至湛江高铁、南宁经河池至贵阳客运专线（贵南高铁）等项目。合湛铁路西接广西沿海高速铁路，在湛江东接黎湛线、洛湛线、江湛高铁，并经湛江至海安线、规划中的琼州海峡跨海通道与海南省相连，是我国沿海铁路通道的重要组成部分，加强了北部湾城市群与粤港澳大湾区间的联系，实现了珠江—西江经济带区域协同发展。贵阳至南宁高速公路全长534千米，是国家《中长期铁路网规划》中"八纵八横"高铁主通道包海通道（包头—海口）的重要组成路段，同时衔接"一带一路"陆路通道，是目前为止在广西民族地区建设的时速350千米的高铁，大大提升了国际陆海贸易新通道的客货运输能力和服务水平。在城际铁路方面，广西将建设以南宁为核心连接设区市、连接城市群间重要节点城市、连接城市群内重要节点的舒适便捷城际铁路网。2018年年底，已经开工建设南宁经崇左至凭祥、南宁至玉林等城际铁路。

口岸基础设施建设方面，2015年1月12日，国务院以国函〔2015〕7号文批复广西壮族自治区人民政府，同意爱店公路口岸对外开放，口岸性质为双边性常年开放公路客货运输口岸。至此，爱店公路口岸由公路二类口岸升格为一类口岸。爱店口岸获批升格以来，宁明县积极争取上级各有关部门对爱店口岸升格开放的支持和项目资金，从国家和自治区下拨的边境地区转移支付资金中解决部分口岸基础建设经费，从本级财政预算支出一部分资金作为口岸基础设施建设项目补助经费，不断完善口岸基础设施建设，推进爱店货场改扩建及口岸隧道、云天中越边境中药材商贸物流中心、中越边境互市贸易结算中心等口岸配套设施建设项目。2018年6月，位于中越边境的广西崇左市宁明县爱店公路口岸对外开放通过国家验收。2018年9月，宁明县爱店口岸升格为一类口岸并正式开通，爱店峙马口岸性质为双边性常年开放公路客货运输口岸。爱店口岸成为广西中越边境规模最大、品种最多的中药材集散市场，也是农副产品、海产品加工基地，口岸商品交易品种达1000多种。

民生基础设施建设方面，2018年10月，作为自治区成立60周年大庆重大民生工程之一——广西国际壮医医院正式投入使用。该医院设有门诊楼、住院楼、制剂楼，具有鲜明壮瑶医药特色，是面向全国、辐射东盟的现代化、国际化区域医疗中心。

文化基础设施建设方面，2018年8月底，广西新媒体中心一期工程——新媒体中心大楼建成，建筑面积11.4万平方米。广西新媒体中心成为国际化的新媒体综合中心，打造区域性国际电视传播阵地，供东盟各国，以及中国香港、澳门、台湾地区媒体建立驻桂机构，并为其他新媒体企业进驻广西提供条件。同时，推动"三网融合"和"互联网+农村广播电视公共服务"的转型发展，为"智慧农村""平安乡村"等农村信息化建设提供信息平台，提高广西城乡广播电视覆盖能力，以"互联网+"为发展战略，集聚中国—东盟网络视听资源的产业链。

2018年8月，南宁东盟文化旅游项目竣工并开业运营。该项目将东盟十国文化、广西当地文化与现代科技巧妙融合，通过高科技手段创造性地展示东盟十国最具代表性的历史遗迹、历史文化、自然风情及现代都市风光，为中国和东盟国家文化交流提供重要平台，丰富了南宁市城市文化内涵，提高了南宁市旅游吸引力，促进了服务业发展。

2018年7月，桂林阳朔宋城演艺项目"桂林千古情"景区建成并正式开业。该项目致力于打造根植桂林当地文化"根与魂"、融合顶级实景体验和交互娱乐、提供"旅游演艺+主题公园集群"的品质文化娱乐产品。大型歌舞《桂林千古情》通过文化与科技的融合，打造了迄今广西科技含量最高、原生态文化容量最大的旅游演艺秀。

（四）人民收入、生活水平指数

2018年，广西全区人民生活显著改善，收入水平继续攀升。城镇居民人均可支配收入32436元，农村居民人均可支配收入12435元，分别是1978年的112倍和104倍。全区城镇居民恩格尔系数为30.7%，农村居民恩格尔系数为30.1%，分别比1980年下降了26.6、33.4个百分点，城乡居民消费水平明显提升。

四、民族文化繁荣发展,为建设壮美广西谱写文化篇章

广西壮族自治区成立60年,尤其是党的十八大以来,广西文化事业繁荣发展:舞台艺术好戏连台,文化品牌走向全国,公共文化服务体系逐步完善,文化遗产保护取得重大突破,文化产业整体实力不断增强,对外交流与合作日益扩大……在民族文化强区的建设中,广西正从高原向高峰攀登。2018年,广西进一步增强文化自觉,加快文化创新性发展、创造性转化,实施文艺精品工程、文化惠民工程、中华优秀传统文化传承工程,培育壮大文化产业,促进对外文化交流,加快民族文化强区建设,推动民族文化繁荣兴盛,让文化软实力成为广西发展硬支撑,为满足人民对美好生活的向往、营造"三大生态"、实现"两个建成"、谱写壮美广西文化发展新篇章贡献力量。2019年2月,广西有南宁市马山县古零镇(三声部民歌)、柳州市鱼峰区(鱼峰歌圩)、桂林市永福县(彩调)、梧州市岑溪市(牛娘戏)、玉林市博白县(桂南采茶戏)、百色市靖西市新靖镇(绣球)和来宾市金秀瑶族自治县(黄泥鼓舞)7个地方入选2018—2020年度"中国民间文化艺术之乡"。❶

(一)以庆祝自治区成立60周年为重点举办丰富多彩的文化活动,以桂风壮韵展甲子辉煌

精心统筹协调,庆祝自治区成立60周年文化活动取得圆满成功。庆祝大会群众文艺表演得到中央代表团、自治区党委、政府及社会各界的充分肯定和高度评价。

举办一系列专题展览比赛,讴歌八桂巨变。举办庆祝改革开放40周年、广西壮族自治区成立60周年文化艺术展览展演(北京)活动,包括广西文化艺术作品展、广西优秀剧目展演、电影《又是一年三月三》首映、广西好书推介及读书分享会组成"美丽广西·壮乡风情"4大板块内容。举办庆祝自治区成立60周年·2018广西艺术作品展,汇集美术、书法(篆刻)、摄影、工艺美术等领域的799件作品。开展广西文物工作60年成果

---

❶ 文化和旅游部关于命名2018—2020年度"中国民间文化艺术之乡"的通知[EB/OL].(2020–12–05)[2021–02–06].http://zwgk.mct.gov.cn/zfxxgkml/ggfw/202012/t20201205_916613.html。

专刊出版工作,举办"乾隆皇帝——故宫博物院文物特展""心仪广西六十国宝——广西壮族自治区成立60周年文物博物馆事业成果展"。举办2018广西文化创意产品设计大赛、第四届广西青年舞蹈演员比赛等重要艺术赛事。第十届广西戏剧展演、第四届广西杂技魔术展演等重要展演活动广受欢迎。

开展一系列主题群众文化活动,展现时代新貌。承办"春雨工程"全国文化志愿者边疆行活动,举办庆祝自治区成立60周年群众性阅读活动、第二届全民艺术普及展演、第六届全区基层群众文艺会演、全区广场舞展演、第十届"魅力北部湾"群众文化活动等主题鲜明、形式多样的全区性群众文化活动。

打造一系列舞台艺术精品,繁荣艺术创作演出。制定《广西艺术精品创作三年行动计划(2018—2020年)》。组织申报国家舞台艺术精品创作扶持工程、中国民族歌剧传承发展工程、国家艺术基金、西部及少数民族地区艺术创作提升计划等项目。实施自治区成立60周年文艺精品工程舞台艺术项目、广西舞台艺术精品创作扶持工程、优秀剧本扶持计划项目、舞蹈签约创作项目,支持鼓励文艺院团围绕自治区成立60年来取得的成就开展艺术创作工作,大型原创民族舞剧《花界人间》、彩调剧《刘三姐》、现代壮剧《我家住在铜鼓岭》等佳作不断涌现,深受观众喜爱。

举办一系列重大文艺演出活动,服务自治区党委、政府中心工作。举办中国广西与越南广宁谅山高平河江四省新春联谊晚会、"中华文化八桂行——走进合浦"大型系列文化活动等主题艺术活动。举办第六届中国—东盟戏剧周、第四届中国—东盟戏曲演唱会等重大艺术活动。组织申报参加全国基层院团戏曲会演、第十二届全国舞蹈展演、第十三届全国声乐展演、全国美术馆馆藏精品展出季等全国重大艺术活动。

(二)以实施文化惠民工程为抓手为民办实事,民族地区公共文化服务体系日臻完善

继续实施文化惠民工程,基层文化阵地建设逐步加强。全力做好自治区为民办实事村级公共服务中心项目建设,开展全区1200个村级公共服务中心项目建设。全区村级公共服务中心总数达11522个,覆盖率80%,居全国前列。推进县级图书馆、文化馆、乡镇综合文化站的达标建设,加强县级博物馆的建设。2018年起实施乡村公共文化服务设施能力提升三年行动计划，连续3年每年新建约20个县级图书馆（文化馆、博物馆），新建或改扩建约50个乡镇综合文化站，为区定贫困县文化馆、图书馆逐步配备流动图书车、文化车。广西文化艺术中心、广西图书馆民族文献中心相继建成并投入使用。广西群众艺术馆改扩建项目、广西博物馆改扩建项目、广西民族剧院建设项目等相继动工。抓好公共文化服务设施向社会免费开放工作，推进各级公共图书馆、美术馆、文化馆（站）免费开放规范化、服务项目品牌化、文化活动常态化、文化服务均等化。继续加大国家公共文化服务体系示范区、示范项目的支持力度，巩固提升第一批、第二批的建设成果，抓好第三批的验收工作，做好第四批的创建工作，总结推广"国门文化工程"经验，打造广西"文化睦邻"示范带。扎实推进公共数字文化工程建设和基层文化队伍培训工作，切实提升基层综合性文化服务中心的整体服务效能。

加强文化惠民演出，让百姓精神"富"起来。通过开展"贯彻十九大共筑中国梦"——广西红色文艺轻骑兵系列活动、"我们的中国梦—文化进万家"、全国文化科技卫生"三下乡"集中示范服务广西分会场文艺演出等公益性演出活动，打造"南国之声"周末音乐会、"民族戏苑"周末剧场、南宁民歌湖周周演等驻场演出品牌，为百姓奉献一道道丰盛的"文化大餐"，使他们的文化获得感和幸福感得到进一步提升。深入开展"文化扶贫·春雨暖心"惠民演出，打造扶贫题材精品剧目，增强贫困群众脱贫攻坚内生动力。

（三）以培育壮大文化实体为支撑促进产业健康快速发展，民族文化助力精准扶贫成效明显

加强文化产业集聚区建设，支持各地创建文化产业园区、基地。2018年，钦州坭兴陶文化创意产业园（千年古陶城）、广西黄姚古镇旅游文化产业区、南宁广告园、美丽南方·老木棉匠园、桂林象山文化产业园（瓦窑小镇）5个文化产业集聚区入选自治区第二批文化产业示范园区，进一步推进了广西文化产业园区、基地提档升级。培育壮大骨干文化企业，用好广西动漫产业发展引导资金，扶持广西动漫游戏产业发展和转型升级，有广西电视台的少数民族民间故事系列动画片之《布洛陀》等11家单位的15

个项目获得2018年度广西动漫产业发展引导资金支持。支持骨干文化企业参加各类文化交流贸易活动，举办2018中国—东盟博览会动漫游戏展，组织企业参加深圳国际文化产业博览交易会、丝绸之路（敦煌）国际文博会、中国西部文化产业博览会等国家级文化产业博览会。开展特色文化小镇创建工作，贺州市八步区贺街镇、梧州市六堡特色小镇、山圩木艺小镇特色文化小镇、田阳县百育镇布洛陀特色文化小镇、南丹县丹泉小镇被列入广西首批特色文化小镇创建名单，服务广西乡村振兴战略部署。

民族文化精准扶贫工作亮点多。对贫困地区文化产业扶持力度继续加大，财政资金向引导培育特色文化产业扶贫项目倾斜。2018年，马山县等7个贫困县申报自治区文化产业发展专项资金，获得扶持产业项目8个，补助资金420万元，仙迹桃花岛农文旅产业综合发展项目等6个贫困县申报的项目入选年度特色文化产业发展重点项目；专业技能培训助力贫困户脱贫，在北海市举办两期培训班，结合扶贫村、镇文化资源及地方特色和非物质文化开展珍珠养殖、贝雕雕刻及常规种养殖三方面的培训，为贫困家庭人员免费提供技术技能培训，变"输血"为"造血"，提升其职业发展能力，帮其脱贫、助其致富；"非物质文化遗产+扶贫"成效显著，实施贫困地区非物质文化遗产帮扶计划，2018年建设传统技艺类非物质文化遗产生产性保护示范户10户，完成自治区财政拨付广西非物质文化遗产保护专项补助经费574.25万元，举办非物质文化遗产传承人群研培班6期。

（四）以"海上丝绸之路·北海史迹"申遗为契机推进文物保护科学化、规范化，文化遗产保护利用开创崭新局面

深入贯彻落实习近平总书记视察合浦汉代文化博物馆的重要讲话精神，推进海上丝绸之路·北海史迹保护和申遗工作，做好海上丝绸之路沿线北部湾海域等考古调查、课题研究和抢救性考古发掘保护。海上丝绸之路·北海史迹作为海上丝绸之路·中国史迹的组成部分于2012年列入了国家文物局《中国世界文化遗产预备名单》，有合浦汉墓群、草鞋村遗址（汉城址）、大浪古城遗址（汉城址）3处遗产点。❶广西正在积极开展"海上丝

---

❶ 写好海上丝绸之路新篇章——广西文物局负责人谈海上丝绸之路·北海史迹保护和申遗［EB/OL］.（2017-04-27）［2018-10-06］.http://www.ncha.gov.cn/art/2017/4/27/art_722_140229.html.

绸之路·北海史迹"文化遗产保护和申报世界文化遗产工作，扎实推进遗产价值研究、文物本体保护、遗产阐释与展示、遗产周边环境整治、遗产宣传与推介等各类基础工作；实施重点文物保护工程，文物保护科技含量逐渐增大；加强世界文化遗产左江花山岩画文化景观保护管理工作，推进灵渠、侗族村寨·三江侗族村寨保护和申遗基础工作，推进合浦汉墓群与汉城遗址、顶蛳山遗址等考古遗址公园建设和文化遗产保护利用设施建设。

增强非物质文化遗产传承活力，弘扬中华优秀传统文化。举行以"多彩非物质文化遗产·美好生活"为主题的2018年"文化和自然遗产日"非物质文化遗产宣传展示崇左主场系列活动，充分展示我国改革开放40周年及自治区成立60周年、崇左市成立15周年以来的非物质文化遗产保护成果和非物质文化遗产文化魅力。组织参加第五届中国非物质文化遗产博览会等宣传展示活动。大力完善非物质文化遗产保护传承体系。进一步加强自治区级非物质文化遗产代表性项目名录体系建设，开展第七批自治区级非物质文化遗产代表性项目的评审认定工作，涉及10个类别共计141个非物质文化遗产代表性项目入选。进一步加强代表性传承人工作，开展国家级非物质文化遗产代表性项目代表性传承人抢救性记录工作，继续实施中国非物质文化遗产传承人群研修研习培训计划，资助传承人群体进入广西民族大学、广西艺术学院等高等院校进行木构建筑营造、织绣、编织等技艺提升学习研修，制定《广西非物质文化遗产代表性传承人管理办法》。进一步抓好非物质文化遗产保护工作平台建设，扶持各民族优秀的非物质文化遗产代表性项目建设示范性保护工作平台，推进文化生态保护实验区办出鲜明特色，拓展整体性保护区域，探索总结出适合广西非物质文化遗产整体性保护工作的新路径。深入推进中越边境非物质文化遗产保护惠民富民示范带建设，优化项目保护环境，促进文化交流，维护国家文化安全。

实施传统工艺振兴计划，培育精益求精的工匠精神。加强传统工艺相关学科专业建设和理论、技术研究，提高传统工艺产品的设计、制作水平和整体品质。通过举办广西工艺美术作品旅游工艺品2018暨大师精品展，组织第十九届中国工艺美术大师作品暨手工艺术精品博览会等大型展览展销会，拓宽传统工艺产品的推介、体验、展示、销售渠道。搭建创新平台、工作站和生产示范平台。参与广西工艺美术作品"八桂天工奖"评奖、

2018"百花杯"中国工艺美术精品奖评奖等传统工艺赛事活动,推动传统工艺创新发展。

(五)以扩大对外文化交流为纽带创品牌、树形象,进一步推动广西民族文化"走出去"

河内中国文化中心建设扎实推进。在中华人民共和国文化和旅游部(简称"文化和旅游部")、中国驻越南使馆、自治区人民政府领导下,落实自治区人民政府与文化和旅游部签订的《关于在越南合作共建河内中国文化中心的协议》,做好文化中心派驻人员的遴选推荐、培训等前期筹建工作,以及文化中心日常运营管理、文化交流活动开展和宣传推广等工作。

品牌和阵地建设持续推动。举办第13届中国—东盟文化论坛及配套活动,进一步提升论坛的国际影响力。积极承接文化和旅游部海外"欢乐春节"任务,在新加坡、阿尔及利亚、印度、不丹、马来西亚和文莱6个国家开展"欢乐春节"活动。继续参与文化和旅游部海外中国文化中心部省年度合作共建工作,与老挝中国文化中心共同举办"广西文化周"系列活动、"天涯共此时"中秋庆典和艺术培训班,并组织老挝艺术家来桂采风。

"一带一路"文化交流合作不断加强。配合共建"一带一路"倡议,以"美丽中国·心仪广西"文化交流品牌为载体,依托文化部海外"欢乐春节"等成熟品牌和海外中国文化中心等重要平台,结合中柬建交60周年等时间点,在"一带一路"沿线国家和地区开展内容丰富、形式多元的文化交流活动。

对港澳台文化交流工作稳步开展。做好文化部2018年内地与港澳文化交流重点项目的推荐工作,推进入选项目"'桂'族体验·'讲'式交流——桂港文化深度行"实施。推动与香港在图书馆领域的交流合作,配合开展"香港特区政府庆祝广西壮族自治区成立60周年'认识香港'阅读活动"。

五、民族文旅融合发展迈上新台阶,谱写壮美广西文化和旅游发展新篇章

2018年,广西深入学习习近平新时代中国特色社会主义思想,贯彻"创新、协调、绿色、开放、共享"的发展理念,落实习近平总书记关于

文化和旅游工作的系列重要论述和工作部署，坚持"宜融则融，能融尽融，以文促旅，以旅彰文"的工作思路，加强战略研究和制度设计，找准民族文化和旅游工作的最大公约数、最佳连接点，着力推动民族文化和旅游真融合、深融合。

（一）机构改革任务如期完成，文化和旅游服务体系更加健全

2018年11月15日，广西壮族自治区文化和旅游厅挂牌成立，标志着广西文化旅游事业站在一个新的起点上。这次自治区机构改革，将文化厅和旅游发展委员会的职能整合组建自治区文化和旅游厅，是自治区党委、人民政府贯彻落实习近平总书记关于深化党和国家机构改革重要论述的具体实践，体现了党对加强文化旅游工作集中统一领导的必然要求，对于推动全区文化事业、文化产业和旅游业融合发展，满足人民对美好生活的新期待，提高广西文化软实力，具有十分重要的意义。各市县的文化和旅游系统也相应于2019年8月28日前完成了组建，基本形成系统完备、科学规范、运转高效的机构职能体系，初步构建起运行顺畅、充满活力、令行禁止的工作体系。机构改革后，开启了文化与旅游融合发展的新格局，各地文化和旅游部门统筹文化和旅游融合发展的主动性、自觉性明显提高，各旅游景区也组织开展了丰富多彩的文化旅游活动，文化含量进一步提高。

（二）旅游主要指标数据创新高，文旅融合综合效应日益凸显

2018年，广西文化和旅游业取得了不错的成绩。统计数据显示，2018年，广西接待国内外游客6.83亿人次，同比增长30.6%，增速同比加快2.7个百分点；实现旅游总消费7619.90亿元，同比增长36.6%，增速同比加快3.5个百分点；其中，接待入境过夜游客562.33万人次，同比增长9.7%；国际旅游（外汇）消费27.78亿美元，同比增长16%，增速同比加快5.3个百分点；接待国内游客6.78亿人次，同比增长30.8%；国内旅游消费7436.08亿元，同比增长37.2%，增速同比加快3.4个百分点。❶根据研究测算，2018年广西全区旅游业综合增加值占地区生产总值的比重为18.3%，同比提高3.4个百分点。广西文化和旅游业在拉动当地经济增长、增加财税收

---

❶ 参见广西壮族自治区文化和旅游厅网站及《2018年旅游主要指标数据通报》。

入、促进社会消费、增加就业机会,以及带动贫困地区人口脱贫致富等方面发挥着越来越重要的作用,已经成为广西国民经济战略性支柱产业,其综合效应也越来越明显。

(三)传统节日焕发新生机,民族文化和旅游粘合度更高

广西各地充分发挥各自特色民族文化资源优势,依托传统节日举办了一系列精彩纷呈的民俗庆典活动,形成了吸引区内外游客的"磁场"。以2018年春节为例,南宁市推出赏花迎新、看灯游园、欢乐闹春、民俗祈福、环大明山游五大春节套餐;桂林漓江冠岩景区举办了冠岩溶洞音乐灯光秀活动和"最美回乡——冠岩民俗文化月"活动;北海市围绕"海丝"文化举办了"汉郡合浦·海丝明珠""北海相约·幸福涠洲"等系列主题活动,"北海客家婚礼体验"入选原国家旅游局发布的《2018春节假日旅游指南》;梧州市推出了"原味岭南·瑞犬贺岁"过大年等系列新春大巡游活动;河池市刘三姐故里景区举办了以"逛庙会、赶歌圩、祈福缘"为主题的歌仙庙会;柳州市举办了"苗族系列坡会群",如芦笙踩堂舞、苗歌演唱比赛、斗鸟斗马、坡花选美、百名芒哥闹新春、"打同年"等活动。2018年春节期间,广西全区共接待游客1983.19万人次,同比增长32.3%,位列全国第八,旅游总消费113.06亿元,同比增长45.2%。❶

(四)"遍行天下 心仪广西"深入人心,民族文化旅游特色招牌越擦越亮

成功打响"壮族三月三·八桂嘉年华"广西文化旅游节特色旅游品牌。2014年,"壮族三月三"入选国家级非物质文化遗产名录,自治区也将每年的三月三定为广西公众假日,全民放假两天。2017年,"壮族三月三"升级为"壮族三月三·八桂嘉年华",包括"壮族三月三·桂风壮韵浓""壮族三月三·相约游广西""壮族三月三·民族体育炫""壮族三月三·e网喜乐购""壮族三月三·和谐在八桂"5大板块活动。经过三年的精心打造,"壮族三月三·八桂嘉年华"成为民族节庆文化旅游招牌。

---

❶ 吴丽萍.向旅游强区迈进 春节广西接待游客人数位列全国第八[EB/OL].(2018-02-24)[2021-05-29]. http://www.gxnews.com.cn/staticpages/20180224/newgx5a909aaf-16947147-1.shtml.

实景演出点亮夜经济。继"印象·刘三姐"之后,广西紧抓"坐妹·三江""梦·巴马""花山"等演艺精品项目建设,打造旅游演艺品牌,有效带动旅游的消费升级,延伸产业链,衍生出更多的夜游产品,破解游客"好山好水好无聊"的窘境,激发他们对食住行游购娱等业态的夜间消费潜力。

小手艺闯出大市场,非物质文化遗产与旅游纪念品融合蓄积商业巨能。中越边境的靖西市新靖镇旧州街,是著名的"中国绣球之乡",这里制作的传统工艺品——绣球闻名全国、畅销海外。76岁的"中华巧女"黄肖琴使用堆绣工艺做的绣球已出口到美国、挪威、泰国等地。本地出产的绣球是热销的旅游纪念品,成为推介壮族文化的有效载体。同样地,还有上林县的特色手工艺品"渡河公"。它有着憨态可掬的笑容,散发出淡淡清香,受到游客喜爱。如今,蕴含着当地传说色彩的"渡河公"成为热门的旅游纪念品并远销海外。

"旅游+文化"产业扶贫引领贫困户走上致富路。2018年,广西乡村旅游接待游客约3.08亿人次,同比增长约31.0%,约占广西接待游客量的45.1%。乡村旅游已发展成为广西旅游产业的一大亮点,是助力脱贫攻坚的有力抓手。在上林县巷贤镇长联村古民庄,有着158座保存完好的壮族夯土房依山就势布局,是广西现存保护最好、规模最大的壮民族夯土建筑古村落之一。如今,依托这些古建筑打造的鼓鸣寨景区吸引游人如织。项目开发前,当地农民人均收入2100元以下,有贫困户46户,贫困人口153人。景区运行后,该庄群众通过门票分红、失地养老保险、就近劳务收入、土特产外销等年人均收入近万元。到2018年年末,已有40户脱贫。在靖西县,鹅泉景区扶持附近的念安屯村民建起36家农家乐、12家民宿,最后3户贫困户已顺利脱贫。通灵大峡谷所在的新灵村33户贫困户,户均1人在景区工作,农家乐、民宿、土特产店如雨后春笋般涌现,为贫困村民带来增收新希望。

"双创"活水搅动县域发展。截至2018年年底,广西已成功创建27个特色旅游名县(表3),有利于提升县域民族文化旅游品牌知名度和影响力,推动广西民族文化旅游产业升级,实现民族文化旅游强区。

表3 广西特色旅游名县一览表

批次	县份
第一批	阳朔、兴安、东兴（3个）
第二批	龙胜、金秀、凭祥（3个）
第三批	上林县、钦州市钦南区、容县、大新县、巴马瑶族自治县、三江侗族自治县、宜州市（7个）
第四批	贵港市桂平市、贺州市昭平县、桂林市荔浦县、北海市涠洲岛旅游区、百色市靖西市、柳州市融水苗族自治县、梧州市蒙山县（7个）
第五批	龙州县、合浦县、资源县、桂林市雁山区、北流市、马山县、乐业县（7个）

六、生态优势金不换，建设壮美广西生态基础更加巩固

（一）绿色发展

生态优势是广西坚持绿色发展道路长期积累的成果。广西生态环境质量多年来保持在全国前列。2018年，广西森林覆盖率62.37%，位居全国第三。广西空气质量、地表水质量、沿海近海海域水质都在全国前列，北部湾海域是中国最洁净的海域。2018年，广西设区市空气质量优良天数比率91.6%。

2015年7月，广西壮族自治区党委、政府印发《关于大力发展生态经济深入推进生态文明建设的意见》，以发展生态经济为抓手，深入推进生态文明建设。2016年8月，自治区发展改革委印发《广西16个国家重点生态功能区县产业准入负面清单（试行）》，对28个行业406类项目提出严格管控要求，涵盖各县当时拥有的产业及规划发展产业。2017年8月，自治区党委、政府印发《广西生态文明体制改革实施方案》。2019年，《中共广西壮族自治区委员会关于进一步解放思想改革创新扩大开放担当实干加快建设壮美广西共圆复兴梦想的决定》对广西绿色发展提出新要求，把绿色发展贯穿于经济社会发展全过程，变生态优势为经济优势、发展优势，实现"绿水青山"向"金山银山"的转化。

广西农业绿色发展以推进供给侧结构性改革为主线，积极打造农业绿

色发展先行区,推行农业绿色循环低碳生产方式,深入创建国家农产品质量安全县,全力支持扶贫产业绿色发展。2005—2015 年,广西在农村大力推广沼气作为农村能源。至 2016 年,广西累计有 406 万户建设沼气池,入户率排在全国第一。据估算,这 406 万户的沼气池年产沼气量可达 16 亿立方米,相当于替代 255 万吨标准煤,年处理粪污 7900 万吨,减少甲烷排放约 5 万吨,减少二氧化碳排放,还生产了大量高效有机肥。林业继续实施大规模国土绿化、油茶林新造等任务,巩固森林覆盖率,不断提高生态质量。在工业发展方面,大力推动产业转型升级。广西按照"产业政策、能耗、环保、质量、安全、技术"等综合标准,依法依规推动落后产能有序退出,为经济高质量发展腾出资源要素空间,鼓励工业企业采用节能节水、循环再制造等先进技术,实施节能改造和清洁化改造。同时,广西加大创新驱动引领和第三产业发展,推动绿色制造、绿色产业的兴起。2018 年,广西第三产业占地区生产总值比重达到 45.5%,高于第二产业的 39.7%,第一产业的 14.8%。2012—2018 年,广西万元 GDP 能耗累计下降 24.1%。❶

(二)加强生态修复

广西加强水土流失治理和植树造林,生态修复力度不断加大。根据第一次全国水利普查结果,广西全区共有水土流失总面积 5.05 万平方千米,占土地总面积的 21.27%,从区域分布看,水土流失主要集中在百色、河池、桂林、南宁、崇左等市。❷

2000 年,国家开始实施西部大开发战略。西部大开发十年,广西完成治理水土流失面积 2904.65 平方千米,包括坡改梯 2853 公顷,营造水保林 31204 公顷,经济林 8083 公顷,封育治理 240413 公顷,修建小型水利水保工程 3511 座(处)。这些项目的实施使水土流失得到初步控制,增加了梯田数量、粮食产量和群众收入。

"十二五"期间,广西整合资金投入 10.63 亿元用于水土保持工程建设,先后治理小流域 163 条,防治水土流失面积近 2000 平方千米。据不完全统

---

❶ 数据来源于 2019 年 9 月 2 日广西壮族自治区党委书记鹿心社在国务院新闻发布会上所作的"建设壮美广西 共圆复兴梦想"报告。

❷ 参见《广西壮族自治区水土保持规划(2016—2030 年)》。

计,"十二五"期间,广西生态建设项目投资285.43亿元。❶

根据《广西壮族自治区水土保持规划（2016—2030年）》的要求,到2020年广西全区新增水土流失治理面积达到8600平方千米。通过采取保护管理、封育、局部治理、生态补偿及能源替代等多种措施,保护林草植被和治理成果,强化生产建设活动和项目水土保持管理,实施封育保护,促进自然修复,全面预防水土流失。广西2018年共植树造林350万亩,已连续11年年均植树造林面积稳定在350万亩以上,广西人工林面积居全国前列。为了加强对生态公益林的管护,2017年广西聘请了2.56万名生态护林员,到2019年生态护林员达到3.74万名,管护总面积达到6300多万亩,人均管护面积1680亩。

2018年,广西通过了《广西壮族自治区土壤污染治理与修复规划（2017—2030年）》,计划在2020年前实施完成广西土壤污染现状详查等58个项目,计划总投资约14.5亿元,目前部分土壤修复项目已经实施完成。

（三）建设"美丽广西"

2013年,广西印发《"美丽广西"乡村建设重大活动规划纲要（2013—2020）》,将乡村建设活动分为清洁乡村、生态乡村、宜居乡村和幸福乡村四个阶段。清洁乡村阶段以农村垃圾治理为突破口,梯次推进清洁乡村、生态乡村、宜居乡村、幸福乡村建设。第一阶段以"清洁家园、清洁水源、清洁田园"为主要任务;第二阶段以"村屯绿化""饮水净化""道路硬化"活动为重要抓手,相继推动广西农村实现了生活垃圾收集处理全域基本覆盖,生活饮水安全得到保障,出行便捷度大为提高。广西将"美丽广西"与扶贫工作结合起来,2015年5万名"美丽广西"乡村建设（扶贫）工作队员常驻基层一线。2018年,驻村工作队进行了新一轮的轮换,进一步充实了力量。2019年,"美丽广西"建设活动重点实施"环境秀美""生活甜美""乡村和美"三个专项活动,贫困村脱贫摘帽成为重点任务。

"美丽广西"乡村建设活动开展以来,特别是不断强化脱贫攻坚工作以来,广西农村环境显著改善,基层组织领导能力明显提升,农业产业快速发展,农村集体经济收入和农民群众收入持续增加,累计脱贫超过630万人,乡风文明大幅提升,广西农村展现出欣欣向荣的气象。

---

❶ 参见《广西环境保护和生态建设"十三五"规划》。

七、发展存在的问题和挑战

广西壮族自治区成立60年以来,八桂大地发生了翻天覆地的历史巨变,取得了前所未有的建设成就。但是,作为边疆民族地区,后发展欠发达仍是广西最大的特征,广西经济落后的面貌还没有根本改变。当前,我国经济已由高速增长转向高质量发展,广西也正处于爬坡过坎、提质升级、新旧动能转换的关键时期,建设壮美广西仍面临着诸多制约与挑战。

(一)发展观念滞后

幸福都是奋斗出来的,成就都是实干出来的。目前,广西经济社会发展到了攻坚期,改革进入深水区,新问题、新挑战、新机遇层出不穷,需要各级领导干部迎难而上、担当作为。然而,思想观念旧、工作节奏慢、自我感觉好等问题存在于干部队伍当中,且未得到彻底解决,导致干事创业成就不够突出。

一是思想观念旧。目前,"身体进入新时代、思想留在旧时代"的问题在广西极为普遍。全区个别地方、部门、同志对新形势新事物不敏感、缺乏甄别能力,对新发展理念接受慢、领会不透,面临新机遇反应迟钝、缺乏抢占意识、缺乏坐失良机与贻误发展的危机感。二是工作节奏慢。党的十八大以来,广西先后出台了一系列净化政治生态的政策和制度,取得了显著成效,但是"工作节奏慢"的问题依然存在。三是自我感觉好。随着改革开放的不断深入,好干的、代价小的、不得罪人的、见效快的都已"见底",剩下的几乎都是难啃的"硬骨头"。在这个时候,个别地区、个别部门和个别干部不同程度出现了自我感觉良好的状态。

(二)与其他省份总体发展相比还存在较大差距

广西与全国大部分省份相比,总体发展还存在较大差距。与广西毗邻的广东,一直是改革开放和社会主义现代化建设的排头兵,在构建推进经济高质量发展的体制机制、建设现代化经济体系、推动形成全面开放新格局等方面都走在全国前列。2018年广东经济总量已是广西的4倍之多,"两广"相差约7.7万亿元。江西、四川等省原来与广西发展相似,近几年来差距逐渐扩大;西北邻省贵州正着力"弯道超车",2008年贵州经济总量约只有广西的一半,但这几年贵州经济社会发展跑出"加速度",特别是在全国国民生产总值平均增速"保8破7跌6"的转型过程中,贵州发展势如破竹,持续高速增长。2017年,贵州经济总量与广西仅差了0.5万亿元,贵州创新争先的发展理念及鼓励支持担当作为的发展环境助力其持续保持进位赶超的势头。2018年,云南地区生产总值约1.8万亿元,在全国排名第20位,在西部省份排名第5位,同比增长8.9%,增速仅次于贵州、西藏,固定资产投资、社会消费品零售额同比两位数增长,均高于广西,投资、消费协调拉动经济增长的潜力进一步得以释放。近年来,湖南实体经济加速发展,科技创新不断取得突破性进展,创新驱动发展早已走在广西前列。与此同时,湖南加快实施开放崛起专项行动,积极融入长三角和粤港澳大湾区,在创新和开放的双轮驱动下,湖南已然呈现跨越发展和加速崛起的良好势头。

(三)脱贫攻坚任务还很艰巨

广西的贫困人口多,贫困面比较大,贫困程度深,脱贫攻坚的任务还很艰巨。一是深度贫困人口量多面广。广西54个贫困县中有20个深度贫困县、4个极度贫困县,截至2018年年底,仍有105万人未脱贫、1150个贫困村未出列和21个贫困县未摘帽。其中,近100个深度贫困村贫困发生率达45%,贫困程度与"三区三州"深度贫困地区不相上下,已成为脱贫攻坚难啃的"硬骨头",但广西全域不属于"三区三州"范围,无法得到中央扶贫政策的重点扶持,脱贫攻坚压力巨大。二是全面建成小康社会实现程度较低。全区全面建成小康社会实现程度低于全国平均水平。据国家标准测算,广西经济发展、人民生活、民主法治、文化建设、资源环境五大类监测指标全面落后于全国平均水平,其中经济指标差距最大,特别是居民收入水平不高,基本公共服务供给不足。2018年,广西城镇居民人均可支配收入32436元,比全国平均水平低6815元,在全国排位从十年前的第13位跌至第23位;农村居民人均可支配收入12435元,比全国平均水平低2182元,全国排位第21位。高等教育毛入学率39%,比全国平均水平低9.1个百分点,居于全国最后一位。医院床位数也大大少于周边省份。同时,曾主动接受国家对自然资源的无偿调度的资源富集区面临环境治理、生态修复、移民安置、扶贫攻坚等多重压力。

（四）高质量发展水平较低

全区产业供给侧结构性矛盾突出，新兴产业规模偏小、新旧动能"青黄不接"、生产要素成本居高不下，导致经济增长不稳、结构不合理、质效不高的"三不状态"。自2014年进入新常态以来，广西地区生产总值增速持续下滑，2016年、2018年先后跌破8%和7%，降幅比全国及兄弟省市大、下滑时间更长。三次产业结构性问题较为突出，第一产业比例过高、大而不强、产业化程度低，第二产业能耗高、附加值低、产业链条短、名品名牌少、新动能培育慢、核心竞争力低，第三产业比例过低、传统服务业占比过大，现代物流、金融、信息服务、科技服务、文化旅游、大健康、新商业新零售等新产业新业态新模式亟待发展。据统计，2018年，广西全区六大高耗能行业产值占比高达40%，消耗全区80%以上的煤炭能源与70%以上的用电量，而贡献率仅占20%左右，高技术产业增加值占比仅11.6%，规模以上工业企业利润率仅5.88%，亏损面高达20.62%。

（五）绿色生态创富难

当前，广西生态文明建设正处于压力叠加、负重前行的关键期，已进入优质生态产品提供与老百姓对优美生态环境需要的攻坚期。近年来，自治区党委、政府一直在谋求生态经济发展新方式，力推绿色发展，取得了明显的成效。但是，在发展与生态的关系上，尚未找到二者平衡点，二者仍处于"相克"的僵局。全区生态环境比较脆弱，淡水资源相对贫乏，自然保护区、近海地区生态保护及堤防修复压力较大，"地条钢"死灰复燃。全区工业用地空置率较高，农村居民点用地明显超控超标，建设用地产出效益普遍较低。特别是，全区生态经济业态单一，投入产出效率不高，生态产品技术含量低，企业规模小实力弱；优美的山水生态分布零散，缺乏整体开发与包装，相关自然生态景观可持续利用的配套服务体系尚未建立，导致单体的绿水青山无法变成"金山银山"。

（六）开放发展面临诸多挑战

开放发展是建设壮美广西的必由之路，全方位开放吸引要素流入、承接产业转移、做强出海通道是广西提升开放发展水平的重要着力点。然而，近年来广西开放发展面临诸多挑战，突出表现为"越顶转移"加速、"擦背出海"趋势明显。

一方面，国内企业从广西头顶越过直接进入周边国家和地区，新加坡等东南亚国家越过广西直入中国西部重庆等市。多年来，广西倾全区之力打造中国西南出海大通道、"南宁渠道"、中国—东盟要素集散的枢纽，但是随着"无水港"的全域覆盖、"互联网+平台"的大规模涌现，广西的跳板功能、窗口作用快速消退，中国内地与东盟的企业越过广西直接对接与合作。2018年，在中美贸易摩擦的影响下，在最短的时间内在东南亚租厂房、办手续、买设备、投入生产成为中国企业的"出海"缩影。与此同时，发达国家和地区越过广西瞄准周边贵州、云南等省区投资的趋势日渐明显。另一方面，随着东南亚国家经济发展进入快车道，许多发达国家和地区企业纷纷登陆东南亚国家，利用当地的资源优势和低廉的劳动力投资创业，并以越南、柬埔寨、缅甸等为跳板进军东南亚市场，产品返销中国或出口世界其他国家。广西南向通道建设与华东、华南地区相比还相对滞后，通道建设效果与预期出现较大反差，西南、中南地区要素流出于时效性和经济性考虑大多向湛江港、广州港出海，"擦背出海"趋势明显，甚至还出现广西货不走广西港的尴尬现象。随着粤港澳大湾区建设，西南、中南地区及其地市东融步伐加速，各地区多式联运通达珠三角的"经脉血络"进一步打通，与广州、深圳、湛江港互联互通进一步增强，通道货源总量将被强势分流，"擦背出海"给广西的压力倍增。

八、谱写建设壮美广西新征程的对策建议

针对广西民族地区经济社会发展面临的困难和挑战，建议采取一系列措施扎实推进壮美广西建设，不断谱写新时代广西发展新篇章。

（一）解放思想、改变观念

解放思想是推动社会主义事业勇往直前的不竭动力和力量源泉。新时代建设壮美广西，要坚持以习近平新时代中国特色社会主义思想为引领，解放思想，打破僵化，及时开展触及观念、震动思想的大学习、大讨论，把思想统一到习近平新时代中国特色社会主义思想上、统一到习近平总书记关于进一步解放思想、将改革进行到底最新要求上、统一到习近平总书记对广西工作的重要指示上，根除历史遗留的"小农经济"意识和"官本

位"意识，消除僵化过时的计划经济观念，把思想从不符合科学发展的思维方式、行为方式上解放出来，从传统的发展理念的束缚中解放出来，形成建设壮美广西的新共识、新理念、新思路、新举措。要坚持破旧立新，大力推进思想转型、观念转型，坚决摒弃一切与新发展理念不相适应的惯性思维，破除一切与新时代广西发展不相符合的思想观念弊端，对标学习先进省区、发达地区的发展理念，实现大破大立、蹄急步稳；要坚持守正出奇，既要牢记使命、不忘初心，恪守正道、坚持原则，又不固守常规，能突破思维、合理变通，推陈出新、出奇制胜，突破阻碍经济发展的层层思想樊篱。

（二）加大民族地区交通基础设施建设力度

交通犹如经脉，应当且必须先行。新时代的交通体系包括由公路、铁路、航空、水路与网路组成的立体综合交通，须重点推进以下枢纽工程建设。

一是加快广西出边出区铁路、公路建设，形成连接东盟的"三高两铁三桥"和连接广东的"八铁九高速"陆路交通网络及连接云南的"三铁三高速"、连接贵州的"四铁四高速"、连接湖南的"五铁五高速"，打造我国西南、中南地区及粤港澳大湾区连接东盟的最便捷通道；二是加快码头基础设施建设，加密航线班轮，打造北部湾区域性国际航运中心；三是提升空中大通道国际枢纽水平。把南宁机场建设成为面向东盟、连接大湾区的门户枢纽机场，加快桂林国家重要旅游机场建设，不断拓展国际航线，打造承接大湾区、沟通东盟的航空客运中转枢纽和航空货运转运基地；加快柳州机场扩建，百色巴马、北海机场迁建，加快贺州、玉林、防城港东兴机场建设，加密南宁、桂林机场至粤港澳的航班，加快形成以南宁、桂林两大干线机场为骨干，其他支线机场为补充，层次清晰、功能合理的公共运输机场体系。

（三）继续推进改革开放

积极贯彻落实中央赋予广西的"三大定位"新使命和"五个扎实"新要求，实施更加积极主动的开放带动战略，加快构建"南向、北联、东融、西合"全方位开放发展新格局。同时，继续推进以"南向""东融"为重点的新一轮改革开放，努力将广西打造成既连接东盟，又直通粤港澳大湾区的地区枢纽。

一是加快建设面向东盟开放合作的金融门户。加大面向东盟的经济金融开放合作大通道、多层次跨境金融合作交流机制和多边系统性金融风险防控机制建设力度。进一步扩大跨境人民币结算和投融资规模，进一步提升金融合作水平与服务，进一步推动金融市场发展壮大，进一步完善跨境金融基础设施互联互通，进一步推动金融人才聚集发展。

二是升级"两会"，完善面向东盟的开放合作平台。加快实施中国—东盟博览会、中国—东盟商务与投资峰会升级计划，创新办会模式，深化主题国、特邀合作伙伴等机制，持续提升专业化、国际化、品牌化、信息化水平，着力打造中国—东盟高层对话、专业合作与工商界对话交流平台。建设完善中国—中南半岛经济走廊、中国—东盟港口城市合作网络，办好泛北部湾经济合作论坛，积极参与澜沧江—湄公河合作。完善提升中国广西与越南边境四省联合工作委员会会晤等机制，推动与更多东盟国家建立联合工作机制。推动更多东盟国家在南宁设立领事机构、商务联络中心和区域总部。

三是加快与东盟的国际产能合作建设。大力推进马中关丹产业园、中国·印尼经贸合作区、中越跨境经济合作区、广西境外农业合作示范区和农业对外开放合作试验区等产能合作园区建设；加快文莱—广西经济走廊港口合作、深海渔业养殖等项目建设，积极推进中泰、中老、中柬等重点合作项目建设，深化国际产能合作，推动汽车、工程机械、钢铁、建材、有色金属等优势产业"走出去"，打造一批"走出去"行业品牌及示范基地。

（四）生态文明建设与生态经济两手抓

切实贯彻习近平总书记关于"绿水青山就是金山银山"的发展理念，坚持生态文明建设与生态经济"两手抓"，在执行最严格的生态环境保护法律法规的基础上，建立健全产业生态化和生态产业化新体系，全面启动"绿色招牌"提亮行动、美丽家园品质提升行动，探索绿色崛起、生态创富、低碳优质的壮美发展新路径，打造美丽中国"广西样板"。

一是启动"绿色"招牌提亮行动，实施绿色画廊工程、边海道最美天际线工程、区域"绿肺"工程；二是启动生态经济创富升级行动，按照集群化、品牌化、定制化、生态化思路，建设生态绿色产业示范区、特色资源绿色加工示范区与新兴生态产业示范区；三是启动美丽家园品质提升行动,主要是启动城市家园生态品质提升行动、乡村家园生态品质提升行动、大湾区宜居宜游延伸区打造行动。

(五)引进创新型人才

深入实施人才兴业的壮美战略,以更高的站位、更大的力度、更实的举措,为壮美广西建设广泛集聚创新型、复合型人才。一是实施"智力海绵"计划。营造一流的一体化人才生态,创造吸引各类智力竞相流入的"海绵"环境。二是精准实施创新型人才引进工程。围绕一体化发展高层次人才需求,加快实施"蓝色人才高端突破工程""数字人才海纳百川工程""产业领军人才集聚工程""企业家启航工程""产业工匠雨林工程""百万学子入桂创业就业工程",并在人才激励、人才融合、人才成长等方面营造优于周边的生态,快速做大人才规模,优化人才结构,集聚一体化高质发展所需要的智力支撑。三是实施市场化的"人才+资本"组合工程,强化市场发现、甄别与筛选人才的理念。建立资本识别人才机制,大力发展人才金融,开创性地推出人才投贷、人才投保、人才投债联动。聚焦创新型人才"双创"融资难融资贵问题,支持探索高新区建立人才银行、人才风投、天使基金等,吸引社会资本参与人才项目。支持各市设立人才"双创"风险补偿资金池,促进"人才+资本+产业+项目"的深度融合,形成长效的市场识才育才与引才用才机制。四是建立专业化协同创新平台。支持南宁、柳州、桂林、玉林、贵港、北海、梧州等市依托主导产业创新优势,各牵头成立一家立足本市服务全区的专业化协同创新平台,为主导产业高质发展提供创新支撑。

(六)实施新时代兴边富民行动计划

坚持共享发展,实施精准方略,运用科学思维,实施新时代兴边富民行动计划,重点实施边境基础设施振兴、产业振兴、组织振兴、开放振兴计划,打赢精准扶贫攻坚战,促进边境产业兴旺、生活富裕、生态优美、乡风文明,提升广西壮美、国家复兴的"国门"形象。

一是实施边境基础设施振兴计划。争取国家支持,实施新一轮的边境基础设施建设攻坚工程。力争国家相关部门站在兴边安边的高度,加强边境地区综合交通、信息、物流与能源等基础设施建设,提升边境地区教育、医疗、文化等基础设施水平,不断改善边境地区的生产生活条件。重点推进沿边公路改扩建，口岸基础设施，边民互市点与医院、学校建设，特别是启动乡镇卫生院、学校的危旧房改造，打通"毛细血管"，解决阻碍边境发展的"最后一公里"问题，促进边民共享壮美广西建设成果。

二是实施边境产业振兴计划。大力发展现代特色农业、边境加工贸易、物流、边贸、金融、文化旅游等特色产业。申请国家支持，对标越南北部第三代工业区，整合广西边境经济合作区、跨境经济合作区、口岸加工贸易园区，建立边境经济特区，发展保障国门安全的高新技术产业。建立面向转移军人、边民与大学生的军民融合"双创"园，丰富并活跃边境市场主体。推动建立边境"飞地园区""智力收割机"，延伸边境产业链与价值链。充分利用粤桂对口协作机制，建立脱贫后边境产业扶持试验区。建立"岸产城"综合体，推进边境地区口岸、产业与城镇建设深度融合，形成"前岸中产后城"的新型城镇化格局。加快边境地区城镇经济功能组团建设，推进边境地区城乡融合，促进边民持续长久地富起来。

三是实施边境开放振兴计划。创新跨境经济合作区建设机制，总结、提升并推广龙邦万生隆"一企两国"的跨境合作模式。建立边境援助产业基地，聚集国家面向东盟各国的援助资源，构建面向东盟的开放式援助合作基地。不断完善广西地方政府与西南各省协调的能力，不断强化广西地方政府有效统筹西南各省份的利益关系，不断加强广西地方政府与东盟各国沟通的能力。牢牢抓住国家"一带一路"倡议的实施机遇，注重国际因素，构筑互信的周边关系，特别是和越南的关系，形成一个真正的经济共同体、文化共同体、命运共同体。

四是实施边境组织振兴计划。以"大扶贫"机制构建边境组织振兴新格局。打破以政府为主的单一扶贫模式，把社会各个方面的力量都集中到精准扶贫中来，使社会的各个力量都优势互补，形成合力，构建"大扶贫"格局。充分发挥政府主导、社会协同、贫困户参与的组织作用，建立横到边纵到底的边境组织振兴体系。完善政府顶层设计与过程监督功能，加快社会组织参与精准扶贫的进程，进一步扩大扶贫的队伍，加大智力扶贫、立志扶贫力度，调动贫困人口的脱贫积极性，提高扶贫效率。加大探索反贫困实践，夯实精准扶贫成果。同时，切实提升地方政府治理边疆的能力，开展教育、医疗、产业等领域人才援边支边活动，解决边疆人才"空心化"问题，确保边境安宁稳定。

广西民族地区发展报告

民族经济·社会篇

广西民族自治地方不平衡不充分发展的体现与应对

黄仲盈[*]

党的十九大报告指出,中国特色社会主义进入新时代,我国的社会主义矛盾已经转化为人民日益增长的美好生活需要和不平衡不充分的发展之间的矛盾。作为西部欠发达省区,广西自改革开放以来,整体经济实力不断增强,但在发展的过程中,发展不平衡不充分问题也日益凸显。

一、民族自治地方不平衡不充分发展的主要体现

广西是我国唯一沿海沿边沿江的民族自治区,有壮、汉、瑶、苗、侗、仫佬、毛南、回、京、彝、水、仡佬12个世居民族和其他44个民族成分,辖12个民族自治县和3个享受民族自治县待遇县、59个民族乡。2018年,广西全区总人口5659万人,其中少数民族人口2204万人,占总人口的38.9%。受历史因素及现实条件等影响,广西民族自治地方不平衡不充分发展的问题较为突出。

(一)不平衡发展

1. 产业结构不平衡

2018年,广西全区第一、第二、第三产业占地区生产总值的比重分别为14.8%、39.7.1%和45.5%,民族自治地方三大产业(主要以12个自治县为主,下同)的比重分别为24.9%、29.0%、41.3%。两者相比较,后者第一产业比重高10.1个百分点,第二产业比重低10.7个百分点,第三产业比重高4.2个百分点。从单一数据上看,民族自治地方第一、第二、第三产业的

---

[*] 黄仲盈,广西民族研究中心,副研究员。

比重较为合理，但与全区相比，还是呈现出产业结构不平衡、产业层次不合理的问题，传统资源型产业比重大，高科技型产业基础薄弱。同时，就民族自治地方来看，大部分地方第一产业比第二产业比重高，如金秀瑶族自治县（第一产业和第二产业占比分别为26.2%、19.0%）、三江侗族自治县（第一产业和第二产业占比分别为32.0%、19.2%）、都安瑶族自治县（第一产业和第二产业占比分别为24.1%、19.7%）、罗城仫佬族自治县（第一产业和第二产业占比分别为33.2%、19.7%）、巴马瑶族自治县（第一产业和第二产业占比分别为24.9%、21.9%）、环江毛南族自治县（第一产业和第二产业占比分别为33.7%、21.9%）、富川瑶族自治县（第一产业和第二产业占比分别为33.8%、31.9%）、恭城瑶族自治县（第一产业和第二产业占比分别为36.0%、27.3%）。一些地方的第三产业占比则比较低，如富川瑶族自治县（32.3%）、恭城瑶族自治县（36.8%）。

2. 区域发展不平衡

2018年，全区人均地区生产总值41489元，而民族自治地方人均地区生产总值仅为22259元，差距较大。就民族自治地方来看，12个民族自治县没有1个县的人均地区生产总值达到全区平均值，三江侗族自治县、隆林各族自治县、都安瑶族自治县、罗城仫佬族自治县、巴马瑶族自治县、大化瑶族自治县6个县人均地区生产总值低于20000元。横向比较来看，彼此之间也存在着较大的不平衡性，分化趋势较大。例如，龙胜各族自治县人均地区生产总值为35182元，而都安瑶族自治县人均地区生产总值仅10467元；前者是后者的3.4倍。在城镇居民人均可支配收入上，全区人均32436元，12个民族自治县中，仅金秀瑶族自治县、龙胜各族自治县超过全区人均水平，分别为33339元、32699元，最低的是罗城仫佬族自治县，为23057元。在农村居民人均可支配收入上，全区人均12435元，12个民族自治县中，金秀瑶族自治县、三江侗族自治县、富川瑶族自治县、龙胜各族自治县、融水苗族自治县、恭城瑶族自治县农村居民人均可支配收入均超10000元，其中，融水苗族自治县、恭城瑶族自治县超过全区人均水平，分别为12668元、12985元；最低为罗城仫佬族自治县，仅为8046元。59个民族乡中，仅有柳州市柳城县古砦仫佬族乡（12528元）、桂林市兴安县华江瑶族乡（14036元）两个乡的农村居民人均可支配收入超过全区人均水平；最低的为百色市凌云县朝里瑶族乡，仅为4173.5元。河池市凤山县平乐瑶族乡（4750元）、河池市凤山县金牙瑶族乡（4274元）两个乡不超过5000元。

3. 基础设施条件发展不平衡

2018年，12个民族自治县中，公路总里程为17274.8千米，其中，里程数最高的是隆林各族自治县，为4780千米；最低的是富川瑶族自治县，为792.44千米。虽然各自治县由于地理位置、发展规模等原因，仅从公路总里程的数据上看不出彼此之间的差距，但从公路等级占比来看，不平衡现象也较为突出。例如，金秀瑶族自治县、都安瑶族自治县、罗城仫佬族自治县、巴马瑶族自治县、环江毛南族自治县、大化瑶族自治县、富川瑶族自治县、龙胜各族自治县8个县，公路等级的占比均为90%以上，而公路里程数最高的隆林各族自治县，公路等级的占比仅为7.0%。12个民族自治县中，仅金秀瑶族自治县、罗城仫佬族自治县、恭城瑶族自治县3县没有通高速公路。59个民族乡584个行政村中全部实现通公路、通电；通自来水的有542个村，占总体的92.8%；通电话的有583个村，占总体的99.8%。不通自来水的行政村，主要集中在桂西北部的河池市和百色市。

4. 教育文化水平发展不平衡

2018年，12个民族自治县中，除龙胜各族自治县实现了教育大整合外，其他11个自治县基本上还保留着"一村一完小""一乡一中学"的基本建制。龙胜各族自治县自2006年开始实施了中小学布局调整，提出了"小学集中乡镇办，中学集中县城办"的思路。截至2018年，全县整合成了13所普通小学、3所普通中学，实现了教育资源的优化配置。12个民族自治县中，除三江侗族自治县和恭城瑶族自治县无中等职业学校外，其他10个民族自治县均设有1所中等职业学校，融水苗族自治县设有2所，但各自治县在校生规模有所差异。中等职业学校发展较好的有都安瑶族自治县，在校生规模3572人；融水苗族自治县，在校生规模1623人；龙胜各族自治县，在校生规模1120人；富川瑶族自治县，在校生规模1544人。发展较差的如罗城仫佬族自治县，在校生规模仅56人，金秀瑶族自治县、大化瑶族自治县、环江毛南族自治县、维持在几百人的规模，职业教育水平发展不平衡。在文化发展方面，12个自治县也有所差距。12个民族自治县均有一个艺术表演团体，富川瑶族自治县有2个；都安瑶族自治县、巴马瑶族自治县、富川瑶族自治县、融水苗族自治县、恭城瑶族自治县没有艺术表演场所，隆林各族自治县为4个，罗城仫佬族自治县、环江毛南族自治县各2个，其余的为1个；12个民族自治县均达到1县1个文化馆；公共图书馆方面，恭城瑶族自治县有2个，其余11个民族自治县均为1个；博物馆方面，金秀瑶族自治县有8个，罗城仫佬族自治县、大化瑶族自治县均有2个，其余的各有1个。具体到59个民族乡，乡乡均配有文化活动站，584个行政村中有572个配有文化活动室，占比达到97.9%。

5. 医疗卫生条件发展不平衡

2018年，12个民族自治县的卫生机构数量存在着较大的差距，最多的是恭城瑶族自治县，有311个；最少的是三江侗族自治县，只有4个，差距悬殊。在医院数量方面，金秀瑶族自治县有14个，恭城瑶族自治县有13个，罗城仫佬族自治县、环江毛南族自治县、龙胜各族自治县各有2个，其余的均为3~4个。

59个民族乡，每个乡均配有乡卫生院（医院），其中，河池市凤山县金牙瑶族乡、河池市宜州市北牙瑶族乡，百色市西林县那佐苗族乡、百色市凌云县玉洪瑶族乡、百色市田林县八渡瑶族乡、百色市田林县八桂瑶族乡、百色市田林县潞城瑶族乡、百色市右江区汪甸瑶族乡均配有2个卫生院（医院），河池市天峨县八腊瑶族乡则配有3个卫生院（医院）。

584个行政村中，村卫生室的配置量也有差异，多数的行政村都实现了一村配一个卫生室，但也有少数的行政村配多个卫生室，如贺州市昭平县仙回瑶族乡，6个行政村配有7个卫生室；防城港市上思县南屏瑶族乡，9个行政村配有18个卫生室；南宁市马山县古寨瑶族乡，8个行政村配有9个卫生室；南宁市马山县里当瑶族乡，9个行政村配有10个卫生室；桂林市兴安县华江瑶族乡，9个行政村配有20个卫生室；桂林市荔浦县蒲芦瑶族乡，9个行政村配有10个卫生室；桂林市雁山区草坪回族乡，3个行政村配有4个卫生室；河池市凤山县金牙瑶族乡，12个行政村配有14个卫生室。也有相当一部分民族乡没有实现一村一卫生室，如南宁市上林县镇圩瑶族乡，11个行政村10个配有卫生室；柳州市三江县富禄苗族乡，14个行政村12个配有卫生室；柳州市柳城县古砦仫佬族乡，13个行政村7个配有卫生室；桂林市灌阳县西山瑶族乡，10个行政村9个配有卫生室；桂林市平乐县大发瑶族乡，10个行政村7个配有卫生室；百色市凌云县玉洪瑶族乡，18个行政村16个配有卫生室；河池市南丹县里湖瑶族乡，13个行政村12个配有卫生室；河池市天峨县八腊瑶族乡，9个行政村6个配有卫生室。

（二）发展不充分

1. 生产力发展不充分

民族自治地方的生产力水平总体不高，市场体系不健全，市场发育不充分，经济发展相对落后。

2018年，广西全区土地面积237600平方千米，12个民族自治县土地面积35390.73平方千米，占全区总面积的14.9%；全区总人口56591769人，12个民族自治县总人口4612202人，占全区总人口的8.1%。

2018年，全区地区生产总值为2.03万亿元，12个民族自治县的地区生产总值仅为0.07万亿元，占全区地区生产总值的3.4%。从民族自治地方内部来看，生产力的发展同样存在差距。12个民族自治县的总人口为4612202人，农村人口3556743人，农村人口占总人口的77.1%；12个民族自治县的地区生产总值为0.07万亿元，第一产业的总产值为0.02万亿元，占总体总产值的28.6%。第一产业的人口占比虽然较大，但对地区生产总值的贡献率相对较小，说明农村劳动力资源的利用效率比较低，导致生产效率较低。第二、第三产业的人口占比虽然较小，但对地区生产总值的贡献率较大，说明第二、第三产业资源利用率较高，劳动力资源开发的潜力也比较大。

就各自治县内部来看，第一、第二、第三产业对当地地区生产总值的贡献率也各有差异。金秀瑶族自治县、三江侗族自治县、都安瑶族自治县、罗城仫佬族自治县、巴马瑶族自治县、环江毛南族自治县、富川瑶族自治县、恭城瑶族自治县8个县第一产业的总产值高于第二产业的总产值；而隆林各族自治县、大化瑶族自治县、龙胜各族自治县、融水苗族自治县4个县第二产业的总产值高于第一产业的总产值。富川瑶族自治县、恭城瑶族自治县2个县第一产业的总产值与第三产业的总产值基本持平外，其余10个县第三产业的总产值均高于第一产业的总产值。

具体到59个民族乡，绝大多数民族乡的地区生产总值都依靠第一产业支撑，第一产业总产值甚至超过了第二、第三产业总产值的总和。梧州市蒙山县长坪瑶族乡、梧州市蒙山县夏宜瑶族乡、柳州市三江县富禄苗族乡、柳州市融水县滚贝侗族乡、桂林市雁山区草坪回族乡、百色市田林县潞城瑶族乡、百色市田林县利周瑶族乡、百色市田林县八桂瑶族乡、百色市田林县八渡瑶族乡、百色市凌云县伶站瑶族乡、百色市凌云县朝里瑶族乡、百色市凌云县沙里瑶族乡、百色市西林县那佐苗族乡、河池市南丹县里湖瑶族乡、河池市南丹县中堡苗族乡、河池市天峨县八腊瑶族乡、河池市东兰县三弄瑶族乡等民族乡的企业总产值甚至为0。这就说明，民族自治地方的生产力还有待于进一步挖掘和发展。

2. 企业规模发展不充分

民族自治地方企业发展不充分的现状较为突出，这从民族自治地方的工业发展状况可以看出。2018年，广西全区规模以上工业企业单位数为6058个，12个民族自治县有232个，占全区总数的3.8%。这说明民族自治地方的工业发展还相对缓慢。从12个民族自治县的横向比较来看，规模以上工业企业单位数也有差距。例如，融水苗族自治县规模以上工业企业单位数最多，有45个，而大化瑶族自治县最少，仅有7个；三江侗族自治县只有9个，其余各县均在30个以下。其中，国有企业方面：恭城瑶族自治县3个，龙胜各族自治县2个，大化瑶族自治县、富川瑶族自治县、融水苗族自治县均为1个，其余民族自治县均无国有企业。集体企业方面：除龙胜各族自治县2个、金秀瑶族自治县1个外，其余的均无集体企业；股份合作企业方面，仅恭城瑶族自治县有1个，其余民族自治县均无股份合作企业。港澳台及外商投资企业方面：仅富川瑶族自治县有1个，其余民族自治县均无该类企业。具体到民族乡，在59个民族乡中，22个乡无工业企业。其中，10个乡分布在百色市，4个乡分布在河池市，2个乡分布在柳州市，2个乡分布在防城港市，2个乡分布在梧州市，1个乡分布在南宁市，1个乡分布在桂林市，说明桂西北民族自治地方的企业规模较小，发展比较缓慢。

3. 民族旅游资源利用不充分

民族地区拥有丰富的民族旅游资源，民族旅游资源的充分利用，在很大程度上可以成为地方经济发展的推动力，但广西民族自治地方民族旅游资源的开发利用还有较大的上升空间。2018年，广西全区旅游6.83亿人次，12个民族自治县5215万人次，仅占全区总人次的7.6%，还有较大的潜力需要挖掘。就民族自治地方来看，各个地方的民族旅游资源的利用也不尽相同。就旅游人次来看，金秀瑶族自治县、三江侗族自治县、巴马瑶族自治县、富川瑶族自治县、龙胜各族自治县、融水苗族自治县等县均达到500万人次以上，其中龙胜各族自治县达到了近800万人次，恭城瑶族自治县达366.6万人次,都安瑶族自治县、罗城仫佬族自治县、环江毛南族自治县、大化瑶族自治县则为100万~200万人次,隆林各族自治县最少,仅有7万人次左右。以上数据并不意味着旅游人次在百万以下的民族自治地方缺乏民族旅游资源,事实恰恰相反。例如,隆林各族自治县境内民族风情多样,被誉为"活的少数民族博物馆";环江毛南族自治县是全国唯一的毛南族自治县,民族文化浓厚,是全国"菜牛之乡""兰花之乡",拥有木论喀斯特世界自然遗产、九万山国家级自然保护区等。这些地区之所以旅游人次较少,只能说明民族旅游资源没有得到充分利用。此外,民族自治地方国际旅游市场的拓展和衔接也不够充分,民族旅游业均靠国内旅客来维持。2018年,12个民族自治县的国际游客仅为371万人,仅占12个民族自治县旅游人次的7.1%。其中,仅三江侗族自治县突破300万人次,龙胜各族自治县有34.4万人次,恭城瑶族自治县有13.7万人次,富川瑶族自治县有4.2万人次,巴马瑶族自治县有4.0万人次,其余的均在1万人次以下,最少的为环江毛南族自治县,仅为0.4万人次。这说明民族自治地方民族旅游资源的开发和利用的深度和广度还不够,需要加大力创新拓展。

4. 民族文化发展不充分

广西民族自治地方的民族文化形式多样,内容丰富,尤其是12个民族自治县,民族文化各具特色。例如,巴马瑶族自治县是世界"长寿之乡",金秀瑶族自治县是"世界瑶都",隆林各族自治县是"活的少数民族博物馆",三江侗族自治县是"中国最具民俗特色旅游县""中国最佳民族原生态旅游目的地",罗城仫佬族自治县、环江毛南族自治县均为全国唯一的仫佬族和毛南族自治县,龙胜各族自治县拥有独具特色的"龙脊梯田文化",等等。

然而,12个民族自治县民族文化传承和发扬却相对薄弱,如除富川瑶族自治县艺术表演团体有2个,其他均只有1个;表演场所也较缺乏,除隆林各族自治县有4个外,其余的均为2个以下,都安瑶族自治县、巴马瑶族自治县、富川瑶族自治县、融水苗族自治县、恭城瑶族自治县甚至无表演场所。博物馆方面,12个民族自治县虽然均有1个以上,但数量也不均衡,如金秀瑶族自治县有8个博物馆,罗城仫佬族自治县、大化瑶族自治县各有2个,其余的各有1个。各种文化单位及场馆的多少,在一定程度上反映了一个地方民族文化的发展程度。都安瑶族自治县、巴马瑶族自治县、富川瑶族自治县、融水苗族自治县、恭城瑶族自治县民族文化丰富多彩，但均无表演场所，说明民族自治地方在民族文化的挖掘与发展上力度和广度还不够。再如出版的图书种类上，12个民族自治县仅三江侗族自治县有12种，大化瑶族自治县有7种，且印刷发行总数较少，分别为1.36万册和0.5万册。在期刊种类上，三江侗族自治县有3种，大化瑶族自治县有3种，罗城仫佬族自治县有1种，印刷量也较少，均在1万册以下，其余9个民族自治县的期刊数量均为0；在地方性报纸种类上，也仅大化瑶族自治县有1种，总印数为0.5万册。书报刊是传播民族文化的有效载体，各自治县缺乏地方性的期刊和报纸的出版发行，在一定程度上影响了民族传统文化的保护与传承。

二、民族自治地方不平衡不充分发展的原因分析

广西最大的区情是边疆民族地区，最大的特征是后发展欠发达，最大的实际是正处于爬坡过坎提质升级阶段，因此，经济社会发展不平衡不充分的问题在所难免。其中，民族自治地方面临的不平衡不充分发展的问题更加严峻，原因也呈多样性和复杂性。

（一）发展质量和效益不高

改革开放以来，广西民族自治地方的整体实力不断增强，但是，在实现经济较快增长的同时，也产生了资源消耗高、要素投放粗放、技术进步和创新缓慢、结构不合理及产业结构层次低等问题。就相关统计数据来看，第一产业比重过大，但其产生的地区生产总值在多数地方却远低于第一、第二产业，产业科技含量低，资金投入不足，导致经济效益不高。第二产业发展不均衡，工业企业规模小，增长速度缓慢，甚至还出现了负增长的趋势，如2018年隆林各族自治县第二产业的增长速度为–0.6%。所以，产业结构不优、企业创新能力不强、产品结构不合理、抗市场风险能力弱依然是困扰民族自治地方经济社会发展最重要的问题。

（二）基础设施建设投入不足

民族自治地方山区面积大，自然环境复杂多样，长期基础设施建设项目资金投入不足制约了经济社会发展的步伐。例如，第一产业是地方支柱产业，但农业基础设施建设上的滞后，导致了地方公共设施水平较低，农

业公共服务和社会化服务比较落后，科技成果转化和推广应用能力不强，靠山吃山、靠水吃水等现象依然严重。此外，交通条件的落后也是制约民族自治地方经济社会发展的瓶颈。虽然三江侗族自治县、隆林各族自治县、都安瑶族自治县、巴马瑶族自治县、环江毛南族自治县、大化瑶族自治县、富川瑶族自治县、龙胜各族自治县、融水苗族自治县9个县都通了高速千米，但通车里程比较少；其余的金秀瑶族自治县、罗城仫佬族自治县、恭城瑶族自治县等3个县均未通高速公路。这也是民族自治地方长期处于相对封闭发展状态的重要原因。

（三）科技创新能力不强

创新是引领发展的第一动力。广西民族自治地方在工业企业的发展上一直处于相对落后的状态，特别是民营企业作为承载技术创新内容且最活跃的要素，普遍存在着起点低、起步晚、规模小、体制旧、人才缺、技术弱等问题，这导致其无论是在产品质量还是市场竞争上都处于弱势的地位。2018年，12个民族自治县中，仅大化瑶族自治县、富川瑶族自治县、龙胜各族自治县、融水苗族自治县、恭城瑶族自治县、金秀瑶族自治县有国有或集体企业；股份合作企业发展规模小，仅恭城瑶族自治县有1个，其余的11个民族自治县均为0个。而在港澳台及外商投资企业的规模上，除富川瑶族自治县5个、龙胜各族自治县2个外，绝大多数县均处于空白状态。规模以上工业企业利润总额少，一些地方甚至出现了亏损，如罗城仫佬族自治县的企业利润总额为-5197万元，巴马瑶族自治县为-1997.7万元。说明要促进企业创新、将企业做大做强，民族自治地方还任重道远。

（四）实体经济较为单一

广西民族自治地方虽然形成了"三二一"的产业结构投资，但仍然存在传统产业比重大、工业增长动力弱、服务行业发展不足等问题。而且，在实体经济的发展上，过多依赖单一经济实体发展的现象尤为突出。12个民族自治县中，绝大多均以旅游服务业作为当地的主要支柱产业。2018年，12个县的旅游收入达482亿元，对地区生产总值的贡献率巨大。一些民族自治地方的旅游收入甚至占地区生产总值的大多数，如三江侗族自治县、巴马瑶族自治县、富川瑶族自治县、龙胜各族自治县、融水苗族自治县的旅游收入均超过50亿元，三江侗族自治县、龙胜各族自治县、融水苗族自治县甚至超过70亿元，其中三江侗族自治县达到86.5亿元。民族自治地方旅游业的发展建立在丰富的民族传统文化的基础上，但长期依赖一种经济实体，经济社会发展失衡问题就会出现。

（五）扶贫攻坚任务艰巨

广西是全国脱贫攻坚的主战场之一，有33个国家级贫困县和片区县，17个自治区级贫困县，363.8万贫困人口，贫困发生率8.4%，比全国高3.9个百分点。此外，广西有20个深度贫困县、30个深度贫困乡、1490个深度贫困村。2016年，12个民族自治县中，除恭城瑶族自治县外，其余11个都是国家级贫困县。2018年，龙胜各族自治县、富川瑶族自治县、金秀瑶族自治县先后脱贫摘帽，剩下都安瑶族自治县、三江侗族自治县、大化瑶族自治县、融水苗族自治县、隆林各族自治县、罗城仫佬族自治县、巴马瑶族自治县、环江毛南族自治县8个国家级贫困县，其同时还是广西深度贫困县。59个民族乡中，有6个是深度贫困乡；584个行政村中，有131个深度贫困村。在这些深度贫困县、贫困乡、贫困村中，普遍存在着贫困人口多、贫困发生率高、交通基础设施差、农业生产效益低、产业发展不足、公共保障缺乏、思想观念落后等现象，这些都加剧了贫困的现状。因此，如何精准扶贫、精准脱贫，打赢民族地区全面脱贫攻坚战，是今后最艰巨、最繁重的任务。

三、解决民族自治地方不平衡不充分发展问题的应对策略

（一）深化供给侧结构性改革，贯彻新发展理念

"质量第一"是重要的发展理念。广西民族自治地方基础差、底子薄、产业结构失衡，因此，必须深入推进供给侧结构性改革，创新企业生产管理模式，把发展实体经济、提高供给质量作为主攻方向。针对民族自治地方的总体情况，当前最主要的就是要加快推动农业现代化，大力发展现代服务业，着力培育新经济新业态模式。可以围绕民族旅游业这一业已展现发展活力和经济效益的经济实体，加快现代观光采摘等新型农业经济的发展步伐，完善住宿、饮食、导游、工艺等现代服务型经济体系，形成各具特色的地方产业群，为促进地方经济事业的发展创造条件，增加活力。同

时,推动地方糖、铝等传统优势产业的转型升级,坚持需求导向和产业发展方向,积极培育发展战略性新兴产业,如大力推动一批蔗糖、果蔬、林产林化、畜牧水产等特色产业的培育和发展,充分发挥资源优势、区域优势,激发区域活力,提高产业竞争力。

(二)突出区域优势,建设创新型民族地区

创新是发展的第一引擎和原始动力。要充分利用广西的区位和资源优势,大力扶持民族聚居区发展特色和优势产业,按照区域协调发展、错位发展、特色发展的理念,提高产业发展的质量和效益,形成分工合理、优势互补、各具特色的创新型的民族区域经济发展格局。旅游业是民族地区群众就业和增加收入的重要途径,要整合民族自治地方的民族旅游资源优势,着力提升民族旅游路线和旅游产品内涵,既要加强区域间的精品旅游路线建设,开展整体营销,联合打造区域间民族旅游一体化品牌,又要突破区域间壁垒和改变分散、无序的竞争状态,加强跨区域民族旅游合作,连片抱团推动广西民族自治地方旅游资源的开发,尽可能做到突出本民族独一无二的特色项目的挖掘,深度开发项目的民族文化底蕴,做到民族旅游的创新、绿色、可持续发展。

(三)实施乡村振兴战略,统筹城乡协调发展

"三农"问题是关系国计民生的根本性问题。当前,对于广西民族自治地方,解决"三农"问题最重要和最关键的就是要加大城乡基础设施建设,建立健全基本公共服务设施项目,强化重大生态保护工程的建设力度。要继续实施政策倾斜,加大财政资金的支持力度,深入开展新一轮兴边富民行动大会战,特别是贫困县、贫困村的基础设施大会战,着力解决少数民族聚居区的通路、通水、通电、通信等实际困难。同时,要积极推进新型城镇化建设,加快建设和完善交通、能源、水利、信息、公共服务等基础设施,促进工业化与城镇化协调发展,推进产业发展和城镇建设相融合,夯实广西民族自治地方经济社会平衡发展和充分发展的基础。

(四)加快科教兴区,推动民族文化强区建设

要坚持把创新摆在经济社会发展全局的核心位置,大力推进制度、科技、文化、人才、管理的创新,加快形成以创新为引领的经济体系和文化体系相结合的发展模式，打造具有广西民族自治地方特色的创新驱动发展道路。深厚的少数民族传统文化是民族自治地方经济社会发展的驱动力，但是，由于科技教育的落后，民族传统文化在一定的程度上缺乏自觉自信，开发利用不当，导致民族地区的经济和文化发展处于一种此消彼长的状态。所以，一方面，要提高民族自治地方的科教水平，努力建设一支规模宏大、结构合理、素质优良的创新人才队伍；另一方面，加强民族自治地方民族传统文化的传承与保护，增强少数民族群众的文化自觉和文化自信，合理培育和开发民族文化产业，以人为本，以效率优先，推动民族自治地方由物本经济向人本经济发展，加快民族自治地方和谐社会构建的步伐。

（五）实施精准扶贫，坚决打赢扶贫攻坚战

广西是全国脱贫攻坚的主战场之一，广西民族自治地方处于脱贫攻坚战场的最前沿。因此，要贯彻落实2017年12月广西壮族自治区党委、自治区人民政府印发的《关于支持深度贫困地区脱贫攻坚的实施意见》的政策文件精神，全方位地对民族地区开展脱贫攻坚工作制定详细的实施方案和作出全面的工作部署，准确把握贫困症结，精准发力，加大帮扶力度，坚持扶贫同扶智、扶志相结合。一是要加大少数民族聚居区居住、饮水、出行、通信等基础设施建设的力度，营造良好的生存和发展环境，提升地方经济社会发展动力；二是要加快和优先发展少数民族聚居区的教育医疗等社会事业，在人才待遇、培养等方面实施差异化政策，为民族地区的经济社会发展储备力量；三是加大毛南族、京族、仫佬族等人口较少民族的扶持力度，大力推进壮族、瑶族、苗族、彝族、水族、仫佬族等少数民族聚居片区的扶贫攻坚战力度，为打赢全区脱贫攻坚战提供强有力保障。

广西人口较少民族经济社会发展报告

黄润柏[*]

一、广西人口较少民族基本概况

国家《扶持人口较少民族发展规划（2011—2015年）》把全国总人口在30万以下的28个民族确定为扶持对象，广西的仫佬族、毛南族、京族位列其中。根据2010年第六次全国人口普查数据，全国仫佬族有216257人，其中广西有172305人，占全国的81.06%，主要聚居在河池市罗城仫佬族自治县及柳州市柳城县古砦仫佬族乡。罗城仫佬族自治县有101081人，占广西仫佬族人口的58.66%；柳城县古砦仫佬族乡有11730人，占广西仫佬族人口的6.81%。全国毛南族有101192人，其中广西有65587人，占全国的64.81%。聚居在河池市环江毛南族自治县的毛南族有43449人，占广西毛南族人口的66.25%。全国京族人口有28199人，其中广西23283人，占全国的82.57%。主要聚居在广西防城港市东兴市的京族有16183人，占广西京族人口的69.51%。❶

为了提高扶持的精准度，广西将164个人口较少民族占总人口20%以上的行政村作为实施《扶持人口较少民族发展规划（2011—2015年）》的重点对象。其中，京族聚居区23个行政村，涉及防城港下辖东兴市3个镇，人口5.7万人，京族人口占聚居区总人口的31%；毛南族聚居区74个行政村，涉及河池市环江毛南族自治县8个乡镇，人口24.5万人，毛南族人口占聚居区总人口的22%；仫佬族聚居区67个行政村，涉及河池市罗城仫佬

---

[*] 黄润柏，广西民族研究中心，研究员。

❶ 人口数据参见广西壮族自治区人口普查办公室、自治区民委民族理论政策研究室联合课题组编撰的《广西壮族自治区2010年人口普查广西世居民族人口资料》(内部资料)。

族自治县7个乡镇，人口16.8万人，仫佬族人口占聚居区人口的54%，以及柳州市柳城县古砦仫佬族乡的8个行政村，仫佬族人口1.08万人，占全乡总人口的29.7%。

为了推动人口较少民族经济社会的发展，国务院从"十一五"到"十三五"持续实施《扶持人口较少民族发展规划》，在人口较少民族地区投入大量的专项资金，扶持人口较少民族发展。仅"十三五"以来，政府投入广西扶持人口较少民族发展基金已达6.669亿元，极大地推动了仫佬族、毛南族、京族地区经济社会的发展。自扶持政策实施以来，仫佬族地区进入了历史最好的发展时期，罗城仫佬族自治县贫困发生率由2015年的25.24%下降到2018年的10.42%；毛南族地区基础设施明显改善，72个毛南族聚居村均通四级以上油路或水泥路，90%以上自然屯通水泥路；京族地区基本实现"一达到、二退出、三保障"和"四通八达"的目标❶，京族在2019年率先实现全面小康社会。

二、广西人口较少民族经济社会发展现状

广西人口较少民族经济社会发展呈现不平衡特征。京族依托沿海沿边的地理优势，经济社会发展较快。地处山区的罗城仫佬族自治县、环江毛南族自治县经济社会发展相对缓慢，在广西28个国家扶贫开发重点县、广西20个深度贫困县中，罗城、环江都位列其中。国家《扶持人口较少民族发展规划》的实施，对于广西人口较少民族的经济社会发展至关重要。在各项扶持政策的推动下，广西仫佬族、毛南族、京族经济社会得到了前所未有的发展。

（一）县域综合实力不断提升

人口较少民族聚居的三县市中，东兴市综合实力最强。2018年，东兴市再度跻身全国县级市小康指数百强，成为广西唯一上榜的县级市，荣获"2018年中国西部百强县市"荣誉称号，在地区生产总值、财政收入、规模以上工业总产值、规模以上工业增加值、城镇居民人均可支配收入、农

---

❶ 根据国务院印发的《"十三五"促进民族地区和人口较少民族发展规划》对人口较少民族发展设定的目标：到2020年，人口较少民族聚居行政村在实现"一达到、二退出、三保障"的基础上，基本实现"四通八达"的有关建设要求。具体是：一达到，即农村居民人均可支配收入增长幅度达到或高于当地平均水平；二退出，即建档立卡贫困村、贫困人口脱贫退出；三保障，即义务教育、基本医疗和基本住房安全有保障。

村居民人均可支配收入等方面,均明显高于罗城和环江(见表1),率先实现全面小康社会。3市县中,罗城仫佬族自治县的发展速度最快,2018年,罗城仫佬族自治县实现地区生产总值同比增长10.4%,增速近几年来最高;规模以上工业总产值增长28.4%,增加值增长20.9%,增速是东兴、环江的近2倍;固定资产投资增长40.8%,是东兴市的2.43倍、环江县的7.7倍;财政收入4.66亿元,增长35.4%,是东兴市、环江县的3倍以上。罗城仫佬族自治县的迅速发展,得益于国家政策的扶持。2011—2019年罗城县扶持人口较少民族发展专项资金项目总投资3.18亿元,其中中央预算内资金2.49亿元,自治区配套资金0.69亿元,在全县11个乡镇实施基础设施、农村人居环境、民族文化发展等项目346个,惠及仫佬族人口16.8万人。这些项目的实施对当地的经济社会发展起了重要的推动作用。

表1　2018年人口较少民族聚居区综合实力及增速比较

项目	东兴市		环江毛南族自治县		罗城仫佬族自治县	
	数值	增速/%	数值	增速/%	数值	增速/%
地区生产总值/亿元	98.29	6.6	56.91	8.5	52.54	10.4
财政收入/亿元	7.93	11.3	4.51	12.5	4.66	35.4
规模以上工业总产值/亿元	130.25	18.1	21.53	14.3	16.96	28.4
规模以上工业增加值/亿元	25.00	9.6	6.39	13.5	4.64	20.9
固定资产投资/亿元	45.52	16.8	36.60	5.3	39.95	40.8
社会消费品零售总额/亿元	30.09	9.2	26.24	11.5	21.21	10
城镇居民人均可支配收入/元	40363	7.2	26854	7.3	23057	7
农村居民人均可支配收入/元	17937	8.9	9880	11.5	8046	10.8

资料来源:根据《罗城仫佬族自治县国民经济统计资料(2018年度)》《环江毛南族自治县2018年国民经济统计资料》及东兴市、罗城仫佬族自治县、环江毛南族自治县《2019年政府工作报告》统计整理。

（二）现代特色农业持续发展，逐渐成为经济支柱

仫佬族、毛南族、京族根据各自地理条件差异，大力发展特色种养产业，特色农业规模不断扩大，成为当地重要的支柱产业。2018年，罗城仫佬族自治县核桃种植总面积达12万亩，油茶种植总面积8万亩，桑园种植总面积7.2万亩，毛葡萄、红心猕猴桃等"三特"（特早熟、特晚熟、特优质）水果总面积13万亩，糖料蔗总面积17.3万亩；出栏肉牛2.2万头，肉羊2.3万只，香猪（黑土猪）4万头，淡水养殖3.9万亩。环江毛南族自治县的桑蚕、甘蔗、特色水果、菜牛及香猪养殖等特色农产品渐成规模，成为当地农民增收、脱贫致富的重要来源。2018年，环江县桑园面积19.06万亩，产茧量57.72万担，蚕农售茧收入达13.35亿元；"三特"水果面积13.7万亩；核桃种植面积17万亩，糖料蔗面积6.5万亩；菜（肉）牛存栏4.66万头，香猪出栏65万头，菜（肉）牛出栏4.66万头。东兴市注重当地资源的综合开发，走"农商结合、养捕并举"的发展路子，建成了对虾养殖、"红姑娘"红薯种植及"皇帝果"种植等一批特色农业种养基地，在全市31个行政村实施万亩金花茶种植等"十个一万"特色农业产业，现代特色农业示范区创建工作成效显著，目前有特色农业示范区（园、点）49个，策划打造自治区级（核心）示范区4个，打造乡级示范园10个，村级示范点31个，确保村村有示范点、镇镇有示范区或示范园。东兴市对虾、大蚝等优势养殖业进一步形成了产业化、规模化、标准化格局，2018年水产养殖面积达7.8万亩，累计总产值51.2亿元。

（三）工业转型升级步伐加快

罗城仫佬族自治县立足地方资源，重点壮大特色产业，实施品牌战略，打响特色酒业发展品牌和优质饮用山泉水品牌效应。2018年，罗城县规模以上工业总产值16.96亿元，同比增长28.4%；规模以上工业增加值4.16亿元，同比增长20.9%。工业经济实现提质增效，转型升级步伐加快，产业结构优化。一批重点企业发展速度加快，酿酒、优质饮用水产值分别增长25%、40%，新培育规模以上工业企业3家。工业园区发展步伐加快，城东工业园、牛毕港工业园、民族工业园"一区三园"建设稳步推进，2018年全县工业园区完成总产值15.38亿元、增加值3.57亿元。

环江县全面整合全县有色金属企业，构建集探、采、选等加工于一体的产业链；加快推进茧丝绸稔线丝深加工和自动缫丝机生产线技改项目建设；加快林产加工企业由粗放型向集约型转变，产品向中高端产品延伸等技术改造，提升了传统产业竞争力，取得良好效果。2018年，全县有色金属工业总产值4亿元，同比增长35.36%；茧丝绸总产值7.8亿元，同比增长30%；木材加工产值达14.3亿元。

东兴市以"跨境加工+品牌"为思路，成功打造怡诚海产、金滩管业、鼎康科技、高山红红木等10多个全国知名品牌，拥有25项实用新型专利和3项发明专利。全市互市商品落地加工企业累计发展到30家，互市商品落地加工产值近30亿元。江平工业园入园项目达53个，投产项目达30个，规模以上企业达11家，省级及以上名牌产品企业4家，高新技术企业3家，省级及以上研发机构1家。冲榄工业园签约入园项目达11个，总用地面积290.97亩，总投资5.2亿元，正在洽谈入园企业10家。东盟特色产业加工区已进驻家家鸿红木、澳门豆捞等15家企业。

（四）商贸旅游蓬勃发展

近年来，各民族利用自身的传统文化和美丽的自然风光，大力发展特色商贸、民俗旅游、农业观光和乡村旅游，商贸、旅游业迅速发展起来。

东兴市依托地处中越边境的地理优势，跨境旅游、互市贸易、电商、跨境物流、跨境金融等持续较快发展。2018年，全市接待游客人数1140.31万人次，增长21.2%；旅游总消费104.75亿元，增长27.4%。经东兴口岸出入境人数达1219万人次，增长18.24%，创历史新高。全市公路货运周转量6.84亿吨千米，增长8.2%。全市进出口额179.7亿元，互市贸易日均交易额4922万元，日均交易量达4709吨。口岸出入境车辆累计达4.71万辆次，增长30.5%；口岸进出境货物累计达43.77万吨，增长15.2%。全市跨境人民币结算总量325.1亿元，其中个人跨境人民币结算总量256.75亿元。金融机构存款余额147.98亿元，贷款余额94.37亿元。东兴试验区内4家开办人民币与越南盾兑换业务的个人本外币兑换特许机构共办理货币兑换业务10470笔，金额合计2.98亿元人民币。全市新增电商企业（含个体、个人网店）80家，电子商务企业（含个体、微商）达2591家，实现电子商务交易额35.3亿元，增长21.1%，荣获"2017—2018年中国电商示范百佳县"称号。

环江毛南族自治县深挖发展潜力，商贸旅游业不断发展壮大。其中，电商发展迅速，被列入全国电子商务进农村综合示范项目县，2018年建成电商服务网点107个。同时，旅游产业发展形势喜人，以创建广西全域旅游示范区为契机，不断加大旅游基础设施项目建设力度，文雅天坑群、牛角寨瀑布群、陈双毛苗瑶新村等旅游区基础设施建设逐步完善，积极打造精品旅游路线和一批民族风情独特的旅游名镇名村，新增四星级乡村旅游区2个，四星级旅游饭店1个，三星级旅游厕所6座；新开工建设游客集散中心及风情花海园等旅游项目。环江县重点依托"环江喀斯特世界自然遗产地"和毛南族民族文化，打响"世遗环江·多彩毛南"品牌，吸引了区内外众多游客齐聚环江，体验多彩毛南文化。2018年，全县接待游客151.6万人次，增长36.7%；旅游收入16.29亿元，增长39.41%。

罗城仫佬族自治县全力推动全域旅游示范区建设，以"神奇仫佬·大美罗城"为主题的民族风情旅游，成功融入桂西北少数民族风情游精品路线。出台《自治县加快旅游业发展扶持奖励办法》，县财政扶持旅游发展基金从每年300万元提高到1000万元，积极引进外来投资建设特色旅游项目，如引进广西某置业有限公司投资3.2亿元建设的四把棉花天坑旅游度假区已建成试业。国家地质公园博物馆展厅建设及地质公园景区建设通过国家级验收。2018年，全县接待游客总人数134.38万人次，同比增长27.92%；旅游总消费15.96亿元，同比增长36.88%，辐射带动全县4852人增加收益。同时，商贸物流业稳步发展，2018年建成的黄金镇水果交易市场已销售水果300万千克。全县新增个体工商户1191户，电商企业发展到50多家，建设农村电子商务服务点107个，罗城仫佬族自治县成为全国电子商务进农村综合示范县。

（五）脱贫攻坚成效显著

三县（市）中，东兴市经济发展较快，贫困发生率较低。2015年年末，东兴市精准识别贫困村4个，识别贫困人口730户2780人，贫困发生率为3.34%。在23个京族聚居行政村中，横隘村、那漏村、吊应村3个村为被认定为贫困村。近年来，东兴市大力发展万亩金花茶种植等产业化扶贫种养，带动贫困户就业1100多人，产业扶贫覆盖率达88.6%，23个京族聚居行政村集体经济收入均达2万元以上，其中4个贫困村达4.7万元以上。在各级部门的努力下，2016年年底，横隘村、那漏村、吊应村3个建档立卡的京族贫困村完成了脱贫摘帽。2018年年底，未脱贫人口数为936人，贫困发生率下降至1.12%；2019年，京族率先进入全面小康。

环江毛南族自治县为了打赢脱贫攻坚仗，举全县之力采取了一系列措施。一是大力实施"十大百万"扶贫产业工程，大力发展桑蚕（茧）、水果、蔗糖、香猪、菜牛、松杉、核桃、中草药8大特色扶贫主导产业，"5+2"和"3+1"特色产业覆盖率进一步提高，全县2万贫困户8大特色扶贫主导产业覆盖率达88.9%。二是实施易地扶贫搬迁，对生存环境恶劣的贫困户实施易地扶贫搬迁，以县城2个大型集中安置区（毛南家园安置区、城西安置区）进行安置为主，约容纳4500户17000人；乡（镇）7个安置点约容纳350户1500人。全县"十三五"时期建档立卡易地扶贫搬迁对象17860人，已搬迁入住建档立卡贫困人口17498人，入住率98%。三是有效提升公共服务水平。不断提高贫困群众和贫困村社会保障水平，实现每个行政村医疗保险参保率98%以上，在册贫困人口医疗保险参保率达100%。举办资助贫困大学生慈善晚会，募捐到善款近200万元，资助高考绩优生和家庭困难学生。组织举办"春风行动"招聘会5场，电工、中式烹调师培训班共35期，发放就业宣传资料2万多份，实现贫困劳动力转移就业15000人次。

环江县通过对贫困人口进行分门别类、精准识别，根据自然条件及贫困人口的不同情况采取不同的帮扶措施，全县实现产业发展扶持1.54万人，推进转移就业扶持1.4万人，推进移民搬迁安置3.6万人，推进生态补偿脱贫0.12万人，推进教育扶智帮助0.3万人，推进医疗救助解困0.2万人，推进低保兜底政策做到应保尽保，加快了全县脱贫减贫步伐。2015年年底，全县有60个贫困村，在册建档立卡贫困户1.84万户6.66万人，贫困发生率为17.79%，其中72个毛南族聚居村有贫困人口31223人，占全县贫困人口的46.88%。2018年，该县完成贫困人口脱贫5997户22684人，完成计划任务的97.49%；完成贫困村脱贫摘帽20个，完成计划任务的100%。2018年年底，全县尚有39个贫困村（包括16个深度贫困的非贫困村）6622户22593人未脱贫，贫困发生率降低至6.64%。[1]2019年，环江县贫困发生率

---

[1] 数据由环江毛南族自治县发展和改革局提供。

进一步下降至3%以下，达到贫困县"脱贫摘帽"标准。

罗城仫佬族自治县是滇桂黔石漠化片区县、国家重点生态功能区县，也是国家扶贫开发工作重点县。2015年年底全县共有8.39万贫困人口、82个贫困村，贫困发生率为28.48%。

近年来，罗城县采取一系列措施，助推脱贫攻坚。一是创新脱贫攻坚项目库建设。严格对照贫困户、贫困村脱贫摘帽标准，分门别类建立基础设施建设项目库，编制年度实施项目清单，全力确保脱贫户、脱贫村的水、电、路、房、网等基础设施全部达标。二是创新实施语言扶贫。把语言文字工作纳入全县脱贫攻坚大局，大力推广普通话。2018年，全县普通话普及率从2016年的70%提高至90%，贫困人口普通话普及率达79.82%，90.47%的贫困家庭青壮年劳动力具备普通话交流能力，为贫困户走出大山参与社会竞争创造了条件。三是创新生态扶贫模式。推进生态补偿扶贫，兑现生态公益林补偿金1468.36万元，受益群众15.8万人，争取到国家林草局落实本县2800个生态护林员指标，全部安排给建档立卡贫困户，受益贫困群众9034人，其中6022人实现脱贫。推进生态产业扶贫，把"毛葡萄赶上山"，全县种植毛葡萄面积达8万亩，有效治理岩溶面积278平方千米、石漠化面积150.4平方千米，6000多贫困群众通过种植毛葡萄实现增收，罗城石漠化治理和脱贫攻坚融合发展典型经验在全国石漠化治理现场会上得到推广。推进乡村旅游扶贫，加大生态环境保护力度，全县森林覆盖率提高到69.07%，以突出的生态优势成功引进棉花天坑旅游扶贫项目落户深度贫困村，试业两个多月共接待游客4万多人次，带动周边深度贫困村屯1555人、贫困人口833人发展增收，成为河池市旅游扶贫新亮点。四是创新电商扶贫模式。充分利用本地农村电商龙头企业——广西中欧鲜农电子商务有限公司的平台，通过"互联网+基地+贫困户"模式，带动贫困户发展优质稻富硒米、百香果、食用菌、红心猕猴桃等扶贫产业，与深圳电商企业互联互通销售，打通农产品"进城最后一公里"。截至2018年12月底，各类农特产品在电商渠道销售总额超3600万元，带动6000多户贫困户人均增收1000多元。同时，以获得国家电子商务进农村综合示范县为契机，在易地扶贫搬迁安置新区"仫佬家园"建设占地20多亩的电商产业园。五是推进易地扶贫搬迁，累计投资8.7亿元，建成安置住房2800套32万平方米，搬迁入住1.17万人；实施易地扶贫搬迁后续产业扶持"三千工程"和"扶贫车间"项目，通过流转3000多亩土地发展红心猕猴桃、毛葡萄等产业，使每户搬迁户都有产业分红并获就业机会。

经过实施行之有效的措施，罗城仫佬族自治县脱贫攻坚取得了突破性进展，2018年当年全县有2.29万贫困人口、16个贫困村实现脱贫摘帽，2019年约2.4万人脱贫摘帽，贫困发生率降到3%以下。

（六）各项社会事业协调发展

1. 教育方面

近年来，学前普惠性教育、教育均衡化等政策的落实，加快了少数民族聚居区教育发展的步伐。2018年，广西人口较少民族聚居区学前教育基本上实现城乡全覆盖。2018年，罗城九年义务教育巩固率为92.90%，环江义务教育巩固率达93.63%，东兴市2018年义务教育资源配置均衡水平的8项指标测算差异系数均达国家要求，全市义务教育资源配置达到基本均衡的标准。三县（市）通过加快推进环江高中教学楼、实验楼、综合楼、校舍等扩建项目建设，招生规模不断扩大。据统计，2017年环江高中高考本科上线1157人，上线率达86%；东兴2018年一本上线率8.73%，本科上线率达62.4%；罗城教育质量较低，2017年高考本科上线率仅为36.4%。广西人口较少民族聚居区出台了奖励办法，采取住房安置、增加教师奖励性绩效工资、发放偏远地区教师补助等形式，想方设法留住优质师资。通过控制保学的"双线四包"❶，2019年广西人口较少民族聚居区义务教育巩固率都达到94%以上。

2. 民族文化保护与传承方面

近年来，人口较少民族聚居区各县（市）通过开展普查工作，基本上摸清了本地区非物质文化遗产的基本情况；通过立法或出台相关条例办法，从法律层面加强非物质文化遗产传承与保护，建立了一批非物质文化遗产场馆和传习基地；民族文化走进校园有序推进，青少年成为民族文化传承的重要力量；公共文化设施逐渐完善，"两馆一站"（地方美术馆、公共图书馆、文化站）建立完成并实施免费开放，县、乡、村三级公共文化服务

---

❶ 双线四包：县（市、区）、乡镇、村一条线，教育局、学校、班级一条线；县（市、区）领导包乡镇、乡镇干部包村、村干部包村民小组、村民小组包户；教育局领导包学校、校领导包年级、班主任包班、科任教师包人。

网络体系也基本形成。

3. 卫生与健康服务方面

一是实施"填平补齐、分步实施、逐步完善"策略,县、乡、村三级医疗服务网络体系基本建立,医疗机构基本实现了全覆盖;二是通过排查建档立卡贫困户因病致贫、因病返贫问题,同时实施分类分批救治,大病集中救治一批、慢病签约服务管理一批、重病兜底保障一批,确保健康扶贫落实到人、精准到病,有效解决因病致贫、因病返贫问题;三是完善建立家庭签约医生、实施"一站式"结算服务等,健康扶贫成效显著。

4. 社会保障方面

首先,随着社会的发展与进步,人口较少民族聚居区群众参加社会保险的意识不断增强,参加医疗保险、养老保险等社会保险的人数逐年增多,社会保障体系逐步完善,群众幸福指数不断提升。其次,广西人口较少民族聚居区通过转移就业及社保兜底,开展东西部扶贫协作专场招聘会,实施"返乡创业工程""两后生"❶职业培训、农民工就业培训等就业与扶贫工作紧密结合的方式,多举措拓宽了农村劳动力转移和城镇新增就业渠道,提高了贫困户的"造血"功能。

三、广西人口较少民族经济社会发展存在的突出问题

(一)中小学师资紧缺问题日益严峻

近年来由于待遇低、晋升渠道不畅、编制少、工作任务繁重等原因,人口较少民族聚居区中小学教师"招不来,留不住",师资紧缺问题日益严峻。罗城仫佬族自治县每年教师招聘计划仅能完成60%左右。2019年4月,罗城高中计划招聘各科教师10人,只有1人报名,年轻教师流失已成为一个普遍存在的问题。罗城仫佬族自治县中小学生总数逐年递增,教师数量却在减少,教师年自然减员均在100人以上,其中调走、改行的每年在30人左右,还不包括部分辞职教师。即使是经济相对富裕的京族地区,也存在年轻教师流失现象。东兴市京族学校2017年招入11名教师,2018年即有5名教师调离。同时,各级单位对基层乡村学校教师抽调过多,加剧了教师缺失现象,如万尾村的京族学校在编教师69人,已被各级单位借调出

---

❶ 两后生:指初、高中毕业未能继续升学的贫困家庭中的富余劳动力。

26 人，学校每学期需聘请 15 名以上顶岗教师才能正常开展教学工作。在教师招聘难、年轻教师流失严重的双重困境下，教师老龄化问题日趋严重。统计资料显示，环江毛南族自治县教师队伍平均年龄为 45 岁，50 岁以上的教师占全县教师的 40%，30 岁以下的教师仅占全县教师的 9%。在仫佬族、京族聚居区普遍存在类似问题，尤其是村完全小学教师，年龄普遍偏高。

（二）民族文化传承发展面临困境

民族文化是民族未来发展的核心动力所在，也是民族地区发展的软实力。多年来，党和政府高度关注民族传统文化的传承保护，投入了大量的人力物力和财力，但由于外来文化的冲击、民族地区青壮年大量流失等多重因素的共同作用，仫佬、毛南、京族传统文化共同面临受破坏和传承危机。调研中发现，传统文化传承人数量和年龄结构等都令人担忧，一些珍贵文化遗产如传统技艺、技术或技能面临后继无人的困境，尤其是一些非物质文化遗产项目面临消失的危险。例如，京族哈节传承人目前处在断层阶段，原传承人罗周文于 2018 年去世，其后既没有国家级传承人，也没有自治区级和市级传承人，认识喃字且能主持整个哈节仪式的人很少；京族独弦琴在京族地区已经没有人会制作；能唱"哈的哈妹"的不多，其中山心村仅有两名哈妹，分别已是 70 多岁和 90 多岁的高龄老人，难以担负哈节唱哈的重任。2018 年，毛南族花竹帽编织技艺传承人仅谭素娟 1 人，现已 56 岁，所带的 3 名徒弟无一人专职编帽，传承堪忧。会做仫佬族依饭道场的仅有十二三人，年龄都在 50 岁以上。这些珍贵的文化遗产如不及时进行抢救保护，将面临消失的危险。

（三）经济基础薄弱，产业结构不合理

2018 年，罗城、环江、东兴地区生产总值分别为 52.5 亿元、56.9 亿元、98.3 亿元，经济总量小，经济基础薄弱；产业结构不合理，地区生产总值中农业占比大，二、三产业比重偏小，第二产业没有支柱性产业。罗城、环江地处自治区重点生态功能区中的限制开发区域，工业化城镇化制约大，传统有色金属、煤炭业等资源产业转型升级困难；制糖业缺乏比较优势；林产品加工、建材等产业规模小、附加值低，转型升级难。农业逐渐向产业化、规模化方向发展，但发展速度慢，规模小，农民增收难的问题依然没有解决。

（四）部分基础设施建设有待完善

目前，人口较少民族地区基础设施仍不能满足需求，京族地区城镇道路建设及农村水、电、路、水利、网络通信等设施的投入不足，制约了经济的发展；仫佬族、毛南族地区贫困面大，大部分处在山区，道路建设成本高，各类基础设施项目建设所需投入的资金多，地方自筹资金困难，严重制约项目建设的推进，一些建设项目因资金投入不足而达不到预期目的，如环江县有一半以上的乡镇公路等级低、路况差，有待提及改造。仫佬、毛南族地区扶贫开发成本高且难度大，交通运输、水利、桥梁、农业灌溉、城镇住房建设等基础设施建设有待进一步加强。

四、推进广西人口较少民族经济社会发展的对策建议

（一）提高边远山区教师生活补助资金，增加特岗教师编制，加强对本地人才的培养和投入

工资低、工作压力大是人口较少民族地区教师"招不来，留不住"的重要原因。一些村教学点只有一名教师，负责全部科目的教学，任务繁重，工资待遇与教师的付出不符。因此，建议提高边远山区教师生活补助资金，增加教师收入；增加乡村特岗教师编制，减轻乡村教师工作压力，着力解决教师"招进来留不住"、教师缺口逐年扩大的问题。与此同时，建议加强对本地人才培养的投入；逐步完善人口较少民族地区教师队伍培养机制，每年从当地高中毕业生中择优定向培养一批人口较少民族人才，他们毕业后可以定向回到本地工作，增强自身"造血能力"。

（二）设立传统文化传承发展专项基金，加大对人口较少民族传统文化挖掘、抢救和保护的力度

国家《扶持人口较少民族发展规划》实施以来投入的扶持资金中，用于挖掘、抢救、保护民族文化的资金很少，在"十一五"到"十三五"期间都没有安排专项资金。例如，毛南族地区实施的扶持项目中，文化项目仅占项目总数的1.4%，总投资仅占全部资金的2.4%，而且这些资金主要投向文化场馆、村文化室等文化基础设施"硬件"建设，直接用于挖掘、传承、保护民族传统文化的资金微乎其微。由于人口较少民族聚居区经济不

发达，尤其是罗城、环江属深度贫困县，财政收入少，地方自筹资金困难，用于民族文化保护的资金十分有限，因此，建议"十四五"规划设立传统文化传承发展专项基金，加大对人口较少民族传统文化挖掘、抢救和保护的力度。同时，依托民族文化资源，积极发展旅游业，为民族工艺品等民族文化产品拓宽市场和发展空间。

（三）创建发展生产启动基金，积极探索发展特色产业，引导农民发展规模农业

产业结构不合理，缺少产业支撑是造成人口较少民族地区经济发展滞后的主要原因之一。因此，需通过产业扶持和加工项目扶持，打造民族地区特色产业并发动群众广泛参与。在巩固京族地区的海水养殖、海产品加工，毛南族、仫佬族地区的桑蚕、核桃、菜牛、香猪、毛葡萄、山羊等传统产业的基础上，积极探索和引进新产业，以中草药等为主发展产业，加大山区药材、散养健康畜禽养殖等优势特色产业发展力度，并积极通过对外宣传提升品牌知名度，争取特色经济效益最大化，提高群众收入及生活水平。

鉴于人口较少民族地区一些投资较大的特色产业（如毛南族地区菜牛养殖等）因缺乏资金支持难以形成规模的现实，建议由中央财政或地方财政划出一笔资金作为村民发展生产的启动基金，该基金的使用和管理可以参照一些境外援助组织的先进经验，采取小额信贷的方式，实行生产启动基金无偿援助、有偿使用的办法。通过扶贫发展资金与村民生产可持续发展相结合模式的探索，帮助人口较少民族尤其是贫困村的京族、毛南族、仫佬族发展生产，增加收入，改善生活，实现脱贫致富的最终目标。

（四）继续加强基础设施建设，按最低比例配套或免除地方配套资金

人口较少民族地区经济总量小，财政困难，由于地方政府拿不出配套基金，一些建设项目无法立项，容易形成"越穷建设项目越少、建设项目越少越穷"的恶性循环。因此，建议继续加大人口较少民族地区基础设施建设的投入，凡列入国家和自治区安排建设的各类项目，尤其是教育、卫生、道路交通、人畜饮水、农田水利、能源等建设项目，充分考虑东兴市经济总量小，罗城、环江县为国家扶贫工作重点县且地方财政承受能力弱的实际情况，按最低配套比例或免除地方配套资金，以缩小人口较少民族地区基础设施建设与发达地区的差距，进而促进当地经济社会的发展。

广西民族乡经济社会发展情况调研

李 博*

一、广西民族乡的基本情况

广西共有59个民族乡,其中瑶族乡47个,苗族乡8个,侗族乡1个,回族乡1个,瑶族苗族乡1个,仫佬族乡1个。59个民族乡分布在9个地级市的33个县(市、区),土地总面积约1.57万平方千米。截至2018年年底,总人口117.48万,其中少数民族人口88.28万,占总人口的75.14%。

二、广西民族乡经济社会发展取得的成绩

近年来,广西民族乡以产业促发展,大力改善农民群众的生产生活条件,经济社会各项事业取得了一定的成绩。

民族团结进步事业扎实推进。各民族乡认真贯彻党的民族政策,不断巩固和发展平等团结互助和谐的社会主义民族关系,积极开展民族团结宣传教育和民族团结进步示范创建活动,各民族团结友爱,涌现出一大批民族团结进步模范乡和村屯。

民族乡经济实力逐年增强。"十三五"以来,民族乡经济总体上呈现出良好的发展态势。例如,百色市13个民族乡2016—2018年地区生产总值从19.50亿元提高到20.39亿元,累计增加0.04倍;固定资产投资从5.57亿元提高到6.37亿元,累计增加0.15倍;地方公共财政收入从1.80亿元提高到2.32亿元,累计增加近0.29倍;农村居民人均可支配收入从5600元提高到10410元。

基础设施建设得到较大改善。近年来,在各级政府的大力支持下,依

---

* 李博,广西民族研究中心民族关系研究部副主任。

托民族乡逢10周年乡庆平台，通过民族乡各族群众的共同努力，民族乡的基础设施得到了较大改善。2018年，全区59个民族乡584个行政村中，已通公路的行政村有584个，占比100%；已通自来水的行政村有542个，占92.80%；已通电的行政村有576个，占98.63%；已通电话的行政村有583个，占99.83%；已通邮的行政村有559个，占95.72%。

产业发展取得新进步。广西各民族乡立足乡情，不断调整产业结构，大力发展少数民族特色经济，在主导产业、新兴产业、农林业、旅游业发展等方面都取得了新进步。2018年，广西全区59个民族乡实现农林牧渔业总产值64.2亿元，实现乡镇企业总产值37.67亿元。在实地调研中了解到，兴安县华江瑶族乡大力发展竹制品加工企业和竹下（种养）经济，狠抓生态保护和红色生态休闲旅游，精心打造瑶族民俗风情旅游，成为广西59个民族乡"首富乡"，2018年农民人均可支配收入达18600元。

民族乡教育、卫生、文化等各项社会事业有较大发展。教育事业方面，截至2018年年底，全区59个民族乡共有小学457所，中学48所，通过投资完善教育基础设施，完成各类教育建设和综合改造项目，民族乡中小学校正在逐步推进教育均衡发展。卫生事业方面，不断完善社会保障体系，妇幼保健、卫生防疫、艾滋病防控医改工作稳步推进，卫生服务功能进一步增强。2018年，59个民族乡共有各级医疗卫生机构576个，其中卫生院68个，基本做到了乡中心卫生院全覆盖。文化事业方面，丰富群众文化生活，保护传承民族文化。全区59个民族乡共建有59个文化广播站，持续开展全民健身和文化下乡活动。积极开展少数民族文化的保护与发展工作，深入挖掘打造民族文化品牌，努力实现保护、传承与创新的有机结合。

三、广西民族乡经济社会发展存在的问题及原因分析

由于自然、历史、区位等多种原因，广西各民族乡均不同程度存在着发展不平衡不充分的问题，民族乡经济社会事业仍然面临诸多困难和问题。

（一）基础设施相对薄弱，建设难度大

广西的民族乡多分布在大石山地区，地处偏僻、交通不便，自然条件恶劣。由于基础设施建设成本高、难度大，虽然经历了各级政府组织的一系列基础设施建设会战，在通路、通水、通电等民生项目上实现了历史性

的跨越，但一些民族乡在农田水利设施、环境卫生设施、道路安全设施、产业配套设施等方面仍严重落后于其他地区，个别民族乡依然存在屯级路不畅、人畜饮水难、居住条件差等问题，基础设施建设滞后的问题严重制约了各民族乡的经济社会发展和各民族困难群众的脱贫致富。在实地调研中了解到，古砦仫佬族乡得到扶持的8个人口较少民族村81个屯中有38个屯尚未解决人畜饮水问题，占比为46.9%，其中罗峒、大岩峒生活用水基本依赖山涧积水；古寨瑶族乡通往里当瑶族乡的山区道路路面较窄且没有安全护栏，山区群众出行安全得不到保障；镇圩瑶族乡贯穿全乡的母亲河河道年久失修，河水渗漏严重，防洪抗旱能力低，严重影响农业生产。

（二）优惠政策力度不足，资金缺口大

《民族乡行政工作条例》作为各级部门扶持民族乡发展的根本政策遵循，有些条款已不能适应当前经济社会发展的需要。在这种情况下，各级政府缺乏针对民族乡发展的专项规划、专项资金和重点支持民族乡发展的各种优惠政策。在精准扶贫工作项目资金的安排上，民族乡和非民族乡区别不大，属于深度贫困地区的民族乡没有得到重点帮扶。目前，逢10周年民族乡乡庆自治区本级财政安排给每个民族乡为民办实事项目资金仅为90万元，远远不能满足加快民族乡经济社会发展的需要。

（三）产业结构亟待调整，脱贫任务重

广西民族乡总体上财政来源单一，财政收入不稳定，收支矛盾突出；农业基础薄弱，结构单一，种植效率较低，农业结构调整处于爬坡阶段，农民增收渠道不多、增收困难；对各项建设缺乏资金投入，工业、企业和非公经济发展不充分；旅游业、服务业发展尚处于起步阶段，进展较为缓慢。从本次调研情况看，一方面大部分民族乡农民人均纯收入与市、县相比差距仍较大，只相当于广西全区平均水平的60%左右；另一方面，广西59个民族乡内部也存在着发展不均衡的突出问题，如2018年农村居民人均可支配收入最高的华江瑶族乡是18600元，而收入最低的金牙瑶族乡不到其1/4，仅为4316元。民族乡在脱贫攻坚工作中依然任重道远，如资源县的3个民族乡和西林县的2个民族乡都被列入广西深度贫困乡镇名单中，这些民族乡普遍存在着经济总量较小、发展后劲不足、增收乏力的问题。

（四）各项社会事业发展缓慢，难以满足民族乡各族群众不断增长的物质文化需求

在教育事业方面，民族乡由于受教育经费短缺和财力限制等因素影响，对民族文化教育事业的投入仍十分有限，教育资源配置城乡失衡，无法满足各族群众对优质教育资源的需求。例如，十万山瑶族乡中心小学管辖1所中心校、4所村完小和2所教学点，覆盖人口约1.2万人，学生1103人，全乡在岗在编教职工41人，按核定编制仍缺编20人。近10年来，由于十万山没有设立中学，学生六年级毕业后不得不到距离较远的其他乡镇就读，因求学远、求学难、生活不适等原因，造成部分适龄学生中途辍学。在卫生事业方面，农村公共医疗卫生服务设施投入不足，民族乡的卫生院（所）和村级医务室（站）设备简陋，缺乏专业技术人才和医疗器械、药品。各族群众看病难、费用高的状况仍没有得到根本解决，因病致贫、返贫现象仍然存在。在文化事业方面，少数民族文化保护和传承本身难度较大，如足别瑶族苗族乡的苗族口弦，目前会该项民族文化技艺的多为老年人，缺乏年轻的传承人。此外，民间的少数民族文物保护条件也较差，损毁现象较为严重，如古砦仫佬族乡的覃村古民居急需进行修缮保护，否则随时面临坍塌的危险。

（五）人才资源匮乏，青黄不接现象凸显

人才方面，主要是民族乡少数民族干部、教师及医疗、农林牧渔等专业技术人员不足。由于民族乡偏远，生活条件艰苦，外地优秀人才不愿意到民族乡工作，本地人才又留不住，青黄不接、"断档"现象逐步凸显。基层少数民族干部，特别是民族乡领导班子后备干部明显不足。建乡少数民族干部偏少，直接造成选拔本乡本土乡长的困难，在录用公务员时，民族乡本地的干部不具备竞争力，本地民族干部在公务员队伍中比例越来越少。例如，驯乐苗族乡是环江县最偏远的乡之一，工作条件较差，2018年全乡有干部职工68人，其中苗族干部7人，占比仅为10%。受地理环境因素影响，留住少数民族干部在乡内工作本身比较难，加之因脱贫攻坚任务繁重上级抽调人员，更加重了民族乡干部的工作压力。此外，培养、调动和提拔干部机会较少，也严重影响了部分少数民族干部的工作积极性。

通过深入剖析广西民族乡经济社会发展过程中面临种种难题的原因，其中既有发展基础条件差等外在因素的制约，也有自身结构不合理、思想观念落后等内在因素的影响；而从制度的顶层设计角度分析，也与上级发展思路打不开、帮扶支援责任不明确、现有资源开发力度不够等因素息息相关。

四、关于广西民族乡经济社会发展的建议

（一）利用好"乡庆"平台，助力民族乡在基础设施建设等方面迈上新台阶

多年来，广西以民族乡乡庆为契机，积极争取上级部门及社会资金投入，在道路交通、城乡风貌建设等方面为各族人民办了一批实事好事。但是，民族乡举办逢10周年庆祝活动，"十年翻一番"的周期相对较长，如何补齐短板，在开展民族乡乡庆工作过程中建立固定帮扶机制是我们必须要思考的问题。福建省在开展民族乡村挂钩帮扶工作方面有很多宝贵的经验值得我们学习借鉴，通过制定出台被称为"4个100万"的政策帮扶机制，确保每年都有固定的资金用于扶持民族乡发展，收到了良好的效果。福建省的主要做法是从2012年开始，由福建省财政转移支付全省19个民族乡每乡每年100万元；19个挂钩帮扶的省直单位和19个沿海经济发达县（市、区）每年筹措资金分别不少于100万元（列入预算）；19个民族乡所在的设区市、县（市、区）分别安排配套资金各50万元。通过不断加大挂钩帮扶力度，福建省每个民族乡每年获得帮扶资金不低于400万元。此外，通过每年召开全省挂钩帮扶民族乡工作会议，推动各地区各部门发挥自身优势，延伸帮扶范围，逐步实现福建省567个民族村全覆盖。

2024年，广西的59个民族乡中有44个即将迎来40周年乡庆。面对各民族乡在基础设施建设等方面的迫切需求，一方面广西要积极争取各级财政安排资金用于乡庆，协调相关部门对乡庆建设项目在资金上继续给予倾斜扶持；另一方面广西要根据民族乡发展实际，制定对口扶持民族乡加快发展的差别化政策和建立专项资金帮扶机制，有针对性地加强支持民族乡发展的顶层设计，助力民族乡在基础设施建设等方面迈上新台阶。

（二）在乡村振兴战略实施的大背景下，推动广西尽快出台针对民族乡实施脱贫攻坚与乡村振兴的政策衔接

习近平总书记指出，实施乡村振兴战略，是党的十九大作出的重大战略部署，是决胜全面建成小康社会、全面建设社会主义现代化国家的重大历史任务，是新时代做好"三农"工作的总抓手。乡村振兴战略提出后，广西给予了高度重视，2018年先后印发了《中共广西壮族自治区委员会关于实施乡村振兴战略的决定》《乡村振兴产业发展基础设施公共服务能力提升三年行动计划（2018—2020年）》等文件。但是，作为民族地区，广西尚未制定关于开展民族乡乡村振兴工作的专项政策，而浙江省民族宗教委员会已联合10部门率先下发了《浙江省民族乡村振兴实施方案（2018—2022）年》，提出了民族乡未来发展的主要目标、具体举措和要素保障，值得我们借鉴和学习。我们要充分认识实施乡村振兴战略的重大意义，把思想和行动统一到中央重大决策部署上来，抢抓机遇，借全面实施乡村振兴战略的东风，推动广西尽快出台针对民族乡实施乡村振兴的专项政策措施，争取将民族乡经济社会发展问题纳入广西"十四五"规划纲要，并逐步向民族乡以外的其他少数民族聚居乡村延伸，促进广西少数民族聚居地区均衡发展。

（三）转变思想观念，走符合广西民族乡发展实际的产业调整之路

广西大部分民族乡缺乏产业支撑，自我发展能力较弱。对此，我们必须转变思想观念，不仅要给民族乡输血，更要提升民族乡自身的造血能力，激发民族乡发展的内生动力，走符合广西民族乡发展实际的产业调整之路。在发展特色农业产业方面，建议学习外省区民族乡村农产品品牌化管理的先进经验，通过创建现代特色农业示范区进一步振兴民族乡特色产业，真正推动特色优势产业的规模化、区域差异化发展。在发掘旅游资源、打造民族风情、休闲观光和生态文化旅游业的同时，还要向外省区学习紧紧抓住生态宜居这一乡村振兴战略的关键。绿水青山是广西的特色，更是最宝贵的财富，如何在促进民族乡产业发展的同时正确处理好保护与开发的关系，构建人与自然和谐共生的乡村发展新格局，是影响民族乡未来经济社会发展的重要因素。此外，在积极帮助民族乡培育扶持龙头企业方面，建

议加强服务企业力度，推动企业做优做强。只有坚持解放思想，多渠道促进民族乡产业发展，提高当地农民人均纯收入，才能打赢脱贫攻坚战，确保民族乡与全国全区同步建成小康社会。

（四）加大对民族乡教育、卫生、文化等社会事业的投入，提高基本公共服务的保障水平

在教育事业发展方面，建议加强民族乡教师队伍培养建设，每年从教学质量较好的中小学选派优秀教师到包括民族乡在内的少数民族聚居乡村学校支教走教。帮助民族乡学校改善办学条件，统筹各类教育专项资金，适当向民族乡倾斜投入，加大民族乡农村寄宿制学校新建和改扩建力度。在卫生事业发展方面，建议加强充实民族乡乡村医生队伍，设立定向本、专科医学生培养计划，重点支持民族乡卫生院和村卫生室标准化建设，进一步改善就医环境和服务条件。在文化事业发展方面，建议组织专家对民族乡非物质文化遗产保护工作进行指导，科学推进民族乡传统文化项目保护工作，积极协助民族乡争取落实民间文化保护工程项目和资金，支持民族乡非物质文化遗产传承基地建设，制订保护传承规划，培养各类民族文化人才。

（五）进一步加强专业技术人才引进培养和本土少数民族干部的培养使用力度

一方面，要拓宽渠道、降低门槛、提高待遇引进人才，制定鼓励各类人才到民族地区工作的优惠政策，采取"民族班""定向委培"等特殊政策、措施为民族乡培养教师、医生等专业技术人才；另一方面，要加大对民族乡干部的选拔任用培养力度，按照相关政策配备和安排少数民族干部，在公务员考试中根据实际情况定向招录当地少数民族考生，对民族乡少数民族后备干部拓宽培养范围，加强培训交流。

广西民族地区发展报告

民族文旅·民生篇

广西民族文化和旅游融合发展报告

冼 奕[*]

文化是旅游的灵魂，旅游是文化的载体。文化与旅游相辅相成，共生共荣。推动文化和旅游融合发展是以习近平同志为核心的党中央作出的重要决策。2018年"两会"之后，中华人民共和国文化和旅游部组建。作为民族文化和旅游资源大省的广西，也于年内挂牌成立广西壮族自治区文化和旅游厅。广西的民族文化和旅游融合得怎么样？未来，广西在提升民族文化旅游的服务品质方面还需如何做？这些问题值得我们关注和思考。

一、广西民族文化和旅游融合发展的初步成效

（一）文化和旅游服务体系更加健全

2018年11月15日，广西壮族自治区文化和旅游厅挂牌成立，标志着广西文化旅游事业站在一个新的起点上，努力推动全区文化建设和旅游发展，开创文化旅游融合发展新局面。自治区机构改革，将文化厅和旅发委的职能整合组建自治区文化和旅游厅，是自治区党委、人民政府贯彻落实习近平总书记关于深化党和国家机构改革重要论述的具体实践，体现了党加强对文化旅游工作集中统一领导的必然要求，对于推动全区文化事业、文化产业和旅游业融合发展，满足人民群众对美好生活的新期待，提高广西文化软实力，具有十分重要的意义。

伴随着2019年8月28日全区机构改革任务的如期完成，各市县的文化和旅游系统也相应完成了组建，基本形成系统完备、科学规范、运转高效的机构职能体系，初步构建起运行顺畅、充满活力、令行禁止的工作体系。机构改革后，开启了文化与旅游融合发展的新格局，各地统筹文化和

---

[*] 冼奕，广西社会科学院民族研究所，助理研究员。

旅游融合发展的主动性、自觉性明显提高。节假日期间，各地文化旅游部门、各旅游景区也组织开展了丰富多彩的文化旅游活动，文化含量进一步提高。

（二）文旅融合的综合效应日益凸显

2018年，广西文化和旅游融合取得了不错的成绩。统计数据显示，2018年，广西接待国内外游客6.83亿人次，同比增长30.6%，增速同比加快2.7个百分点；实现旅游总消费7619.90亿元，同比增长36.6%，增速同比加快3.5个百分点；接待入境过夜游客562.33万人次，同比增长9.7%；国际旅游（外汇）消费27.78亿美元，同比增长16%，增速同比加快5.3个百分点；接待国内游客6.78亿人次，同比增长30.8%；国内旅游消费7436.08亿元，同比增长37.2%，增速同比加快3.4个百分点。❶根据研究测算，2018年广西全区旅游业综合增加值占地区生产总值的比重为18.3%，同比提高3.4个百分点。

2018年，广西文化和旅游业在拉动当地经济增长、增加财税收入、促进社会消费、增加就业机会，以及带动贫困地区人口脱贫致富等方面发挥着越来越重要的作用，已经为广西国民经济战略性支柱产业，经济效益、社会效益和生态效益等综合效应日益凸显。

（三）民族文化和旅游的黏合度更高

广西各地充分发挥各自特色民族文化资源优势，依托传统节日举办了一系列精彩纷呈的民俗庆典活动，形成了一大批吸引区内外游客的"磁场"。以2018年春节为例，南宁市推出赏花迎新、看灯游园、欢乐闹春、民俗祈福、环大明山游五大春节套餐；桂林漓江冠岩景区举办了冠岩溶洞音乐灯光秀活动和"最美回乡——冠岩民俗文化月"活动；北海市围绕"海丝"文化举办"汉郡合浦·海丝明珠""北海相约·幸福涠洲"等系列主题活动，"北海客家婚礼体验"入选中华人民共和国文化和旅游部公布的2018春节假日旅游指南；梧州市推出了"原味岭南·瑞犬贺岁"过大年等系列新春大巡游活动；河池市刘三姐故里景区举办了以"逛庙会、赶歌圩、

---

❶ 2018年旅游主要指标数据通报［EB/OL］.（2019-01-15）[2019-06-16].http://wlt.gxzf.gov.cn/zwgk/sjfb/20190115-661312.shtml.

祈福缘"为主题的"歌仙庙会";柳州市举办"苗族系列坡会群",芦笙踩堂舞、苗歌演唱比赛、斗鸟斗马、坡花选美、百名芒哥闹新春、"打同年"等活动。春节期间,广西全区共接待游客人数1983.19万人次,同比增长32.3%,位列"全国第八",旅游总消费113.06亿元,同比增长45.2%。❶

(四)民族文化旅游特色招牌越擦越亮

成功打响"壮族三月三·八桂嘉年华"广西文化旅游节特色旅游品牌。2014年,"壮族三月三"入选国家级非物质文化遗产名录,自治区也将每年的农历三月三定为广西公众假日,全民放假两天。2017年,"壮族三月三"升级为"壮族三月三·八桂嘉年华",包括"壮族三月三·桂风壮韵浓""壮族三月三·相约游广西""壮族三月三·民族体育炫""壮族三月三·e网喜乐购""壮族三月三·和谐在八桂"5大板块活动。经过两年的精心打造,"壮族三月三·八桂嘉年华"受到了中外游客的追捧,成为民族节庆文化旅游消费的"宠儿"。

实景演出点亮夜经济。继《印象·刘三姐》之后,紧抓《坐妹·三江》《梦·巴马》《花山》等演艺精品项目建设,打造旅游演艺品牌,从而有效带动旅游的消费升级,延伸产业链,衍生出更多的夜游产品,破解游客"好山好水好无聊"的窘境,丰富他们的夜生活,激发他们对食住行游购娱等业态的夜间消费潜力。

非物质文化遗产与旅游纪念品融合蕴藏无限商机。中越边境的靖西市新靖镇旧州街,是著名的"中国绣球之乡",这里制作的传统工艺品——绣球闻名全国、畅销海外。76岁的"中华巧女"黄肖琴使用堆绣工艺做的绣球已出口到美国、挪威、泰国等地。本地出产的绣球是热销的旅游纪念品,更成为推介壮族文化的有效载体。同样地,还有上林县的特色手工艺品"渡河公"。它有着憨态可掬的笑容,并散发出淡淡清香,受到游客喜爱。如今,蕴含着当地传说色彩的"渡河公"成为热门的旅游纪念品并远销海外。

旅游扶贫引领贫困户走上致富路。2018年,广西乡村旅游接待游客约

---

❶ 吴丽萍.向旅游强区迈进 春节广西接待游客人数位列"全国第八"[EB/OL].(2018-02-24)[2019-09-20].http://www.gxnews.com.cn/staticpages/20180224/newgx5a909aaf-16947147.shtml.

3.08亿人次，同比增长约31.0%，约占广西接待游客量的45.1%。乡村旅游已发展成广西旅游产业的一大亮点，是助力脱贫攻坚的有力抓手。在上林县巷贤镇长联村古民庄，有着158座保存完好的壮族夯土房依山就势布局，是广西现存保护最好、规模最大的壮民族夯土建筑古村落之一。如今，依托这些古建筑打造的鼓鸣寨景区吸引游人如织。项目开发前，当地农民人均收入2100元以下，有贫困户46户，贫困人口153人。景区运行后，该庄群众通过门票分红、失地养老保险、就近劳务收入、土特产外销等年人平均收入近万元。到2018年年底，已有40户脱贫。在靖西市（县级），鹅泉景区扶持附近的念安屯村民建起36家农家乐、12家民宿，最后3户贫困户已顺利脱贫。通灵大峡谷所在的新灵村33户贫困户，户均1人在景区工作，农家乐、民宿、土特产店如雨后春笋般涌现，为贫困村民带来增收新希望。

此外，广西通过创建"特色旅游名县"，促进全域旅游发展，民族文化旅游品牌知名度和影响力得到进一步提升。截至2018年年底，广西特色旅游名县已达27个。

二、广西民族文化和旅游融合发展的经验与做法

经过漫长的历史变迁，广西境内逐步形成了壮、汉、瑶、苗、侗、仫佬、毛南、京、回、彝、水、仡佬12个世居民族，另外还有满、白、土家等其他民族40多个。这些民族在生产生活中创造出多姿多彩的民族文化，为广西旅游发展提供了良好的资源保障。近年来，广西大打民族文化牌，结合山水文化、红色文化、海洋文化、边关文化、长寿文化等独特资源优势，推动民族文化和旅游在资源、产业、市场、公共服务等领域深度融合，打造特色民族文化旅游品牌，取得了积极成效。但囿于部门条块分割、资源配置分散等因素，广西民族文化和旅游在融合领域和融合层次方面还有待拓展、提升。为此，广西紧紧把握机构合并的重要机遇，想方设法，多措并举，推动民族文化和旅游融合发展迈上新台阶，以满足人民日益增长的美好生活需要。

（一）用新发展理念指导融合发展

深入学习习近平新时代中国特色社会主义思想，贯彻"创新、协调、绿色、开放、共享"的发展理念，落实习近平总书记关于文化和旅游工作

的系列重要论述和工作部署，加强战略研究和制度设计，坚持"宜融则融，能融尽融，以文促旅，以旅彰文"的工作思路，找准民族文化和旅游工作的最大公约数、最佳连接点，着力推动民族文化和旅游真融合、深融合。一方面，依托旅游的产业化、市场化手段丰富民族文化产品的供给类型和供给方式，利用旅游渠道为民族文化的对外传播和繁荣发展搭建更广阔的平台，进一步提升桂风壮韵的吸引力和影响力。另一方面，用民族文化的养分滋养旅游，丰富旅游的内涵，让更多民族文化资源、民族文化要素转化为旅游产品，不断拓展旅游的空间，进一步推动广西旅游特色化、优质化、效益化发展。狠抓一批重大文旅项目建设，创建民族文化和旅游融合发展示范区，争取早日出亮点、出成果、出品牌。通过深化改革，重点促进广西民族文化和旅游在职能、资源、产业、市场、公共服务、对外开放等领域全方位、深度融合，实现资源共享、优势互补、协同并进，为文化建设和旅游发展注入强劲动力。

（二）深化文化和旅游管理体制改革

坚决按照中央部署和自治区要求，不折不扣把机构改革任务落实到位，加强文化系统和旅游系统在发展理念、机构队伍、工作平台、保障体系等方面的无缝对接。深化文化和旅游领域简政放权和"放管服"改革，构建服务型政府部门，优化文旅融合发展的营商环境。推动全区国有文艺院团深化改革，推进国有演艺企业社会效益评价考核工作，促进重点文化惠民工程资源整合和创新发展。狠抓桂林国际旅游胜地、防城港边境旅游试验区、中越德天—板约瀑布跨境旅游合作区、巴马国家级旅游业改革创新先行区的建设和涠洲岛旅游区综合改革，推动全域旅游示范区发展。坚持问题导向，以文化旅游资源分属不同部门而不利于保护和开发的矛盾为切入点，切实推进文化和旅游管理体制改革。继续发扬广西在打造实景演出《印象·刘三姐》、公共文化服务"来宾模式"、全域旅游"广西实践"上所表现的首创精神，推动文化和旅游融合的顶层设计落地生根、开花结果。

（三）把资源优势变为发展新动能

旅游资源与文化资源具有一定重合性，旅游资源既包括山水林田湖等自然景观，也包括楼台亭馆榭及地区和民族的风土民情等人文景观。自然景观是有限的，而人文创造是无限的，文化资源为旅游业发展提供了最丰富、最深厚、最具魅力的元素。进入新时代，一方面，充分运用先进技术挖掘、保护、传承和开发有形文化资源和非物质文化遗产，打通资源壁垒，把资源优势转化为经济社会发展新动能。例如，博物馆是一个重要的文化资源，如今也成了热门的旅游景点。现在"博物馆里过大年"已经成为一个新年俗。2018年春节，广西民族博物馆的新春"文化大餐"喜迎八方客，呈现民族文化热、旅游火的鲜明特点。另一方面，现在人民群众对文化和旅游的需求已经从"有没有，缺不缺"到了"好不好，精不精"的发展阶段，为适应这种文化和旅游供给主要矛盾的变化，广西从数量追求，转到质量和品质的提升。把质量作为文化和旅游的生命线，坚持以人民为中心，多推出接地气、传得开、留得下的优秀民族文化产品；多推出能够修身、养性，能够使人民享游、爱游的优质旅游产品，更好满足人民群众对文化和旅游不断增长的需求。同时，把更多优质的民族文化资源转为优质的旅游资源，以优质的民族文化旅游资源为主线，精心打造特色民族文化旅游产品，使群众能够享文化、乐旅途。例如，深入挖掘民族文化内涵，以世界遗产花山岩画、世界灌溉工程遗产灵渠、世界非物质文化遗产壮族霜降节为突破口，将大量处于原始资源状态的民族文化遗产"唤醒"，打造成游客喜闻乐见的旅游产品；通过开发特色民族文化旅游商品、推出民族风味菜肴、建设民族文化主题酒店、提供特色交通服务、打造精品演艺活动，推动民族文化元素全面融入旅游各个环节，让旅游变得更有魅力。

（四）促进产业和市场协同发展

近年来，广西文化发展在公益性和普惠性方面取得了很大的成就，旅游发展则在产业化、市场化方面取得了重要进展。文化和旅游在融合过程中，通过取长补短，加强了产品、业态和市场的融合，实现了协同发展。针对广大游客个性化、多样化的民族文化消费发展趋势，通过在旅游城市和知名景区打造精品演艺项目，做好民族工艺品与旅游纪念品的研发、设计、生产和营销融合等举措，推动演艺、娱乐、艺术品、工艺美术、创意设计、动漫、游戏、会展等文化产业旅游化发展，培育充满活力的民族文化消费市场，形成新的民族文化消费增长空间。通过借鉴旅游业成熟的产业思维和市场观念，全面提升文化产业创新能力和核心竞争力，促进广西文化产业转型升级。同时，逐步探索民族文化和旅游两个领域的产业项目同步规划、同步申报、同步立项、同步建设，实施民族文化和旅游两个市场的共同培育和统一管理，打造一批有影响力的民族文化旅游企业和民族文化旅游品牌，促成广西"大文化旅游产业"的形成。

（五）统筹推进公共服务设施建设

在公共服务对象的定位上，文化和旅游一向各有侧重，前者主要是本地居民，后者主要是外来游客。随着大众旅游时代的到来，二者的分界开始打破，文化和旅游在公共服务领域的融合势在必行。特别是旅游城市和旅游热点区域，要在公共文化服务设施规划、建设的过程中充分考虑旅游的需要。博物馆、文化馆和非物质文化遗产馆、传习场所等既是公共文化服务的重要阵地，又是旅游发展的重要载体。广西从博物馆、文化馆、非物质文化遗产馆、传习场所等公共文化设施入手，增加、完善其旅游服务功能，将旅游厕所革命纳入公共文化建设，制定全区旅游厕所建设管理新三年（2018—2020年）行动计划，推动公共文化设施和旅游景区的厕所同标准规划、同标准建设、同标准管理，将更多文物保护单位、博物馆、文化馆和非物质文化遗产传习场所纳入旅游线路，加快其与旅游市场的对接。通过建设、改造一批文化和旅游综合服务设施，逐步解决文化和旅游在公共服务上各自单干的问题。同时，针对旅游公共服务投入不稳定情况，积极探索将其纳入整个公共服务体系，以形成可持续发展的投入机制。

（六）着力促进对外交流的融合

作为"一带一路"有机衔接的重要门户，广西在构建"南向、北联、东融、西合"全面开放新格局的基础上，重点围绕国际陆海贸易新通道，深耕东南亚市场，做好民族文化和旅游对外交流融合大文章。精心经营中国—东盟博览会旅游展、联合国世界旅游组织/亚太旅游协会旅游趋势与展望国际论坛（桂林论坛）、中国—东盟传统医药健康旅游国际论坛（巴马论坛）、中国—东盟文化论坛、中国—东盟（南宁）戏剧周等合作平台，形成全方位、多层次、多领域的对外文化旅游交流新格局。以中越德天—板约瀑布跨境旅游合作区和防城港边境旅游试验区建设为契机，推动民族文化和旅游的融合，培育具有产业带动力和文化影响力的示范项目，打造边境旅游发展新典范。推进海外中国文化交流和旅游推介机构建设,探索民族文化交流项目和旅游活动融合新途径。对民族文化和旅游的外宣资源进行整合,构建立体化、全方位的大宣传体系。通过"旅游引进来",实现"民族文化走出去",达到传播文明、交流文化、增进友谊的效果。

三、推动广西民族文化和旅游深度融合发展的路径及对策

尽管广西在民族文化和旅游融合发展方面取得了一定成效,但与高质量发展的目标和要求比,相差甚远,还有很长的一段路要走。为此,广西必须全面落实中央关于文化和旅游工作的决策部署,充分发挥"1+1>2"的作用,进一步推进民族文化和旅游融合向纵深方向发展。

(一)进一步巩固和深化机构改革成果,不断完善民族文化和旅游深度融合发展的体制机制

文化产业与旅游产业是两个不同的产业,两者的融合需要较多的条件。《广西旅游业发展"十三五"规划》提出:大力发展全域旅游,构建"一个旅游龙头、两大国际旅游集散地、三大国际旅游目的地、四条旅游发展带、一批特色旅游名县和旅游产业集聚区"的发展框架。所以,各级政府要积极响应"十三五"规划,充分发挥组织领导作用,巩固和深化机构改革成果,从全域旅游的视角出发,对全区进行科学有效的规划,建立健全文化和旅游产业融合发展的管理体制和运行机制,有效整合广西民族文化资源,优化旅游产业的空间布局。首先,要充分发挥以《印象·刘三姐》为代表的壮族文化的龙头带动作用,依托刘三姐文化资源,着力打造刘三姐壮族文化旅游精品。其次,要积极开拓参与少数民族文化生活和体育活动的体验式旅游产品,整合三江侗族风情、富川瑶族民俗村寨、万尾京族生产文化等独特资源,打造"民族风情"旅游品牌。最后,还可以结合少数民族的节日庆典活动,开展少数民族节庆旅游。借鉴"壮族三月三·八桂嘉年华"品牌打造模式,打造苗族芦笙斗马节、仫佬族依饭节、毛南族分龙节、京族哈节等民族节日,办好民族特色节庆活动,将广西建成民族文化旅游强区,成为全国一流、世界知名的区域性国际旅游目的地和集散地,让广西民族文化走向世界。

（二）基于市场需求，建立有利于民族文化和旅游深度融合发展的良好环境

民族文化和旅游的融合要以政府为主导，以市场为主体，为产业融合发展提供良好的环境。基于全域旅游的视角，应着力打造全天候的旅游产品，注重夜间旅游产品的丰富性、多样性和体验性，为游客提供24小时服务。广西旅游产品已趋于成熟和完善，但是夜间旅游产品仍有很大的发展空间。在广西，有美丽的山水实景和众多的民俗风情，这为开发夜间旅游产品提供了厚实的资源保障。由于夜间旅游活动空间的有限性，必须从以下两方面进行设计开发：一是民族饮食。作为少数民族众多的广西，民族饮食文化相当丰富，如壮族的五色糯米饭、竹筒饭、猪血肠、艾粑粑、粽子，苗族的腌酸、烤鲤、辣椒骨，侗族的酸鱼酸肉、打油茶等。民族饮食结合百家宴、长桌宴等形式予以展现，游客尽可在夜晚尽情品味民族风味，体验少数民族人家的饮食文化。二是民族娱乐。山水实景演出《印象·刘三姐》的成功表明，以演出形式展现民族文化备受广大游客的青睐。广西还有众多民族文化尚未开发成为成熟的旅游产品，如瑶族的信歌、铜鼓舞，毛南族的毛南戏、木面舞等。将这些民间艺术文化加以整合，设计开发独具特色的旅游产品，既可以丰富夜间旅游产品的种类，又可以增加市场吸引力。这种"白+黑"的旅游产品不仅整合了民族文化资源，调整了旅游产品的时间结构，而且增强了市场竞争力，促进了产业结构的升级与优化，加快了文化产业与旅游产业的融合发展。

（三）激励当地居民参与，有效促进民族文化和旅游深度融合发展

文化产业和旅游产业均属于创意性产业，其融合发展是旅游与文化两个领域的碰撞。要积极引导文化产业与旅游产业合理发展，就要激励全民共建共享、共同参与，为民族文化和旅游融合发展出谋划策。旅游目的地的各方民族参与文化产业与旅游产业的建设，既能让建设方、管理方获得相应的经济效益，又能让广大居民生活舒适、游客开心。当地居民生活于本民族文化中，对民族文化资源最为熟悉，在旅游开发中最有发言权。在旅游开发过程中，让当地居民参与到文化产业与旅游产业的融合发展中来，他们能够结合自身利益，既能在很大程度上保留原汁原味的民族文化，提供多样化的旅游产品，又能避免后期的利益纠纷，从而保证居民的基本权益，获得较大的经济效益、社会效益和生态效益。而游客作为旅游产品最直接的消费者，他们希望能够深入地体验民族文化、感受民族风情。所以，让游客参与文化产业与旅游产业的建设，能够最大限度地开发出具有市场前景的旅游产品，再配合政府规划、企业实施，可以切实有效地发挥民族文化内涵的产业优势作用，为延伸旅游产业链提供保障，从而最大限度地满足市场需求。因此，让当地居民和游客参与产业融合，可以有效实现主客共建共享，增加民生福祉，既让当地居民拥有完善的公共服务设施和更多的就业机会，实现通过发展旅游把民族文化变成"金山银山"的愿望，也让游客拥有丰富多样的旅游产品体验和选择，提升游客的满意度。

广西民族地区民生发展报告

张 健[*]

2018年，广西坚持贯彻新时代发展理念，始终坚持以人民为中心的发展思想，积极顺应各族群众对美好生活的向往，扎实推进党中央的各项惠民政策，把增进人民福祉、促进人的全面发展作为一切工作的出发点和落脚点，深入推进民族地区民生事业发展，加快完善公共服务体系，不断补齐民生领域短板、提高人民生活水平，社会保障体系不断完善，切实增强各族群众幸福感、获得感、安全感。2018年，围绕60年大庆，广西把着眼点放在惠及广大各族人民群众上，财政支出80.5%用于民生领域，实施了一大批民生基础工程，涉及教育、卫生、文化、生态环境等方面，包括支持乡村学校建设、实施基层卫生基础设施三年建设等；还推进了一批重大民生工程建设，包括革命老区河池市和百色市通高速公路、北部湾大学建设、广西国际壮医医院建设等。截至2018年12月，7个重大公益性项目[❶]总投资403亿元，已经全部建成投入使用。12月15日，以"乡村振兴"为主题的"第六届中国民生发展论坛"在北京举行，广西忻城县"易地搬迁拔穷根"工程和南宁市江南区"菜篮子"工程分别荣获全国"2018民生示范工程"奖。广西民族大团结、建设壮美广西、共圆复兴梦想的凝聚力不断增强。

一、民族地区基础设施建设跨越式发展

2018年，广西全力推进基础设施建设，重点推进"高速县县通、高铁市市通、民航片片通、内河条条通"建设，内外交通便捷度全面提升。高

---

[*] 张健，广西社会科学院民族研究所，副研究员。
[❶] 广西文化艺术中心、广西国际壮医医院、北部湾大学、河池至百色高速公路、桂林机场航站楼扩建工程、南宁国际会展中心升级改造工程、南宁园博园（第十二届中国国际园林博览会）7个重大公益性项目。

铁从无到有，建成运营1771千米，通达区内12个设区市和周边所有省份，实现与香港"一乘直达"。高速公路总里程5563千米，91%的县通高速公路。2018年，港口完成货物吞吐量3.79亿吨，沿海港口成为西南、中南地区重要出海口，西江亿吨黄金水道直航粤港澳，初步形成了"一干七支"❶的内河水运网络。建成7个民航机场，机场旅客年吞吐量超过2400万人次，飞行航线近300条，可通航110个城市和地区，东盟航线实现全覆盖，成为面向东盟的门户枢纽。南宁轨道交通1号、2号、3号线开通运营，成为全国首个开通地铁的自治区。少数民族聚居区交通基础设施建设支持力度不断加大，按照党中央和自治区关于支持少数民族聚居区经济社会发展的决策部署，广西将少数民族聚居区交通设施建设纳入全区交通工作总体规划和行业扶贫总体计划，持续加大交通设施建设政策和资金力度。❷同时，将涉农资金投向少数民族聚居区、贫困地区，对旅游路、资源路、产业开发路等扶贫开发工程加大投资力度。持续深入开展"美丽广西·乡村建设"活动，建成一大批基础设施和生态宜居项目，农村实现村村通水、通电、通硬化路、通广播电视、通网络信号，城乡面貌日新月异，民族地区基础设施建设得到跨越式发展。城镇化率由1978年的10.61%提高到2018年的50.22%。

少数民族聚居区高等级公路设施建设进一步推进。全区重大项目建设推进力度加大，2018年11月连接两个革命老区河池市至百色市的河百高速公路建成。河池至百色高速公路起于河池金城江区北香圩，接六寨至河池高速公路，途经河池市金城江区、南丹县、东兰县、巴马县，百色市田阳县、右江区，止于百色市右江区那务村，接百色至隆林高速公路，结束了巴马瑶族自治县、凤山县、东兰县不通高速的历史。同年12月19日，靖西市至龙邦镇高速公路建成通车，广西通往东盟国家的交通更为便捷。正在施工建设中的贺州至巴马高速公路项目，途径金秀瑶族自治县，建成之后全区12个自治县将全部通高速公路。2018年年底，广西已建成和在建高速公路里程突破8000千米，交通设施建设对少数民族地区经济社会发展的支撑作用进一步凸显。

---

❶ 一干七支：是指西江干流，以及左江、右江、红水河、柳黔江、绣江、桂江、贺江。

❷ 李晓璇.广西持续推进少数民族聚居区交通运输基础设施建设[EB/OL].（2019-05-01）[2019-08-28].http://mzw.gxzf.gov.cn/ztzl/zxzt/zzqmzgzwyhmzgzqkjlzl/t5329503.shtml.

少数民族聚居区农村基础设施进一步优化。2018年，自治区统筹推进全区农村交通基础设施建设，加快实施少数民族聚居区农村交通基础设施，协调发展改革部门将每年的公路水路项目投资计划、农村公路建设计划向少数民族聚居区倾斜，不断缩小少数民族聚居区与发达地区的差距。2018年，少数民族聚居区完成新建、续建农村公路1488千米。截至2018年年底，广西少数民族聚居的乡镇和建制村公路硬化率均达到了100%。少数民族聚居区候车亭建成30个，新增通客车建制村60个，少数民族群众出行得到了极大的便利。

少数民族聚居区村道安全不断提升。2018年，完成村道安全生命防护工程建设里程339.3千米，改造村道危桥7座，有力保障了广大群众的安全出行。特别是按照中央、自治区关于切实改善平桂瑶族深度贫困地区交通基础设施建设工作的部署和要求，坚持重点帮助、重点支持，积极争取项目资金1000万元，支持贺州市平桂瑶族深度贫困村安全生命防护工程项目建设，解决道路安全隐患34.852千米❶，极大地改善了土瑶地区少数民族群众交通基础设施滞后、出行不便、不安全的局面，提升了土瑶地区少数民族群众的安全感和幸福感。

二、民族地区文化惠民工程为民办实事

加快推进公共文化服务体系建设，以文化民生提升群众幸福感，是广西区党委和政府服务民生的重要内容。2018年，广西各地统筹推进少数民族乡村基础设施改造，完善公共文化服务体系，持续打造文化艺术精品，不但提升了民生保障水平，还丰富了群众的精神文化生活。

2018年，广西继续深入实施公益性、民生性、基础性文化惠民工程，第三批国家公共文化服务体系示范区（项目）顺利通过验收，创建示范项目的创新做法和工作成效获得专家高度肯定，发挥了国家公共文化服务体系示范区的先进示范作用；村级公共服务中心建设取得重大突破，基层文化阵地进一步增强。2018年，广西全区投资建设了1200个村级公共服务中心（含贫困地区边境县、民族县村综合文化服务中心），建成后，全区公

---

❶ 李晓璇.广西持续推进少数民族聚居区交通运输基础设施建设［EB/OL］.（2019-05-01）［2019-08-28］.http://mzw.gxzf.gov.cn/ztzl/zxzt/zzqmzgzwyhmzgzqkjlzl/t5329503.shtml

共服务中心总数达11522个,覆盖率80%,位居全国前列;推进县级图书馆、文化馆、乡镇综合文化站的达标建设,加强县级博物馆的建设,各级公共文化设施免费开放持续开展,各级公共图书馆、美术馆、文化馆(站)免费开放规范化、服务项目品牌化、文化活动常态化、文化服务均等化持续推进。全区235个博物馆(纪念馆)、115个公共图书馆、124个文化馆、1168个乡镇综合文化站全部免费开放。2018年共举办各类文化活动3.21万次,服务群众2140多万人次。❶ 同时,实施乡村公共文化服务设施能力提升3年行动计划,每年新建或扩建一批县级图书馆、文化馆、博物馆、乡镇综合文化站。

2018年,围绕广西60年大庆,文化基础设施建设取得新突破。作为重大民生项目的广西文化艺术中心于2018年1月3日正式投入使用,广西文化厅、广西演艺集团、广西戏剧院等相关单位对广西文化艺术中心的演出内容、项目规划等进行多次论证,确保各项演出工作顺利开展;广西图书馆民族文献中心建成并向社会公众开放使用,广西民族剧院、广西博物馆改扩建项目开工建设,广西群众艺术馆改扩建项目继续推进;国际化新媒体综合中心广西新媒体中心大楼建成,成为区域性国际电视传播阵地,为其他新媒体企业进驻广西提供条件。

文化惠民演出受到群众好评,群众文化活动丰富多彩。开展"贯彻十九大共筑中国梦"文艺精品下基层惠民演出和驻场演出、全国文化科技卫生"三下乡"集中示范服务活动广西分会场文艺演出、"情暖小康路——脱贫攻坚专场文艺演出""廉政清风吹山乡——脱贫攻坚作风建设专场文艺演出"等活动,开展"戏曲进校园"工作,使群众的文化获得感和幸福感得到进一步提升。深入开展"文化扶贫·春雨暖心"惠民演出,打造扶贫题材精品剧目,增强贫困群众脱贫攻坚内生动力。通过开展惠民演出、公益培训、交流讲座、文艺展览、成果展演、普法宣传等活动,使全民艺术普及活动实现常态化。

三、民族地区人民生活水平大幅度提高

2018年,广西全区人民生活显著改善,收入水平继续攀升。城镇居民

---

❶ 广西壮族自治区文化和旅游厅2018年度文化事业工作绩效展示[EB/OL].(2018-12-20)[2019-06-08].http://wlt.gxzf.gov.cn/zwgk/tzgg/t3919925.shtml.

人均可支配收入 32436 元，农村居民人均可支配收入 12435 元。消费结构发生巨大变化，2018 年全区城镇居民食品类支出占消费性支出的比重（恩格尔系数）为 30.7%，比 1980 年的 57.3% 下降 26.6 个百分点；农村居民家庭恩格尔系数降至 30.1%，比 1980 年的 63.5% 下降 33.4 个百分点。消费水平大幅提升，空调、移动电话、家用电脑大力普及，汽车等高档耐用消费品拥有量大幅提高，旅游、体育、文化娱乐、医疗保健等消费成为时尚，城乡居民消费水平明显提升。

四、民族地区脱贫攻坚成果丰硕

广西坚持从解决温饱问题入手，以集中连片特困地区和贫困村为主战场，以解决饮水难、行路难、用电难为突破口，相继开展一系列基础设施建设大会战，加大人财物专项投入，动员全社会合力扶贫攻坚，贫困地区群众生活明显改善。党的十八大以来，广西深入学习贯彻习近平总书记关于扶贫工作的重要论述，把打赢脱贫攻坚战作为最大的政治责任和第一民生工程，坚持精准扶贫精准脱贫基本方略，全面打响"攻坚五年、圆梦小康"脱贫攻坚战；按照"核心是精准、关键在落实、确保可持续"的要求，聚焦深度贫困地区和特殊贫困群体，扎实推进"八个一批"❶"十大行动"❷，着力解决"两不愁三保障"突出问题，持续打好"五场硬仗"❸，脱贫攻坚取得决定性进展和显著成效。农村贫困人口从 1978 年的 2100 万人减少到 2018 年年底的 151 万人，全区贫困发生率由 70% 下降至 3.7%。其中，2012—2018 年，全区累计减少贫困人口 825 万人，年均减贫 118 万人，实现 3451 个贫困村（指 2014 年识别的"十三五"贫困村）、25 个贫困县（含享受待遇县）摘帽。在 2016 年、2017 年、2018 年国家组织的省级

---

❶ 八个一批：即扶持生产发展一批、转移就业扶持一批、移民搬迁安置一批、生态补偿脱贫一批、教育扶智帮助一批、医疗救助解困一批、低保政策兜底一批、边贸政策扶助一批。

❷ 十大行动：即特色产业富民行动、扶贫移民搬迁行动、农村电商扶贫行动、农民工培训创业行动、贫困户产权收益行动、基础设施建设行动、科技文化扶贫行动、金融扶贫行动、社会扶贫行动、农村"三留守"人员和残疾人关爱服务行动。

❸ 五场硬仗：指产业扶贫、基础设施建设、易地扶贫搬迁、村集体经济发展和粤桂扶贫协作。

党委和政府扶贫开发成效考核中，广西连续3年被评为"综合评价好"的等次。

2018年，全区按照党中央、国务院的决策部署，狠抓自治区关于打赢脱贫攻坚战三年行动的落实，重点聚焦深度贫困地区和极度贫困地区。全区实现27.9万户116.2万建档立卡贫困人口脱贫，1452个贫困村出列、14个贫困县（含9个国定贫困县）脱贫摘帽，贫困发生率从2017年年底6.6%下降至2018年年底的3.7%。❶2018年，已脱贫的27.9万户中，享受雨露计划、易地扶贫搬迁、金融扶贫、产业扶贫、基础设施扶贫的脱贫户占到98.87%。超过九成的脱贫户年人均纯收入达到5000元以上，其中5000元及以上的25.71万户，占2018年脱贫户的92.2%；4000~5000元（不含）的1.82万户，占2018年脱贫户的6.52%；3300~4000元（不含）的0.36万户，占2018年脱贫户的1.28%；3300元以下的0.001万户，占0.004%。❷

截至2018年年底，全区未脱贫建档立卡贫困户剩余41.28万户151.27万人。其中，绝大多数贫困数已解决"两不愁三保障"，共达35.37万户，占全部未脱贫户的85.68%，剩下的未达标户"两不愁"问题都已基本解决，后阶段目标主要在于提升"三保障"。全区20个深度贫困县（区、市）"九有一低于"❸达标情况总体良好，脱贫摘帽有序推进。至2018年年底，20个深度贫困县住房保障达标率为96.48%，安全用水达标率为94.4%，义务教育巩固率都达到94%以上，贫困人口100%参加医疗保障。❹截至2018年年底，大化、都安、隆林、那坡四个极度贫困县贫困人口由2015年年底的35.43万人减少至18.7万人；全区1490个深度贫困村已脱贫摘帽228个，绝大多数深度贫困村贫困发生率降至30%以下。2017年年底贫困发生率在30%以上的445个重点深度贫困村，截至2018年年底已有295个贫困村贫困发生率降至30%以下。

---

❶ 数据来源于广西壮族自治区扶贫办官方网站。
❷ 数据来源于《2018年度广西壮族自治区扶贫开发数据分析报告》。
❸ 九有一低于：有特色产业、有住房保障、有基本医疗保障、有义务教育保障、有安全饮水、有路通村屯、有电视、有基本公共服务、有社会救助，农村贫困发生率低于3%。
❹ 数据来源于《广西深度贫困地区脱贫攻坚监测分析研究报告》（内部资料）。

五、民族地区教育事业大力发展

在教育保障方面，优先发展教育事业，在五个民族自治区中率先实现国家"两基"目标、率先普及九年义务教育，在西部地区率先实施职业教育攻坚工程，在全国首创多元普惠性幼儿园机制。2018年，新建中小学校（幼儿园）263所、改扩建7800多所，乡镇中心幼儿园覆盖率99.6%，新增43个县（市、区）通过义务教育基本均衡发展国家督导评估，全区累计通过率达85%。九年义务教育巩固率达95%，高中阶段毛入学率为89.4%。❶基本消除义务教育超大班额，控辍保学专项行动稳步推进。支持100所中等职业学校达标建设，获批设立南宁师范大学和北部湾大学，北部湾大学建设项目已完工，广西城市职业学院升格为本科层次职业学校，南宁教育园区累计开工学校11所。高等教育"双一流"建设加快推进，广西大学纳入"部省合建"高校行列。

六、民族地区社会保险事业全面进步

切实加强社保工作，实现城镇基本医疗保险异地就医直接结算、城乡居民大病保险全覆盖，城镇居民社会养老保险和新型农村社会养老保险同步全覆盖。在社会保障和救助方面，养老、医疗、失业保险参保人数和覆盖面不断扩大，城乡居民基本养老保险参保率超过98%。2018年五项社会保险基金收入合计1987.25亿元，比上年增加385.55亿元，增长24.07%。基金支出合计1670.53亿元，比上年增加330.21亿元，增长24.64%。❷在困难群体救助方面，2018年，全区有12万人享受城市居民最低生活保障，182.2万人享受农村居民最低生活保障，24.7万人享受特困人员救助供养。

深入实施就业优先战略和积极就业政策，抓好高校毕业生等重点群体就业工作，城镇登记失业率多年保持在3.5%以内，支持农民工返乡创业就业。举办农民工技能大赛，实施农民工创业奖补、企业及其他社会组织吸纳符合条件的农民工给予社会保险补贴等奖补政策。开展农村劳动力资源

---

❶ 参见《2019年广西壮族自治区政府工作报告》。
❷ 参见《2018年度广西人力资源和社会保障事业发展统计公报》及广西壮族自治区人力资源和社会保障厅官网。

调查全覆盖,掌握农村劳动力的基本信息、就业、技能培训需求等,通过扶贫车间吸纳、有组织劳务输出、返乡创业带动、扶贫公益性岗位等途径,安置近10万人。2018年年底,全自治区就业人员2848万人,比上年末增加6万人;其中,城镇就业人员1282万人,比上年末增加35万人。2018年,广西城镇新增就业42.1万人,失业人员实现再就业10.14万人,累计新增就业岗位10.56万个。

七、实施健康广西建设

全面推进健康广西建设,广西全区医疗卫生水平稳步提升。2018年10月,作为自治区成立60年大庆重大民生工程之一——广西国际壮医医院正式投入使用。该医院设有门诊楼、住院楼、制剂楼,具有鲜明壮瑶医药特色及面向全国、辐射东盟的现代化、国际化区域医疗中心。医疗卫生服务体系日益完善,医院(卫生院)、病床数、卫生技术人员成倍增加,全区居民平均预期寿命超77岁,高于全国平均水平,巴马等长寿之乡世界闻名。基层医疗卫生机构服务能力不断增强,乡镇卫生院业务用房和设备配备基本达到国家标准。实施基层医疗卫生机构能力建设行动计划,2018年安排11.26亿元,实施项目932个,全区乡镇卫生院、村卫生室标准化建设率达90%以上。❶

八、广西民族地区民生事业发展建议

(一)提升居民收入水平

坚持以人民为中心,稳步提升居民收入水平。在发展中提高居民收入,坚持分类施策与统筹相结合、稳步增长与缩小差距相结合、积极有为与量力而行相结合,坚持在经济增长的同时实现居民收入同步增长、在劳动生产率提高的同时实现劳动报酬同步提高。

完善和落实促进城乡居民增收的政策措施,增强居民消费能力。大力促进就业,增加工资性收入。努力创造更多高质量就业岗位,强化就业帮扶援助,开展职业技能培训,提供全方面就业服务。深化工资福利制度改革,设立符合民族特色的少数民族地区奖励性补贴,加快薪酬制度改革,

---

❶ 我区筑牢"三保障"和综合保障底线[EB/OL].(2019-01-31)[2019-08-26]. http://gxrb.gxrb.com.cn/html/2019-01/31/content_1571851.htm.

提升高层次、高附加值人才收入，缩小收入分配差距。完善就业失业统计指标体系，强化农民工工资支付保障。

（二）加强就业和社会保障服务

就业是最大的民生，应加大力度促进就业创业，打造"双创"升级版。抓好高校毕业生、农民工、退役军人等重点群体就业工作，加大稳岗支持力度，及时帮扶下岗失业人员。大规模开展职业技能培训，提高就业质量，培养知识型、技能型、创新型劳动者大军，促进就业创业，服务脱贫攻坚和高质量发展。持续推进自治区级农民工创业园区建设，引导农民工返乡创业就业。

扩大社会保障覆盖范围，提高社会保障待遇水平，全面实施全民参保计划，完善退休人员基本养老金正常增长机制，进一步加快职工基本养老保险自治区级统筹制度改革，逐步提高城乡居民养老保险基础养老金标准。进一步防范社保基金风险，规范基金管理。适度提高失业保障、抚恤优待等标准，加快建成社会保险公共服务平台，实现全区社会保险业务一网通办、一事通办、异地通办。制定覆盖全区城乡居民的基本公共服务标准。精准兜底保障困难群众，完善多层次救助体系，不断提高对符合条件的城镇特困人员的服务保障水平。提高困难残疾人生活补贴、重度残疾人护理补贴和孤儿基本生活最低养育标准。

（三）推进民族地区教育现代化

在教育现代化新征程中，必须坚持问题导向，依靠改革创新，强化政策支持，着力破解制约教育发展的难题。扩大教育资源，夯实义务教育根基，加快普及高中教育，完善现代职业教育体系；加强控辍保学工作推动学前教育普惠发展，继续发展特色职业教育，加快南宁教育园区、桂林高校集中区和广西大学"双一流"建设，开工建设广西经济管理干部学院新校区、广西幼儿师范高等专科学校武鸣校区。推进高水平本科教育和"双一流"建设，全面提升高等教育水平。同时，全面落实经济困难学生教育资助政策。

（四）推动健康广西战略

完善医疗基础设施，继续实施基层医疗卫生机构能力建设行动计划，加强乡镇卫生院、县级综合医院、县级妇幼保健院等建设，加大村卫生室标准化建设力度，进一步发展医养结合的养老养生和医疗旅游服务；加强流动人口健康教育，大力推进流动人口基本公共卫生健康服务均等化；深化医药卫生体制改革，坚持"三医联动"，健全医疗联合体、分级诊疗和现代医院管理制度，推进县乡、乡村医疗卫生服务一体化。传承发展中医药、壮瑶医药，推进国家中医药传承创新项目和中医临床研究基地建设。促进"互联网+医疗健康"发展，大力发展健康养老服务；引入各类社会力量培育和发展居家和社会养老服务机构，提供各种优质养老服务；利用社区资源为有照料护理需求的重度残疾人提供照护和托养服务。

广西民族地区发展报告

年度聚焦·脱贫攻坚篇

全面建成小康社会背景下破解
广西深度贫困问题研究

覃　娟　梁艳鸿　潘文献*

党的十八大以来，习近平总书记发表了一系列关于扶贫工作的重要论述，党中央作出了一系列重大部署和安排，全国脱贫攻坚取得了决定性进展。广西各级党委和政府坚持精准扶贫精准脱贫基本方略，切实把脱贫攻坚作为首要政治任务、第一民生工程和重大发展机遇，采取超常规举措推进脱贫攻坚不断取得新成效。随着易脱贫群众加快实现脱贫以及脱贫攻坚形势的变化，广西进入了脱贫攻坚决胜期，深度贫困问题越来越凸显，成为打赢脱贫攻坚战的坚中之坚、贫中之贫、困中之困。

从脱贫任务看，广西全区有20个县、30个乡镇、1490个村被列入深度贫困区域，贫困发生率在30%以上的贫困村有445个，实现不愁吃、不愁穿"两不愁"相对容易，但是实现义务教育、基本医疗、住房安全"三保障"还面临不少困难，任务十分艰巨。从脱贫要求看，2017年6月，习近平总书记在深度贫困地区脱贫攻坚座谈会上强调，脱贫攻坚本来就是一场硬仗，而深度贫困地区脱贫攻坚是这场硬仗中的硬仗；党的十九大对精准脱贫作了新的部署；2018年6月15日，中共中央、国务院出台关于打赢脱贫攻坚战三年行动的指导意见，提出了更加注重脱贫质量的新要求，攻克深度贫困迫在眉睫。

因此，科学总结党的十八大以来广西脱贫攻坚的经验做法，分析全区特别是深度贫困地区的贫困状况与特点、存在问题及原因、面临形势和要求，进而提出有针对性的对策建议，对于推动广西脱贫攻坚工作更加有效

---

* 覃娟，广西社会科学院科研处处长，研究员；梁艳鸿，广西社会科学院区域发展研究所，助理研究员；潘文献，广西社会科学院民族研究所，副研究员。

开展、打赢脱贫攻坚战具有重要的现实指导意义。

一、党的十八大以来广西脱贫攻坚主要做法及成效

党的十八大以来,自治区党委、政府带领全区人民攻坚克难,砥砺奋进,始终把脱贫攻坚作为最大的政治任务、最大的民生工程和最大的发展机遇,精准扶贫精准脱贫成效斐然,多项指标全国排名居前,多项举措成全国推广典范。2015年,在国务院扶贫开发领导小组对中西部22个省(区)精准扶贫成效的第三方评估中,广西综合得分97.37分,居全国第一位,贫困人口识别准确率达99.76%,居全国第一位,贫困人口退出准确率达97.21%,居全国第二位,精准识贫的经验做法得到习近平总书记的充分肯定。2016年,在中央对省际党委和政府扶贫开发工作成效考核中,广西综合得分位居第一等级,精准扶贫成效综合评估全国第二名,被认定为减贫成效显著、综合评价好的省份,获绩效奖励资金4亿元。2017年,国务院办公厅通报落实重大政策措施、真抓实干成效明显的地方,广西入选完成扶贫开发年度计划、减贫成效显著、综合评价好8个省份之一,获扶贫绩效奖励资金6.1亿元,其中财政扶贫专项绩效考评奖励资金1.6亿元,并首次由于财政涉农资金统筹整合改革卓有成效而获得奖励资金0.5亿元,成为全国4个获奖省份之一。2018广西脱贫攻坚成效考核为综合评价好,获得中央财政专项扶贫资金分配中各奖励4亿元。连续三年优异成绩的取得来之不易,更为未来两年决胜脱贫攻坚、实现全面小康,积累了较为成功的实践经验,奠定了良好的现实基础。

(一)加大扶贫资源投入力度,不断增强脱贫攻坚工作合力

2012—2017年,广西从自治区到县每年按照10%~20%的增长比例安排投入财政扶贫资金,各行业、各部门资金及财政涉农资金重点向脱贫攻坚倾斜。据统计,2012—2017年共投入财政专项扶贫资金323.24亿元,其中,中央财政专项扶贫资金163.21亿元,自治区财政专项扶贫资金83.01亿元,市、县财政专项扶贫资金77.02亿元。❶2018年筹措安排深度贫困地区财政专项扶贫资金36.71亿元,占中央下达和自治区财政安排专项扶贫资金总量的36.8%。全区各级各类帮扶单位和帮扶干部克难攻坚、负重奋进,

---

❶ 数据来源于自治区扶贫办统计监测处。

各界社会力量广泛积极参与,联合为全区脱贫攻坚发力。大量人力、物力、财力资源的投入,进一步增强了全区脱贫攻坚工作合力,不断推动脱贫攻坚工作取得新突破。

(二)狠抓精准识贫扶贫脱贫,全面提高减贫脱贫综合成效

为加快全区脱贫攻坚步伐,自治区多管齐下,多措并举,抓好精准识别、精准帮扶、精准考核及精准管理等关键环节,稳步实施"八个一批"、扎实推进"十大行动",全力以赴抓好脱贫攻坚工作,确保脱贫成效。据统计,2012—2017 年,全区农村贫困人口从 950 万减少至 2017 年的 267 万,累计减少建档立卡贫困人口 683 万,贫困发生率从 2012 年的 18% 降至 2017 年的 5.7%,累计下降 12.3 个百分点(图 1),贫困人口减少对全国减贫贡献率稳居全国前列,特别是 2016 年,全区累计减少贫困人口 111 万,为全国减贫人口最多的省份,对全国贫困人口减少的贡献率达 9%,居全国最高。2017 年,全区实现 1056 个贫困村出列和 6 个区定贫困县摘帽,龙州县达到贫困县摘帽标准通过自治区验收和第三方评估,成为脱贫攻坚阶段广西第一个脱贫摘帽的国定贫困县。2018 年,广西 116 万贫困人口脱贫、1452 个贫困村出列、14 个贫困县摘帽。贫困人口减少到 2018 年年底的 151 万人,贫困发生率下降至 3.7%。统计数据和综合考评结果表明:近年来,广西不仅减贫速度快,减贫规模空前,而且减贫效果居于全国前列。

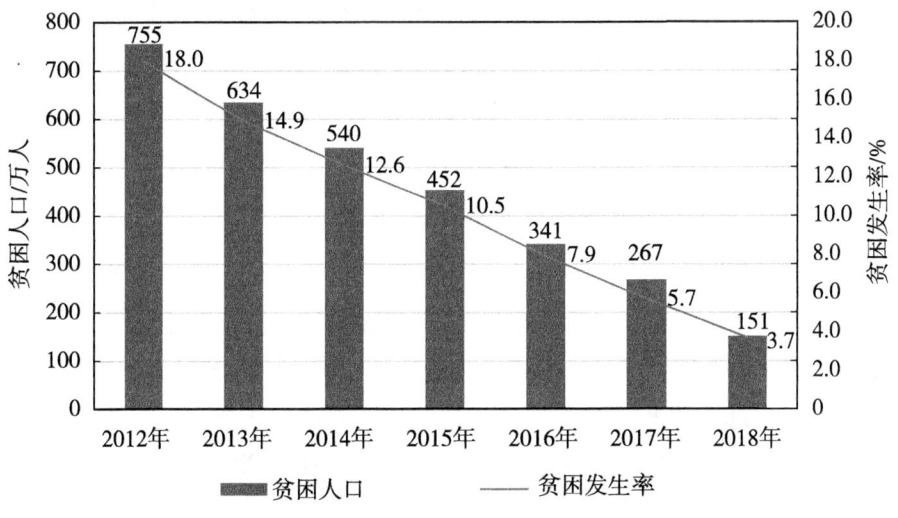

图 1　2012—2017 年广西农村减贫情况

（三）促进贫困群众持续稳定增收，逐渐缩小区域发展差距

广西切实把增加收入作为脱贫致富的核心，千方百计帮助贫困群众拓宽增收渠道，有效破解持续稳定收入瓶颈。国家统计局广西调查总队监测调查结果显示，2017年广西贫困地区农村居民人均可支配收入为9717元，高于全国贫困地区农村人均可支配收入的9377元，比2012年增加4217元，增长比率76.6%，年均增长12%。贫困地区农村人均可支配收入与广西全区农村居民人均可支配收入比值从2013年的0.8∶1提高至2017年的0.86∶1，贫困地区农村居民收入稳步增长，与全区农村平均水平的差距进一步缩小，脱贫攻坚惠民政策富民增收效果明显。2018年，广西贫困地区（33个国家贫困县）农村居民人均可支配收入10761元，全国为10371元。

（四）加强基础设施建设，显著改善群众生产生活条件

近年来，广西把夯实基础设施建设作为全区脱贫攻坚的基础性工作，不断加大基础设施建设投入力度，补齐区域发展短板。全区连续几年实施农村饮水安全巩固提升工程，安全饮水保障水平逐步提升。据统计，2017年底全区农村集中供水率达到82.6%，农村自来水普及率达到79.9%；广播、电视村村通工程覆盖全区所有5000个贫困村；全区建制村道路通畅率达到99.8%，2016年、2017年脱贫摘帽贫困村20户（含）以上的自然村（屯）全部实现通砂石以上道路，2018年年底全部实现20户以上自然村（屯）通路。2018年54个贫困县农村集中供水率总体达到83%，自来水普及率总体达到79%，住房保障率达95.92%，有路通村屯达99.97%。水电路、住房条件的改善，促进群众满意度的明显提升。❶

（五）推进易地扶贫搬迁，加快实现贫困群众挪穷窝换穷貌

自治区出台了《广西易地扶贫搬迁"十三五"规划》《关于加强贫困地区整屯（自然村）搬迁工作的意见》《关于加强易地扶贫搬迁后续产业发展和就业创业工作的指导意见》等规范性文件，各地结合实际出台相关措施，不断完善易地扶贫搬迁政策体系，精准落实建档立卡贫困人口搬迁任务，稳步推进易地扶贫搬迁贫困人口就业增收，带领贫困群众挪穷窝、断穷业，

---

❶ 数据来源于《广西脱贫攻坚"十三五"规划中期评估报告》。

换穷貌。2016—2018年，全区计划搬迁建档立卡贫困对象70万人。截至2018年6月底，累计搬迁入住54.03万人，搬迁入住率77.19%，完成广西脱贫攻坚"十三五"规划调整后指标71万人的76.09%。2016年、2017年安置项目建档立卡贫困人口搬迁入住率达到100%。

（六）开展特色产业扶贫，有效激发群众脱贫致富内生动力

广西始终坚持把发展富民产业作为精准扶贫、拔出穷根的根本出路，编制县级"5+2"、村级"3+1"产业精准扶贫规划，产业扶贫机制在2018年产业扶贫论坛上被国家农业农村部评选为产业扶贫十大机制创新典型。截至2018年8月，全区有扶贫任务的县（市、区）"5+2"特色产业已覆盖超过110万户贫困户，平均覆盖率达到77%以上。贫困地区粮食、水果、蔬菜、食用菌、桑蚕、茶叶等特色种植规模不断扩大，肉牛、肉羊、生猪、家禽等特色养殖业加快发展，农产品加工业附加值不断提升，乡村旅游游客接待量和旅游消费稳步增长，电子商务进农村工作加快推进，"空店"电商扶贫模式荣获2016年"全国脱贫攻坚创新奖"。全区初步构建起"县有扶贫支柱产业、村有扶贫主导产业、户有增收致富项目"的产业扶贫大格局。

（七）发展壮大村集体经济，大力夯实凝聚群众的物质基础

自治区专门成立发展壮大村集体经济工作领导小组，相继出台了《关于加快贫困村村级集体经济发展指导意见》等文件，对贫困县、贫困村实施的集体经济发展项目在财政、税收、融资、用地、用电等方面予以政策扶持，促进村集体经济发展壮大。据统计，截至2018年9月底，全区收入在2万元以上、3万元以上、5万元以上的贫困村分别达到3371个、2844个和1146个，占全部贫困村的比重分别为67.42%、56.88%和22.92%（图2）。值得一提的是，收入达2万元以上、3万元以上、5万元以上的贫困村，占相应收入段行政村总数（含非贫困村）的54.96%、54.87%、47.24%，占比均达到一半左右，凝聚群众、助力脱贫的物质基础更加巩固。

（八）实施就业援助常态化行动，增强群众就业创业能力

广西不断加大贫困地区产业发展带头人、贫困职业农民，外出务工贫困人口的职业技能培训，通过就业帮扶、岗位安置、创业贷款等措施，为贫困人员送政策、送技能、送岗位，全面提升贫困劳动力就业创业能力，

实现贫困劳动力真脱贫、脱真贫。例如，上林县利用东西扶贫协作的有利契机，探索由"一体培育创业致富带头人和扶贫特色产业、一体带动贫困户和贫困村增收脱贫、一体促进本土人才回归和贫困村基层党建"组成的"双培双带双促"脱贫带头人培育模式，在2018年全国脱贫攻坚奖评选中获得组织创新奖。

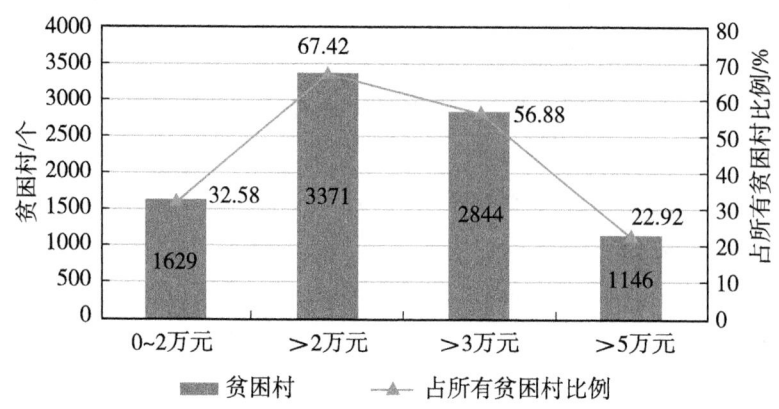

图2　2018年广西贫困村集体经济收入状况

资料来源：广西壮族自治区党委组织部统计表（2018年9月底）。

（九）深入推进健康扶贫，切实提高群众医疗保障水平

广西各层级持续完善并出台健康扶贫政策及措施，不断加大贫困人口医疗保障力度。提高贫困人口基本医保缴费补助，基本医保个人缴费部分财政补助比率提高到100%，并逐步取消住院基金起付标准；提高住院报销比例，落实贫困人口待遇就高不就低，贫困人口大病保险起付线降低50%，报销比例提高10%的政策；提高贫困人口二次报销比例，实施大病集中救治专项保障，加快推进"一站式直接结算信息化"建设，落实各项健康扶贫便民措施。2017年以来，全区签约医生服务逐渐覆盖所有贫困人口，支出医疗救助资金3.74亿元，共救助困难群众197万人次，全区因病致贫因病返贫有所缓解，贫困人口医疗保障水平稳步提升。2018年，广西全区医疗救助基金支出7.49亿元，资助参加基本医疗保险184.15万人。

（十）有序推进教育扶贫，切实提高义务教育保障水平

全区各地不断建立和完善教育精准帮扶机制，实施教育帮扶八大计划，

安排专项资金新建、改建或扩建贫困地区薄弱幼儿园及中小学校；落实学前入园补助金、义务教育"两免一补"、普通高中和中职学生资助、高校奖助学生政策；全面建立从学前教育到高等教育全覆盖、无缝对接的贫困生入学资助体系，确保不出现因贫辍学；严格落实控辍保学工作责任机制，建立控辍保学"双线四包"工作机制和"三级联动"防护网络。截至2018年6月，全区成功劝返辍学学生21782人，其中建档立卡贫困户学生3794人，义务教育巩固水平进一步提高。

（十一）完善社会救助体系，切实保障特困群众基本生活

广西积极促进农村低保制度与脱贫攻坚政策实现有效衔接，凸显政策合力，实现应纳尽纳，应保应保，不断提高社会救助水平，切实保障特困群众基本生活。截至2018年6月，全区纳入农村低保范围的建档立卡贫困人口141万人，占全区农村低保对象总数253.9万人的55.5%。2016年以来，全区先后2次提高农村低保平均保障标准，3次提高农村低保平均补助水平。截至2018年年底，全区农村低保平均保障标准从2016年初的2556元/（人·年）提高到3333元/（人·年），全区111个县（区）农村低保标准全部超过国家扶贫标准线的2952元/（人·年），农村低保平均补助水平由2016年初的每人每月125元提高到每人每月190元。

二、现阶段广西总体贫困状况及深度贫困特征

广西"老、少、边、山、库"综合特征明显，历来是我国扶贫开发的重点难点区域。经过多年的扶贫开发，广西贫困地区的生产生活条件明显改善，特别是近年来精准扶贫与精准脱贫的深入实施，使贫困地区的落后贫困状况得到了有效治理。现如今，广西进入了脱贫攻坚决胜期，全区总体贫困状况有所改变，深度贫困特征愈加明显，正在或将要面临的困难与挑战更加多变。

（一）总体贫困现状

经过几年的克难攻坚，至2017年年底，广西全区还有267万建档立卡贫困人口、3001个贫困村、44个贫困县尚未脱贫摘帽，贫困人口占全国农村贫困人口总数3046万人的8.77%，贫困发生率为5.7%，贫困发生率高于

全国2.6个百分点。❶2018年年底，全区建档立卡贫困人口151万人，贫困发生率下降至3.7%。进入脱贫攻坚决胜期，广西贫困地区和贫困人口呈现以下三个方面的显著特点。

一是区域性贫困与插花式贫困复杂交织。

从地域分布看，全区攻坚任务最重的深度贫困县、贫困乡（镇）、贫困村主要分布于桂西石山地区、桂滇黔省际交界地区、革命老区、边境地区及少数民族聚居地区，形成以百色、河池为主的桂西和桂西北深度贫困片区，以柳州三江、融水少数民族聚居区为主的桂北深度贫困带，以贺州平桂区、昭平县为主的桂东深度贫困点。这些地区主要受恶劣的自然条件限制，耕地缺、饮用水缺，居住环境差、道路交通差，农业效益低、易地扶贫搬迁任务重，改善生产生活环境需要做出更大的努力。

精准帮扶开展以来，全区帮扶工作机制主要按区域实施，但经过几年扶贫开发的推进，片区内的贫困村贫困人口数量不断减少，取得了良好成效。但非贫困村贫困人口由于缺乏资金投入，缺乏项目覆盖，缺乏成效帮扶措施，发展基础逐渐不如贫困村，在原有的以片区贫困村为瞄准对象的帮扶机制下，容易导致接受帮扶的本体错位，处于非贫困村的贫困人口得不到帮扶或者帮扶较少，而贫困村非贫困人口可以"搭便车"。随着贫困村贫困人口的脱贫摘帽，剩下的贫困人口分布上逐渐趋于分散化，现行的瞄准机制容易造成对象偏离，影响脱贫的实质性成效。因此，在脱贫攻坚决胜期，还要着重统筹解决好区域性贫困与插花式贫困，实现扶贫资源的合理投放，确保脱贫成效。

二是物质贫困与精神贫困双重并存。

内因是决定脱贫质量和成效的关键性因素，而往往又是最难改变的因素。脱贫攻坚越深入，剩下的"硬骨头""老大难"脱贫内生动力不足的情况就越严重，常常是极端的物质贫困与顽固的精神贫困共存，越穷越不愿改变，越不愿改变越穷。追本溯源，脱贫内生动力不足源于贫困，反过来又成为制约脱贫的最顽固因素，形成一个恶性循环，且这种恶性的闭环很难打破。随着脱贫攻坚投入资源的不断增多，再加上过去采取过多的直接

---

❶ 2017年末全国农村贫困人口3046万人 同比减少1289万人[EB/OL].（2018-02-01）[2020-03-02].http://www.xinhuanet.com/finance/2018-02-01/c_129803536.htm

给钱给物、大包大揽帮扶模式，致使"等靠要"、争当贫困户的思想出现了加剧和蔓延的趋势，更加重了脱贫内生动力不足的状况。尤其是深度贫困地区，近三年脱贫内生动力不足在致贫原因中的占比呈上升趋势，精神贫困的问题越来越凸显。一些贫困户明显达到脱贫标准，但仍不愿意退出，在抽查脱贫户中，约10%对自己脱贫不认可。

三是群体性贫困与脆弱性返贫结合交替。

从群体分布看，广西目前剩下的贫困人口主要以居住在高山大岭的少数民族群体和高龄老人、重病残人员、大中专学生、单亲家庭未成年子女等特殊困难群体，以及无劳、无智、无人赡养的"三无"贫困群体为主，贫困人口的群体性特征比较突出。根据2015年识别数据，少数民族占全区贫困人口约85%，特别是高山瑶族的贫困程度最深，生产生活条件恶劣且搬迁意愿不强，生产技能水平低下，缺乏市场经济意识；"三无"贫困人员及特殊困难群体致贫原因复杂，发展能力有限。这些贫困群体家庭经济脆弱，收入来源单一，抵御自然灾害、家庭意外和市场风险的能力特别低，每增加一项支出，都将成倍增加家庭负担，即使能在短期内通过帮扶实现脱贫，也极易陷入返贫。因此，这部分贫困群体脆弱性更强，返贫的潜在风险更高，对脱贫质量的要求也更高，是脱贫攻坚决胜期的最难堡垒。

（二）深度贫困区域分布

2018年，全区有20个县（市、区）、30个乡镇、1490个村被列入深度贫困区域，贫困发生率在30%以上的深度贫困村（简称"重点深度贫困村"）有445个，主要分布在9个市40个县（市、区），河池、百色、柳州三市的重点深度贫困村共占比83.6%。

从贫困发生率区间分布看，全区贫困发生率在30%~40%的深度贫困村有226个，占445个村的50.8%；贫困发生率在40%~50%的有113个，占25.4%；贫困发生率在50%~60%的有55个，占12.3%；贫困发生率在60%以上的有51个，占11.5%。河池市大化瑶族自治县雅龙乡胜利村贫困发生率为93.42%，为全区最高（表1）。

从地理区域分布看，全区重点深度贫困村主要分布于桂西大石山区、桂滇黔省际交界地区、革命老区、边境地区及少数民族聚居区，形成以百色、河池为主的桂西和桂西北深度贫困片区，以柳州三江、融水少数民族聚居区为主的桂北深度贫困带，以贺州平桂区为主的桂东深度贫困点。

表 1 2018 年广西全区 445 个重点深度贫困村分布情况

地区	各贫困发生率区间重点贫困村数量 / 个				重点贫困村总数 / 个
	30%~40%	40%~50%	50%~60%	60% 以上	
河池市	69	49	23	28	169
百色市	76	30	18	7	131
柳州市	37	17	8	10	72
贺州市	12	7	2	4	24
南宁市	13	5	0	0	19
崇左市	9	2	2	1	14
来宾市	5	2	1	1	9
桂林市	4	1	1	0	6
防城港市	1	0	0	0	1
合计 / 个	226	113	55	51	445
占比 /%	50.8	25.4	12.3	11.5	100

其中，河池市有 7 个深度贫困县，超过全区深度贫困县总数的 1/3，有 430 个深度贫困村，占全区总数的 28.9%；重点深度贫困村有 169 个，占全区同类总数 38%。

百色市有 7 个深度贫困县，超过全区深度贫困县总数的 1/3，有 495 个深度贫困村，占全区总数 33.2%；重点深度贫困村有 131 个，占全区同类总数 29.4%。

柳州市有 2 个深度贫困县，有 172 个深度贫困村，占全区总数 11.5%；重点深度贫困村有 72 个，占全区同类总数 16.2%。

贺州市有 1 个深度贫困县，有 93 个深度贫困村，占全区总数 6.2%；重点深度贫困村有 24 个，占全区同类总数 5.4%；其中平桂区有 16 个，占全市的 66.7%。

（三）深度贫困主要致贫因素

从贫困的特点来看，深度贫困地区具有"两高、两缺、两差、两低、四重"的特征，即贫困人口占比高、贫困发生率高，耕地缺、饮用水缺，居住环境差、道路交通差，农业效益低、贫困人口收入低，低保兜底任务重、易地扶贫搬迁任务重、因病致贫返贫人口脱贫任务重、发展村级集体经济任务重，这在广西深度贫困较聚集的桂西北、桂北地区较有普遍性。总的来说，广西深度贫困地区生产要素缺乏、产业发展滞后、生态环境脆弱、抗风险能力不足、社会保障水平不高，是打赢脱贫攻坚战的坚中之坚、贫中之贫、困中之困。

深度贫困村的致贫原因比一般贫困村更复杂，主要有缺发展资金致贫、因病致贫、因残致贫、内生动力不足、因学致贫五个因素。2015—2018年，上述五个因素的占比逐年下降。2015—2018年，前三位的原因分别是缺发展资金、因学致贫、因病致贫，其中，缺发展资金致贫一直是首要的原因，但也是改善最明显的，这与近年来政府投入大量的资金开展扶贫攻坚工作有密切关系。2015—2016年，因病致贫的比例高于因学致贫，但是到了2017—2018年，因学致贫的比例就高于因病致贫，说明贫困人口医疗保障水平得到较大改善，因病致贫压力逐渐缓解，因残致贫的比例变动不大。通过几年有针对性的扶贫开发及大力推进社会保障扶贫，其他致贫因素得到有效缓解，内生动力不足的问题越来越凸显。

三、广西深度贫困地区脱贫攻坚面临的困境

随着脱贫攻坚的深入推进，新情况、新问题不断出现，日愈凸显的深度贫困瓶颈亟待破解。调查研究发现，目前广西深度贫困地区脱贫攻坚任务艰巨，主要面临产业发展和增收困难、基础设施薄弱、内生动力不足和住房、医疗、教育等保障水平不高，以及村集体经济发展困难等瓶颈问题，制约因素复杂多变。

（一）路、水、电、通信等基础设施薄弱

深度贫困地区普遍存在基础设施落后的情况，绝大多数处于大石山区，自然条件差，基础设施建设成本高、资金需求大，基础设施改善及设施项目建设进展较为缓慢，村民反映最多的仍然是行路难、饮水难、用电难、通信难问题，农副产品因为交通不便、信息不灵销售困难。特别是河池、百色两市的重点深度贫困村普遍存在基础设施落后的问题。柳州市存在路、

水、电等基础设施不完善的村达55个，占比超过75%。基础设施薄弱仍然是制约深度贫困地区脱贫摘帽的一大瓶颈，也是群众反映最多、最迫切希望解决的难题之一。主要是交通不便利的情况还较多、部分村屯季节性缺水的情况还比较严重、农村电网改造和通信网络问题亟待解决、移动信号和网络建设比较滞后、信息渠道不畅通等。

（二）产业发展困难和增收乏力

一是发展资源要素绝对稀缺。深度贫困村的致贫原因错综复杂，且大部分村缺乏企业进驻或资本流入的条件，盘活农村产权遇到很多阻碍，贫困群众的财产性收入来源很少。二是产业扶贫带动作用不强。农业现代化水平低，生产方式落后，农业科技推广应用困难，缺少企业、合作社及致富能人的带动，特色产业发展效益不高。贫困户家庭抗风险能力极弱，发展产业意愿和信心不足，经营性收入实际增长乏力。三是贫困家庭劳动力转移受限。老弱病残小和半劳力人口多，文化层次低；消息闭塞，务工机会少；技能缺乏，就地增收无门路，外出务工就业难。四是针对性激励政策存在空白。目前，尚缺乏激发企业、合作社及能人带贫致富积极性的有力措施，政策优惠度不高、吸引力不大。例如，"扶贫车间"绝大多数仅设立在县城附近或一些条件相对较好的贫困村，设在深度贫困村的几乎没有。

（三）贫困户内生动力不足

深度贫困地区贫困群体"坐等靠要""智志双低"的现象更加严重且短时间内难以改变。据统计，445个贫困发生率超过30%的村因内生动力不足致贫人数从2015年的9%上升到2018年的12%，总体呈上升趋势。究其原因，有以下四点。一是深度贫困村交通不便，信息不灵，教育水平低，劳动技能差，部分少数民族群众因长期封闭，自我发展能力弱，不敢脱贫也不会脱贫。二是贫困群体小农意识根深蒂固，陈规陋习难以扭转，安于现状，不愿脱贫也不想脱贫。随着扶贫福利越来越多，"坐在墙角晒太阳，等着别人送小康"、争当贫困户、不愿摘掉贫困帽子等现象增多。三是政府绝对主导、大包大揽的"输血式"扶贫模式，盲目地送钱送物，给政策给福利，助长了贫困群体"等靠要"的依赖心理。四是不少帮扶干部对扶贫工作的性质和方式认知不够，对扶贫政策的理解出现偏差，帮扶思路不清楚，帮扶办法不科学，捐钱捐物、施舍救济，好心办坏事，助长了部分贫困户惰性。

(四)住房保障问题还需要下大力气解决

目前,住房保障任务比较艰巨的主要是大石山区和三江侗族自治县等少数民族聚居、传统民族木制建筑较多的地方。一是由于危改户和搬迁户存量大,任务艰巨,一些危旧改户因为交通不便导致运输成本高、自筹能力弱等原因无法实施旧房改造或进度慢。二是易地移民搬迁主要受制于2016年、2017年各县集中安置点建设项目进度缓慢,搬迁入住不多。三是一些贫困户不愿意实施易地移民搬迁,如大化县胜利村贫困发生率高达93.34%,911户贫困户中无住房保障412户,51个屯需要整屯搬迁,但仅有5个屯81户有整屯搬迁意向。同时,拆旧复垦也影响搬迁意愿。四是三江侗族自治县等传统民族木制建筑较多的少数民族聚居区住房保障面临多种困难,包括住房面积不达标,多户共住一栋木楼;木楼是统一的整体结构,无法单独拆除某一间;适宜建房的宅基地少,贫困户获取难度大;木楼年久失修,缺乏专业认定,长期存在火灾隐患;传统木楼建筑成本高,传统村落保护与住房条件改善矛盾突出等。

(五)控辍保学仍然面临较大压力

目前,义务教育阶段辍学学生主要集中在桂西北河池市的凤山、巴马,百色市的靖西、隆林,桂北柳州市的三江、融水等和桂西南天等、宁明等边远山区,其中少数民族聚居区和边境地区较为突出。辍学原因以厌学和家庭经济负担重为主。一是深度贫困村留守儿童多,缺乏亲情关爱,容易受到不良思想和风气影响,产生厌学情绪。二是深度贫困村教育设施落后,教学水平差,学生学习兴趣不高。例如,河池市某深度贫困村小学有学生67名,只有两位老师,一位快退休,一位宿管员,教学质量差,学生们普遍反映老师上课没意思,学习兴趣不高。一部分村民选择将适龄儿童送往县城、城中镇学校,但因不提供住宿,需要租房并由家长陪读,加重了贫困家庭负担。三是一些优惠政策不到位,如实行"先交后返"给贫困家庭带来压力,义务教育阶段寄宿生补助政策没有区分,体现不出对建档立卡学生的倾斜照顾。

(六)新农合参保率和基本医疗保障水平有待提升

农户对新农合缴费意愿不高,原因在于:一是部分外出务工人员联系不上或因思想顽固落后和受新农合筹资额度逐年增加、贫困人口交纳补助方式便利性不够、收支管理不透明、保险意识较弱等因素影响，农户参合积极性不高，政府兜底压力大，且连年兜底对其他农户也产生负面影响，出现"越不愿缴越要代缴，越代缴越不愿缴"的恶性循环。二是农户保险意识淡薄，老年人认为年纪大了没必要参保，年轻人认为身强力壮也没必要参保，参保积极性越来越低。三是深度贫困群众看病难问题。特别是深度贫困村位置较为偏远、环境较恶劣，群众外出看病不便，且村卫生室医护人员配备不足，诊疗水平有限。家庭医生服务团队签约服务贫困户虽达到100%，但实际发挥作用的不多，看病难问题仍然存在。

（七）村集体经济发展面临诸多挑战

一是发展村集体经济现实基础薄弱。大部分深度贫困村原始积累少，集体资产少，部分贫困村通过入股平台公司分红来增加集体经济收入，稳定性持续性难以保障。二是发展村集体经济观念弱化。存在发展村集体经济"过时论""无须论""无用论"等消极思想和畏难情绪，主观能动性不够。三是发展村集体经济面临现实困难。贫困村干部大多年龄偏大，经营管理水平低，市场经济能力弱，且部分深度贫困村明显缺乏产业基础和市场条件，"一刀切"投入发展集体经济存在隐患。四是村集体经济发展资金来源单一。单纯依靠财政投入之外，融资（贷款）的难度较大。五是合作社带动力不强。合作社缺乏规范性指导，实际运营效果较差，"空壳合作社"不少。

四、广西深度贫困地区决胜脱贫攻坚的对策建议

（一）统一思想认识，提高政治站位，增强打赢深度贫困地区脱贫攻坚战的责任感、使命感和紧迫感

推动全区各级干部深入学习贯彻习近平总书记关于深度贫困地区脱贫攻坚工作的重要论述，统一思想认识，提高政治站位，自觉增强打赢深度贫困地区脱贫攻坚战的责任感、使命感和紧迫感。进一步强化体制机制建设，建立各负其责、各司其职的责任体系，各级党委、政府一把手是脱贫攻坚第一责任人。落实好五级书记抓扶贫，县市要制定深度贫困村脱贫攻坚三年行动计划，明确今后攻坚战的时间表和路线图。同时，广泛调动社

会各界力量，积极整合各类资源，培育多元化的扶贫主体，凝聚形成推动深度贫困地区打赢脱贫攻坚战的强大合力。

（二）加大投入力度，完善重点深度贫困地区基础设施建设

水、电、路、通信等基础设施落后仍然是许多重点深度贫困地区脱贫攻坚最主要的制约因素，是当地全面建成小康社会的最大瓶颈。

一是不断加强和完善交通基础设施建设。把交通放在优先发展的地位，大力改善深度贫困地区的交通水平。建议在推进国家交通路网规划建设时，优先将深度贫困地区的重点路网项目纳入国家的规划，纳入近期实施的项目清单，确保项目前期工作经费，促使项目尽快开工实施；重点支持深度贫困地区村屯道路新建和路面硬化项目建设；加快产业路的修建和完善，使贫困村的优势农产品尽快走出大山，帮助村民增加收入。

二是大力促进农村安全饮水用水设施升级。在缺水深度贫困地区新建部分家庭水柜或给予修缮资金，在水柜修筑成本较高地区，提高水柜补助金额，减少村民修建水柜负担的成本；在缺水特别严重的地区如东兰、大化等县区可考虑分区建设红水河梯级抽水工程，加强集中供水，彻底解决贫困农村人口饮水安全问题；对于以木制干栏建筑为主的深度贫困村，加强关注消防用水问题。

三是优先实施重点深度贫困村农网改造升级工程。升级改造配变电站力，着力解决低电压、网架不合理及未通动力电等问题，保障生活和生产建设用电需求。

四是完善深度地区基础设施配套支持。取消在深度贫困地区实施的基础设施项目地方配套资金，项目资金由国家财政全部承担，以便深度贫困地区甩掉包袱，轻装上阵，打赢脱贫攻坚战。

（三）因地制宜采取差异化策略，精准破解重点深度贫困村的农民增收瓶颈

采取差异化发展策略，对深度贫困村中自然条件恶劣、缺乏产业发展必要基础和条件的，明确以转移就业为主、产业发展为辅的帮扶思路；对有一定发展条件的深度贫困村要加大产业扶持的力度，给予比其他贫困村更多的项目资金投入和扶持政策。

一是加大转移就业力度。积极开展深度贫困村就业扶贫专项行动，建立村级就业服务站,推动就业服务重心进一步下移至村到户,为贫困群众外出务工就业提供一条龙服务。强化国有企业扶贫责任制,深化村企定点合作,定制"订单就业"帮扶方案,提高贫困群众外出务工的组织化程度。

二是挖掘在地特色产业。允许突破现有"5+2""3+1"❶特色产业体系,形成深度贫困村特色产业项目库。加大地理标志商标注册培育力度,打通农产品产销"最后一公里",形成产品附加值与群众增收双提升。重点支持巴马长寿旅游区特别是东巴凤长寿金三角基础设施建设,大力发展长寿养生旅游和大健康产业,辐射整个桂西北贫困山区特色产业发展。建议设立深度贫困村合作社发展基金,给予村级合作社更多政策、资金和项目支持。

三是创新资产收益方式。利用国家成立专业精准扶贫基金的政策机遇,积极探索农村股权投资试点,加大国有大型企业投资入股深度贫困村,鼓励银行、保险参与,为市场主体发展提供及时、便捷的资金支持和宽松的融资环境和风险补偿,助推市场主体发展壮大,从而巩固和壮大市场扶贫力量。

四是强化政策激励引导。加大深度贫困村的企业、合作社及致富能人的优惠政策倾斜力度,建议对在重点深度贫困村设立"扶贫车间"给予补助资金、创业担保贴息贷款、代缴社保费用、交通补贴等,吸引更多企业进驻深度贫困村设立"扶贫车间",鼓励返乡创业、带贫就业。同时,加大技能培训,优先吸收留守贫困人口务工。

五是加大重点深度贫困村集体经济发展扶持力度。进一步加大政策、资金扶持力度,帮助解决集体经济的"第一桶金"问题。在前期50万元扶贫专项资金的基础上,再给每个重点深度贫困村增加50万~100万元资金,重点解决资金短缺问题。

(四)多管齐下创新举措,全面激发深度贫困村贫困群众内生动力

一是加强宣传引导,增强贫困户实干脱贫的信心和勇气。持续开展三

---

❶ "5+2""3+1":指参照《特色产业目录和认定标准》,贫困县可选择目录中5个以内的特色产业,在脱贫攻坚期内原则上不能变动,并自主选择目录外2个以内的特色产业,根据实际情况每年可进行1次调整。贫困村在县级确定的"5+2"特色产业内,确定"3+1"特色主导产业,其中"3"为所在县确定的5个特色产业中选定3个以内的特色产业,脱贫攻坚期内原则上不能变动;"1"为各贫困村根据实际情况自行确定1个特色产业,每年可根据情况进行1次调整。

方见面会、脱贫故事会、"幸福家园"大讲堂等扶志教育活动,用身边人、身边事刺激贫困群众懒惰思想;学习借鉴其他省份创建"振兴超市"的经验做法,引导贫困户以表现换积分,以积分换物品,以实际行动自主改变贫穷落后面貌;深入开展深度贫困村文明村镇创建和文明家庭、星级文明户的评选活动,营造奋斗不息、勤劳致富的良好氛围。

二是树立先进典型,强化贫困户自主脱贫的精神动力。广泛开展脱贫先进评选活动,对通过自身努力顺利脱贫致富的贫困户进行公开表彰和差异化奖励;注重把培育创业致富带头人与培育贫困村党组织带头人有机结合,"双培双带"为贫困户脱贫树立榜样;探索建立区、市、县三级贫困村创业致富带头人扶贫创业培训孵化基地,为致富带头人提供全方位服务;设立创业致富带头人、合作社、企业的产业培育发展基金,建立与带贫规模和带贫效果直接挂钩的系列扶贫产业奖补政策,激励致富带头人、合作社、企业引导贫困户参与扶贫产业项目。

三是强化教育培训,提升贫困户发展脱贫的能力。统筹财政和社会帮扶资金,重点向贫困发生率高、辍学人数多的深度贫困村倾斜,改善深度贫困村办学条件,提升师资力量;支持初中毕业生继续接受职业教育,提升其就业创业能力;实施"一户一人一技能"培训计划和劳务经纪人、致富带头人培训;常态化组织贫困群众"走出去"学习,委托产业园区、大型企业结合生产实践开展技能培训,实现培训与就业无缝对接。

四是推进就业创业,搭建贫困户自主脱贫的有利平台。鼓励支持农业龙头企业、农民合作社、家庭农场等通过吸收入社、就业带动、股份合作、结对帮扶等形式,把贫困户纳入脱贫产业链;对于劳动力不强的贫困家庭,增设公益性岗位;探索种养规模与经济效益相结合的产业奖补办法,激励贫困户自身学技术、找销路、扩规模;推广"师带徒"、就业扶贫驿站等模式;加强现代农业产业技术服务体系建设,协助贫困户解决技术难题,抵抗疫疾风险;探索建立"产业保险+风险基金"防控机制,消除贫困群众发展产业的后顾之忧。

(五)广泛宣传强弱项补短板,全力解决建档立卡贫困户住房保障问题

一是加强宣传和组织工作,解决大石山区深度贫困村群众不愿搬迁的问题。组建由当地退休民族干部、外出务工人员和致富带头人组成特别宣传队伍,采取群众大会、小组讨论、参观学习等多种方法,讲透政策,讲清利弊,激发贫困户对美好生活的向往,激发异地移民搬迁的内生动力,实现整村易地移民搬迁。

二是进一步推进落实重点深度贫困村贫困对象住房安全等级评定工作,切实把底数摸准摸实;重点采取维修加固和帮建方式,优先和重点解决极贫对象,包括无劳动力或劳动力弱、自建能力不足的住房保障问题。农村危房改造指标和资金安排向重点深度贫困村倾斜,对因病、因残或无劳动能力的适当提高资金补助标准,加大政府统建力度,将深度贫困村贫困户危房改造纳入农村危房改造绩效考评。

三是实施差异化易地扶贫搬迁拆旧复垦政策。对整屯搬迁宅基地成片退出的,按"谁拆除、谁受益"原则进行复垦,原户主享有复垦耕地的优先承包权;对地势较平坦、生态植被损害严重的退出宅地实施拆旧和生态修复;对大石山区等零星退出宅地暂停复垦,对搬迁后旧宅实行顺其自然淘汰,实现脱贫攻坚与生态保护同步。

四是加大搬迁移民后期扶持力度。出台易地扶贫搬迁安置区基础设施建设、物业管理、水电价格等方面的优惠政策,尽可能减少扶贫移民入住成本,出台易地扶贫搬迁配套产业扶持政策,稳定解决搬迁后续发展,因人因户落实产业扶持、转移就业、生态扶贫、社会保障等政策。引进"微车间、微田园、微市场",就近发展配套产业,开发公益岗位,切实做到搬迁对象短期有收入、中期有产业、长期有就业。

五是提高对传统村落改造的扶持力度。对宅基地紧张的深度贫困村,适当调整易地移民搬迁项目选址,增加乡镇易地移民搬迁项目,由政府统一征地"三通一平"❶,由贫困户自行实施危房改造。要加强民族村寨木楼消防工作,采取"以奖代补"方式鼓励民族村寨增加防火设施,如对传统木楼加涂防火漆等。

六是采取多种措施实现住房保障。充分利用住房闲置资源进行租赁,解决农村单人户住房问题。鼓励符合条件的人员入住五保村、养老院。易地移民搬迁项目可以拿出部分房源作为公共租赁用房,解决进城单人户的住房保障。

---

❶ 三通一平:指水通、电通、道路通和场地平整。

（六）扶贫扶志扶智相结合，加快提升深度贫困地区教育保障水平

一是以政府投入为主、社会投入为辅，加快改变深度贫困农村教育发展不平衡的问题。改建一批村完小、乡镇中心校、乡镇初中校舍，全面消除农村中小学危房，扩大农村寄宿制学校和现代远程教育试点覆盖面。继续实施优质高中扩招工程，兴建一批高中学校教学楼和师生宿舍楼；在乡村两级积极推进学龄前教育，新建一批幼儿园；抓好职业教育基础设施建设工程，在部分中心乡镇建设成人文化技术学校。加大对农村中学农业知识普及、农技推广及职业技能培训的投入；对升入高校农村贫困学生给予适当助学补贴和公平的就业机会。

二是开展教育扶贫专项行动，促进义务教育均衡发展。贫困儿童的教育是防止贫困代际传递的重要举措，也是贫困地区发展的头等大事。实施贫困地区幼儿园、义务教育薄弱学校、普通高中、县级中专帮扶计划，实现家庭经济困难学生从学前教育到高等教育资助工作全覆盖。实施农村义务教育学生营养改善计划。为就读职业学校的深度贫困地区贫困家庭学生，开辟招生绿色通道，优先招生和选择专业，优先落实助学政策，优先安排实习，优先推荐就业。

三是实施深度贫困地区教育基础设施建设计划。农村义务教育薄弱学校改造资金等教育专项资金优先向重点深度贫困村投放，教师培训和生活补助计划向重点深度贫困村倾斜。实施深度贫困地区义务教育学校结对帮扶行动，对深度贫困地区所有中小学均安排对口帮扶学校。

四是完善重点深度贫困村控辍保学工作机制。各地教育部门要会同财政部门、扶贫部门、民政部门、安置帮教机构、残联组织，加强排查，摸清情况，针对家庭经济特殊困难学生，按照"一家一案，一生一案"制定扶贫方案。对残疾人子女、服刑人员未成年子女、长期在外打工的、早婚早育的和留守儿童，要加大关爱力度，通过宣传和思想教育工作劝其返校就读。对较为特殊的残障儿童，不能到校就读的，尽量实现送教上门。

五是严厉打击非法用工行为。一方面，各级劳动监察部门要加强对企业用工的监管；另一方面，政府要加大检查力度，开展专项检查。此外，更需要全社会共同努力，多管齐下营造"知法、守法、用法"的良好氛围。

（七）推进健康扶贫纵深发展，切实提升深度贫困地区社会公共服务水平

一是加强乡镇医院基础设施建设，夯实农村三级卫生服务网的建设基础。建设完善县、乡（镇）医疗和预防保健业务用房及医疗设施，全面完成乡镇卫生院危房改造和基本设备配置；抓好中心乡镇医疗基础设施建设，改善村级卫生机构的诊疗功能、基础设施，推进卫生医疗信息化建设，强化乡村两级医疗卫生机构整体功能，进一步加强业务指导和行政管理，规范医疗服务。设立对深度贫困县贫困患者住院报销的专项兜底资金，真正减轻深度贫困地区贫困患者经济负担。

二是推进兜底保障政策。加大对超过就业年龄的建档立卡残疾人、单独老人、孤儿、长期患病的贫困人口实行政策性保障兜底脱贫。整合民政低保、老年人高龄补贴、基本养老金、残疾人生活补贴等资金，对无劳动能力的低保户、五保户和残疾人口，全面实行政策性保障兜底，达不到标准的，由县财政补足差额。

三是深化健康扶贫工程。全面建立贫困人口健康档案，提升医疗保障水平，抓好贫困人口大病集中救治和家庭医生签约服务，落实基本医疗、大病保险等政策，减少贫困户看病吃药支出负担。加快推进大病集中救治覆盖所有深度贫困地区，对患大病和慢性病的贫困人口进行分类救治，严格管控医疗费用、确定诊疗方案、规范转诊等医疗行为。

四是加大宣传力度，提高农户参合的保险意识，提高城乡居民基本医疗保险参保率，同时，进一步简化农合报销手续，提升报销工作便利化程度。

（八）健全帮扶工作激励约束机制，切实落实容错纠错制度

一是建立健全重点深度贫困村的帮扶干部激励约束机制，以激励为主、约束为辅。加强对重点深度贫困村驻村工作队员的选派、跟踪管理、精准考核等工作，加强对驻村干部的关心支持和服务保障，确保选得准、下得去、融得进、干得好。

二是抓好督查考核和应用，切实改进工作作风。进一步压实脱贫攻坚责任，夯实脱贫攻坚基础性工作，进而促进深度贫困地区脱贫攻坚各项工作任务的落实。各种扶贫项目和政策将在深度贫困地区大力推进和实施,各级各部门要严守廉洁从政的底线,切实加强扶贫资金使用监管,对挤占、挪用、截留、贪污扶贫资金和扶贫善款善物、违反规定干预插手工程的行为,严惩不贷,发现一起查处一起。重点加强整顿"节日扶贫""慰问扶贫"走过场等帮扶责任落实不到位的现象。

三是建立健全激励机制。切实把扶贫工作容错纠错机制落实到位,对工作中出现失误造成一定损失和不利影响、本应追究责任但主观上出于为公为民、改革创新、干事创业等目的,客观上达到尽职尽责要求,并未谋取私利的行为,实施容错免责,同时完善工作激励机制,激发扶贫工作队伍积极性和创造性。

四是完善扶贫成效考核机制。发挥扶贫成效考核指挥棒作用,引导行业部门在深度贫困地区配置更多的优势资源和优惠政策,促使更多资金投入深度贫困地区基础设施和公共服务设施中。同时,建议对深度贫困地区实行差异化考核,适当增加减贫成效、政策落实等考核指标分值权重。

(九)谋划长远发展,统筹脱贫攻坚与乡村振兴协同推进

在保证优先完成脱贫任务的前提下,通过推进与乡村振兴战略的有效衔接,谋划深度贫困地区未来发展蓝图。一是正确处理好脱贫攻坚与乡村振兴的关系。首先,乡村振兴要为脱贫攻坚补短板。要坚持先难后易,将乡村振兴在资金、项目、人才、技术等方面的支持政策,优先向扶贫重点区域倾斜,补齐脱贫攻坚短板。其次,脱贫攻坚要为乡村振兴强基础。推进脱贫攻坚,改善农村贫困地区生产生活条件,可以为乡村振兴筑牢发展根基,积聚发展动力。二是抓好脱贫攻坚和乡村振兴战略协同推进的着力点。抓好产业扶贫,助力产业兴旺,通过发展生产脱贫一批,强调特色化、多元化、组织化、股权化、规模化、市场化,为乡村振兴筑牢产业基础。

广西教育精准扶贫工作成效、存在问题及对策建议

易 鹏[*]

习近平总书记指出,"要把发展教育扶贫作为治本之计,确保贫困人口子女都能接受良好的基础教育,具备就业创业能力,切断贫困代际传递"[❶],并明确把"发展教育脱贫一批"列入"五个一批"工程,作为解决好"怎么扶"的问题的重要方面。[❷]

总书记的讲话意义深邃,既体现了总书记一直以来对教育扶贫工作的高度重视和关注,也凸显了教育扶贫工作在众多扶贫举措中的重要地位。相对于经济扶贫、政策扶贫和项目扶贫等其他形式,教育扶贫直指导致贫困的根源,其作用也更为持久。因而,实施精准扶贫,迫切需要发挥教育在扶贫脱贫中的基础性作用,迫切需要针对致贫原因构建有效的教育扶贫政策。[❸]

一、广西教育精准扶贫模式与工作成效

广西深入学习领会习近平总书记关于扶贫工作的重要论述,贯彻落实中央和广西关于脱贫攻坚的一系列决策部署。截至 2018 年 10 月,广西统筹落实教育脱贫攻坚项目资金 162.26 亿元,推进教育扶贫"八大帮扶计划",构建起了针对致贫原因而形成的有效教育扶贫政策,走出了一条破解

---

[*] 易鹏,博士,广西壮族自治区教育厅职员。

[❶] 习近平.2017 年春节前夕赴河北张家口看望慰问基层干部群众时的讲话(2017年1月24日)[N].人民日报,2017-01-25.

[❷] 习近平.在中央扶贫开发工作会议上的讲话(2015年11月27日)[C]//中央文献研究室.十八大以来中央重要文献选编:下.北京:中央文献出版社,2018:40-43.

[❸] 孟照海.教育扶贫政策的理论依据及实现条件——国际经验与本土思考[J].教育研究,2016(11):47-48.

"结构主义贫困"的教育精准扶贫模式。

结构主义贫困论将致贫原因归结为经济、政治和社会体制对个体机会和资源获取的制约，其强调教育扶贫必须破除阻碍学生成功的结构性因素，如学习资源和更高水平的教师等。在具体工作中，重视学校的整体变革，将经费用于扩大教育资源、缩小班级规模、教师专业发展等，努力为贫困学生提供"好的学校"。❶对此，广西为切实保障贫困地区孩子"有学上、上好学、能就业"，破除了"结构主义贫困"，在教育精准扶贫工作取得阶段性成效。

（一）精准实施幼儿园帮扶计划

2018年，广西教育基建共投入扩大学前教育资源项目资金6.18亿元，其中投到54个贫困县的扩大学前教育资源资金有3.48亿元，占广西投入的56.3%。新建及改扩建幼儿园140所，新建校舍面积达16万平方米。下达贫困地区多元普惠幼儿园奖补资金0.95亿元，支持贫困地区1925所多元普惠幼儿园发展，惠及幼儿37万人。开展"学前教育帮扶工程"，完成8个设区市30个贫困县的指导培训，使用经费100多万元，派出指导专家374人，培训幼儿园教师5100人，指导乡镇幼儿园136所，目前已完成整体任务的86%。启动"稚慧工程"幼儿园园长、名师培养工程，面向54个贫困县遴选30名园长、50名骨干教师开展为期3年的培训。

（二）精准实施义务教育薄弱学校帮扶计划

扎实推进"全面改薄"❷工程，投入65.34亿元用于改善农村义务教育学校办学条件，新建校舍面积达267.02万平方米，启动新建学校101所。2018年10月，下达资金1.36亿元，帮助年内计划脱贫摘帽县实现寄宿制学校"一人一铺"。狠抓义务教育控辍保学，出台《关于进一步加强控辍保学提高义务教育巩固水平的通知》，进一步明确各级政府和各有关部门的工作职责，完善控辍保学"双线四包"❸工作体系和辍学监测、辍学报告、行政

---

❶ 楚永生，石晓玉.宏观视角下贫困理论的演进及其意义［J］.理论学刊，2008（2）：55-57.

❷ 广西实施的"全面改善贫困地区义务教育薄弱学校基本办学条件项目"的简称。

❸ 双线四包："双线"是指在控辍保学工作机制中政府控辍保学一条线，教育系统控辍保学一条线；"四包"指的是在政府一条线中，由县领导包乡镇、乡镇干部包村、村干部包村民小组、村民小组包户（帮扶联系人包户）；在教育一条线中，由教育局领导包学校、学校领导包年级、班主任包班、科任教师包人。

督促复学、司法督促复学工作机制，确保做到领导到位、人员到位、责任到位、措施到位。两次召开义务教育控辍保学工作会议，全面部署开展控辍保学专项行动。印发《关于加强控辍保学信息共享确保数据准确统一的通知》，精准排查适龄儿童少年失学、辍学情况，严格检查核准和比对"学籍系统"和"全国扶贫开发信息系统"数据，广泛组织干部、教师深入学生家庭进行大家访、大劝返。出台《广西教育厅关于进一步加强农村中小学（幼儿园）留守儿童关爱工作的意见》，建立留守儿童数据库，做好安全教育、心理健康等专题教育，落实关爱帮扶措施。从2018年3月到10月，广西辍学人数从34878人降到12841人，其中，建档立卡贫困户辍学学生从4475人降到2421人。

（三）精准实施高中阶段教育帮扶计划

启动实施普通高中突破发展工程和百校建设大会战项目，统筹并下达中央和广西资金2.07亿元，支持贫困县新建普通高中3所，扩建普通高中25所。大力实施高中阶段学校招收贫困生计划，2018年下达教育精准脱贫专项招生指标70568人，保障更多贫困学子接受普通高中教育。组建职业教育"圆梦班"326个，招收建档立卡贫困新生13919人。

（四）精准实施县级中专帮扶计划

安排2.52亿元资金用于支持32所中等职业学校补齐短板，安排1600万元资金支持靖西市职业技术学校（绣球）等8个民族文化传承创新职业教育基地学校建设。统筹资金800万元重点支持8个职教集团建设，推进校企合作、协同育人。

（五）精准实施高等教育帮扶计划

2018年，广西共下达经费4000余万元，支持百色学院、河池学院和右江民族医学院建设。落实国家专项计划、地方专项计划和高校专项计划，共招收建档立卡贫困户学生2601人。落实广西精准扶贫专项招生计划，录取建档立卡贫困户学生1659名。落实国家"少数民族高层次骨干人才培养计划"，招收广西生源研究生421人，少数民族预科生录取4513人。支持广西大学蚕桑研究院等科技服务平台和大学科技园建设，发挥高校科技平台扶贫作用。开展高校大学生助力脱贫攻坚战大行动，组织大学生到贫困县、贫困村屯开展政策宣讲、结对帮扶等活动。

（六）精准实施特殊教育计划

广西教育厅会同广西残疾人联合会印发《关于做好适龄残疾儿童少年义务教育入学安置工作的通知》，加强对残疾儿童入学安置，对不能随班就读和进入特殊学校学习的残疾儿童实行送教上门，保障他们接受义务教育的权益。

（七）精准实施学生学业帮扶计划

建立从学前教育到高等教育无缝衔接的教育资助体系，确保建档立卡贫困户学生不因贫困失学辍学。2018年，广西已下达资助资金48.14亿元，受助学生达307.75万人次。其中，建档立卡贫困户子女资助资金约9.16亿元，受助人数达96.62万人次。2018年，投入膳食补助资金13.26亿元，在63个县实施农村义务教育学生营养改善计划，惠及农村义务教育阶段学生170万人。突出抓好农村建档立卡贫困户家庭高校毕业生就业帮扶工作，广西2018届建档立卡毕业生就业人数达34849人，总体就业率为95.95%，超过同期广西高校毕业生平均就业率3.5%。

（八）精准实施教师队伍帮扶计划

广西加大贫困地区教师补充力度，对报考乡镇及以下教师岗位的考生实行免笔试政策，为乡村学校招聘教师开通政策绿灯，2018年，为54个贫困县招聘7518人，占2018年广西计划招聘人数总量的48%。面向54个贫困县招聘特岗教师4092名，占广西特岗教师招聘总数的50%；面向54个贫困县招收全科教师定向生1772人，占广西招生总数的60%。按照每人每月不低于200元的标准对连片特困地区乡、村学校和广西所有教学点的义务教育教师给予奖补。2018年度下达奖补资金1.84亿元，其中给54个贫困县下达资金1.44亿元，占2018年奖金总量的78.47%。选派6100余名教师和招募857名优秀退休教师志愿者到贫困地区支教走教。向54个贫困县安排教师培训经费5300多万元，计划培训教师3.3万人。

此外，广西还积极开展粤桂协作和推普脱贫攻坚行动，促进贫困地区教育发展。一方面，全面落实粤桂扶贫教育协作任务。在省级层面，与广东省签订《粤桂教育协作协议（2018—2020年）》，先后印发《关于做好粤桂普通高中结对帮扶工作的通知》和《粤桂职业教育协作实施方案》，同时指导各市县与广东对口帮扶市县签订教育扶贫协议，精准开展支教走教、师资培训、职业教育协作。另一方面，积极开展推普脱贫攻坚。安排专项工作经费，突出重点地区推普脱贫，组织开展"推普脱贫乡村行""推普宣传大篷车"，深入普通话应用薄弱地区和贫困乡村开展宣传工作，组织面向贫困县中小学教师和教研员的语言文字规范标准培训班，努力提升贫困地区教育普通话水平。

二、广西教育精准扶贫存在的问题

从社会结构角度寻找破解贫困之策，作为嵌入整体社会系统的扶贫政策必然会受到整体社会系统的制约，如经济水平、思想意识、制度运行等。❶而就广西教育精准扶贫政策而言，虽然其"八大帮扶计划"在着力解决贫困地区学生个体机会和资源获取的结构贫困上取得一定成效，但随着脱贫攻坚的深度实施与深入推进，受制于整体性社会结构体系，教育精准扶贫依然存在问题。

（一）受经济发展水平制约

贫困地区教育基础条件仍然薄弱。虽然近几年广西教育资源进一步扩大，但由于广西经济基础薄弱，教育基础设施欠账多，乡镇学校大班额问题依然突出。目前，全区义务教育学校大班额比例达18.3%，超大班额比例达3.9%。贫困地区城乡义务教育均衡发展工作滞后，54个贫困县只有21个通过国家评估验收，义务教育学校办学条件达不到国家标准。教育项目建设资金缺口较大。据测算，广西2018—2020年三年提升计划总资金需求1105亿元，按照中央和地方现行政策能筹措资金约733亿元，尚有资金缺口372亿元，其中高中建设资金达200亿元，现有财力难以保障。

（二）受思想意识制约

一方面，"读书无用论"思想在农村一定程度存在，个别偏远地区甚至还存在"早婚早育"的陋习。这严重影响贫困地区学生的学习，有的直接

---

❶ 陈立鹏，马挺，羌洲．我国民族地区教育扶贫的主要模式、存在问题与对策建议——以内蒙古、广西为例［J］．民族教育研究，2017（6）．

导致孩子辍学。另一方面，少数贫困户家庭学生自尊心强，在学校和老师动员后仍然不提供家庭贫困情况和不提交资助申请，而学校又无法实时掌握学生家庭实际情况，导致受资助学生遗漏。

（三）受制度运行制约

一是控辍保学工作难度大。一些地方控辍保学工作责任不落实，乡镇村对落实控辍保学工作重视不够，办法不多，劝返成效不明显。目前，仍未劝返的辍学学生中，大部分辍学厌学情绪严重，属于控辍保学工作的"硬骨头"，劝返难度大。校外育人环境治理不到位，特别是网络游戏监管不到位。

二是农村中小学教师结构性短缺问题依然突出。乡村教师工资待遇不高、条件艰苦，教师特别是紧缺薄弱学科教师下不去、留不住，乡村教师职业吸引力不强。乡村教师生活补助覆盖面小，国家没有将连片特困地区镇建制学校纳入中央补助范围，补助标准低，激励效果不明显。乡镇特别是边远乡镇交通不便，乡村学校工作条件和生活环境较差，周转房远远不能满足需求，新聘教师不能安心工作。乡村教师队伍结构性短缺。英语、体育、音乐、美术、科学、信息技术等学科教师严重缺乏，一些村小和教学点无法开足开齐国家规定课程。

三是资助工作落实不到位。部分在寄宿制学校非寄宿的贫困户学生和在非寄宿制学校就读的贫困户学生，因政策原因不能享受寄宿生生活费补助项目。农村义务教育学生营养改善计划仅在试点县实施，尚有11个贫困县没有开展试点，无法享受国家政策。

四是部分县对教育资金项目缺乏有效监管。一些县对中小学校建设项目前期准备工作不充分，建设进度偏慢，资金支付进度滞后。根据广西扶贫领导小组办公室的统一要求，2018年8月组织各市县对2016—2017年教育扶贫资金执行情况进行清理，清理结果显示，截至2018年9月，全区共有15个县在教育扶贫12个项目中存在结转结余资金约2.53亿元。

三、广西教育精准扶贫的对策建议

针对源自整体性社会结构体系的各类型制约，应针对存在的具体问题，统筹谋划，不断细化教育脱贫攻坚措施，不断完善教育精准扶贫的政策体系,确保教育扶贫更加精准。具体而言,主要体现在如下六个方面。

一是加强贫困县教育基础设施建设。围绕学前教育三年行动计划的目标任务,重点支持贫困县的乡镇加快建设中心幼儿园,推动幼儿园扩容提质,提高贫困地区适龄儿童的入园比例。积极支持贫困地区改善办学条件,加快"薄弱学校"改造。在贫困地区新建、改扩建一批寄宿制学校,有效解决"大通铺""大班额"的问题。加快贫困地区教师周转住房建设,重点改善乡镇学校老师生活条件。支持贫困县新建、改扩建一批普通高中学校。特别是加大对20个深度贫困县、30个深度贫困乡镇、1490个深度贫困村深度帮扶力度,全面统筹中央、自治区资金项目,切实向深度贫困地区倾斜,着力补齐短板,提高教育质量,进一步促进教育公平。

二是加大控辍保学力度。坚持把"控辍保学"作为巩固提升义务教育质量的重点工作来抓。通过落实控辍保学"双线四包"工作机制,加强依法治教、依法控辍的工作力度。加强学生学籍管理,确保学籍管理系统数据及时更新,真实可靠,切实做到"一生一案"、精准控辍。继续巩固已建立的各项工作制度,确保常抓不懈。

三是加强教师队伍建设。做好教师补充工作,扩大免费全科教师培养计划,加大优秀退休教师志愿者招募力度,组织更多师范生到乡村学校顶岗实习,为贫困地区及时补充合格师资,为学校开足开齐课程,推动城乡义务教育均衡发展。稳步推进中小学教师培养培训"十三五"规划,鼓励各地自行开展农村小学教师定向培养计划,针对贫困地区教师开展高质量全员培训,提高教师课堂教学能力。督促各地落实乡村教师支持计划,提高乡村教师生活补助标准,提升乡村教师的获得感。

四是完善贫困学生资助工作。加大监管力度,确保资助资金安全。加强对基层资助工作人员的培训,提高资助工作人员的责任感和业务水平。加大检查和审计工作,规范资助资金使用。加大建档立卡贫困户子女受助排查力度,以"全国学生资助管理信息系统"和"广西学生精准资助管理信息系统"为依托,进一步完善系统建设,加强与扶贫办数据库比对,做好建档立卡贫困户子女资助的查缺补漏工作,做到建档立卡贫困户子女受助不遗漏。

五是抓好粤桂教育协作和"推普脱贫""抓党建促脱贫"等工作。扎实抓好粤桂扶贫教育协作,按照省级层面清单,推动校际对口帮扶、教师选派、校长培训等各项工作落实，在此基础上，进一步丰富协作内容，拓展协作领域。加大推普脱贫攻坚力度，全面开展"小手拉大手"活动，发动农村中小学生帮助家长学会普通话，提高民族地区语言文字工作水平。深入推进抓党建促脱贫工作，整合高校帮扶力量，为贫困地区脱贫致富提供知识、技术支持。

六是强化主体责任落实。继续开展作风问题专项治理，建立长效机制，突出问题整改，推动长期性、反复性问题实现标本兼治。进一步加强资金项目监管，借助第三方力量开展审计监督，构建"扶贫资金到哪里，监督就到哪里"的长效监管机制。

乡村振兴战略背景下广西民族地区旅游扶贫创新路径研究

王红梅*

党的十九大把乡村振兴列入国家战略，并对扶贫攻坚做出了重大战略部署。新时期，旅游是助力贫困乡村脱贫攻坚的有力抓手，也是贯彻落实乡村振兴战略的重要着力点。脱贫攻坚与乡村振兴战略实施交汇的特殊时期，有必要创新和完善旅游扶贫机制，最大限度发挥旅游扶贫效应，推动形成脱贫攻坚和乡村振兴战略相互支撑、有机衔接的良性互动格局，更好地发挥贫困地区旅游之径在助力乡村振兴中的引擎作用。本文简要阐述了广西民族地区旅游扶贫概况及乡村振兴战略背景下广西旅游扶贫面临的困境，并据此针对性提出参考性建议，以期为促进脱贫攻坚与乡村振兴有效衔接提供一定参考。

一、旅游扶贫助力乡村振兴的作用机理

旅游扶贫是一种能够减轻贫困的旅游发展方式，具有重要的经济功能和社会价值功能。民族地区一些欠发达的贫困乡村，产业发展基础薄弱，但自然生态资源、文化资源相对丰富，发展特色旅游成为打好打赢脱贫攻坚战，实现农村繁荣、农民富足的有效途径。民族地区贫困乡村开展特色旅游也契合了乡村振兴战略"产业兴旺、生态宜居、乡风文明、治理有效、生活富裕"的根本目标。具体而言，主要从以下几个方面体现。

（一）一业兴、各业旺，旅游带动产业兴旺

产业兴旺是乡村振兴的根本，产业振兴是乡村振兴的关键。而旅游扶

---

* 王红梅，广西社会科学院民族研究所，助理研究员。

贫，其本质上是一种产业扶贫形式，通过开发贫困地区旅游资源，兴办旅游经济实体，使旅游业成为区域支柱性产业。旅游业具有"一业兴、百业旺"的辐射带动功能，贫困地区旅游发展可以产生强大的产业联动效应，很大程度上促进贫困地区农业产业转型，并以"旅游+"形式，培育休闲农业、乡村民宿、现代庄园、乡村营地、国家农业公园等新业态，促进地区产业融合和转型升级。此外，旅游产业发展联动效应还延伸到交通、住宿、餐饮、文化、娱乐、大健康等第三产业，并间接带动农副产品加工、旅游纪念品生产加工等第二产业的发展壮大。

（二）宜居宜游改善村容村貌，旅游助力生态宜居

贫困乡村多处于偏远山区，交通不便，环保设施滞后，村民环保意识薄弱，居住生活环境脏乱差现象频现，特别在一些少数民族聚居村落，村寨乱堆乱放、乱搭乱建现象长期难以根除，村容村貌难以得到整治和改善。而旅游扶贫在开展过程中为打造宜居宜游的游览环境，必然在强化村寨水、电、路、环保等基础设施建设及村庄环境保护整治力度，提升村民环保意识的同时，进一步美化村容村貌，并通过制定和实施旅游扶贫规划，优化乡村景观要素空间布局。因此，旅游扶贫的开展相比其他扶贫方式而言更有利于改善贫困乡村居民生活环境，形成"望得见青山绿水，记得住乡愁"宜居宜游的村容村貌。

（三）丰富精神生活、弘扬优秀文化，旅游助力乡风文明

贫困乡村旅游活动的开展，一方面，促进了乡村农村公共服务体系建设，让贫困群众享受更多健康的文化娱乐产品，丰富群众精神生活，强化贫困村民自力更生、勤劳致富的意识，有效遏制农村赌博、低俗文娱活动泛滥现象；另一方面，旅游是文化的载体和平台，旅游活动以乡村文化为灵魂开发健康向上的文化旅游产品，可以提高农民的文化自信和文化保护意识，进一步弘扬乡村优秀传统文化，构建乡村文明和谐、健康向上的社会风气。

（四）育人才、搭平台，旅游推进治理有效

贫困地区乡村治理是国家治理体系中的薄弱环节。在乡村治理过程中，贫困地区经济社会发展落后，人口流出率高，受教育程度低，村民自治组

织能力差，乡村治理缺人、缺钱、缺理念的问题突出。一方面，旅游扶贫开发有利于降低人口流出率，同时，贫困群众在与外地游客交流交往过程中，游客的先进理念和文明意识对贫困群众产生潜移默化的影响，引导贫困乡村树立现代化治理理念。在旅游扶贫过程中，地方政府和企业也会给予贫困群众更多培训和学习的机会，客观上提高了群众整体的文化素养，培养了更多的乡村治理人才。另一方面，乡村旅游扶贫的开展为村级集体经济的发展壮大搭建了重要平台，为农村基层公共事务管理、公共服务供给、公共安全保障提供了可靠的财力保障，为农村基层党组织强化村庄治理提供了物质基础。

（五）促就业、促增收，旅游助力生活富裕

广西民族贫困地区大多自然生态优良，但基础设施落后，农民就业渠道狭窄，土地产出效益不高，农民增收难度较大。旅游扶贫开发是绿水青山转化为金山银山的有效渠道，能有效促进农村人流、物流、信息流、资金流等双向贯通，增强农村经济发展活力，为贫困群众带来多元化的增收渠道❶。特别对于民族贫困山区的老、弱、妇女来说，为其提供了更多家门口就业机会，稳定了其收入来源。具体来说，通过旅游扶贫的开展，贫困群众获取收入的渠道有土地经营权流转收入，资产股权入股分红收入，旅游扶贫车间、旅游企业就业务工收入，农副产品销售收入，特色工艺品销售收入，农家乐经营收入等。

二、广西民族地区旅游扶贫经验做法

近年来，广西把旅游扶贫作为全区脱贫攻坚的一大助力，颁布和实施了一系列旅游扶贫的政策措施，不断创新旅游扶贫的理念和模式，扎实推进全区旅游扶贫工作深入开展。2016年新一轮精准脱贫攻坚战打响后，广西颁布《广西壮族自治区人民政府关于脱贫攻坚旅游业发展实施方案》，并编制了《广西壮族自治区旅游扶贫规划纲要》和《广西壮族自治区旅游扶贫三年行动计划》，明确到2020年，要扶持550个贫困村发展旅游业，实现20万人脱贫，力争全区通过旅游产业融合发展带动80万人脱贫。同时，

---

❶ 王建芹. 西南民族地区特色旅游促进乡村振兴的作用机理与实现路径 [J]. 吉林工商学院学报，2018, 34 (6): 5-10, 36.

计划以县为单位，分批分期为具备发展旅游基本条件地 550 个贫困村编制旅游规划，全区按照桂北、桂西北、桂西南、桂东、桂东南、环南宁六大重点旅游扶贫片区，20 个重点旅游扶贫县和 550 个旅游扶贫村的重点布局，分期分批推进贫困村旅游开发。2018 年，自治区结合乡村振兴战略和产业融合行动，接连颁布实施《广西乡村振兴三年行动计划（2018—2020 年）》《广西旅游产业融合发展三年行动计划（2018—2020 年）》《广西旅游住宿业发展三年行动计划》等政策，引导贫困地区开展旅游扶贫工作。2018 年，广西全年实现乡村旅游接待游客约 3.08 亿人次，同比增长约 31%；乡村旅游消费约 2064.17 亿元，同比增长约 37%，广大贫困群众越来越多分享到旅游快速发展的红利。❶ 广西全区旅游扶贫工作重点从以下几大方面开展。

（一）突出规划引领，打造特色旅游品牌

为加强对贫困地区旅游扶贫的引导，近年来，广西积极组织区内外旅游规划设计单位，持续开展"旅游规划扶贫公益行动"，为适合发展旅游的贫困村屯提供指导。其中，2016 年组织 35 家规划单位为 119 个旅游扶贫村屯编制了规划，2017 年组织 15 家规划单位为 126 个旅游扶贫村编制和完善了规划；2018 年进一步完善了 50 个旅游扶贫村屯规划。❷ 通过规划的编制，帮助贫困村屯厘清旅游发展思路，明确旅游发展方向，引导贫困村改善村容村貌，帮助贫困农户走上脱贫致富的道路。此外，也指导贫困村整合山水、农林、民族优秀传统文化等特色优势资源，因地制宜培育乡村文化旅游新业态，打造贫困地区特色乡村旅游品牌，形成一批各具特色的旅游扶贫示范村、示范点。2018 年，全区评定了 50 家广西休闲农业与乡村旅游示范点、24 家金绣球农家乐，命名了 25 家体育旅游示范基地、精品线路、精品赛事，培育了 23 个旅游型特色小镇，贫困地区旅游品牌培育初显成效。❸

---

❶ 助力乡村振兴 广西乡村旅游火起来［N］.广西日报，2019-02-22.
❷ 广西扛起产业责任 决胜脱贫攻坚［EB/OL］.（2019-04-19）［2019-06-20］. http://www.gxzf.gov.cn/sytt/20190419-744542.shtml.
❸ 同❷.

（二）加大设施投入力度，夯实发展基础

为改变贫困乡村基础设施和旅游公共服务落后的境况，广西近年来不断加大旅游发展专项资金和扶贫资金投入，引导地方政府整合农村交通、危房改造、特色旅游村镇、传统村落等项目建设资金，推进旅游扶贫重点村亮点、绿化和美化工程，改善贫困地区道路交通、水电通信等基础设施，配套建设旅游厕所、旅游停车场、标识标牌、游客服务中心等旅游公共服务设施。截至2019年年初，广西全区90%以上的县开通高速公路，所有县城拥有二级以上客运站，道路客运班车、城市公交车和旅游包车可通达所有乡镇和3A级以上旅游景区。稳步推进旅游厕所建设，厕所革命向旅游资源丰富的贫困县（市、区）和建档立卡贫困村倾斜，2018年实际完成旅游厕所建设942座，其中新建694座，改建248座。同步推进贫困地区旅游停车场、旅游标识标牌、游客服务中心、休憩区等旅游公共服务设施和文化基础设施建设，进一步夯实贫困地区旅游扶贫基础。

（三）积极开展智力扶贫，拓展村民就业增收渠道

为让更多贫困群众成为旅游发展的受益者，广西全区近年来不断加大旅游扶贫扶智的力度，增加旅游就业岗位，提升村民参与旅游发展能力，拓展贫困群众旅游增收渠道。自治区文化旅游厅于2016年举办旅游培训班16期、培训1080人次，2017年举办培训班10期、培训965人次，2018年举办培训班10期、培训1200人次，有力提升了贫困地区乡村旅游发展水平和从业人员素质。此外，自治区文旅厅还加大了对贫困地区的就业创业帮扶力度，联合人力资源、商务、妇联等部门，动员企业、社会组织与贫困村开展结对帮扶，通过举办各类专题招聘会，增加贫困家庭就业机会。据统计，2016年广西全区共举办各类专题招聘会91场次，达成就业意向4878人；2017年举办各类专题招聘会31场次，达成就业意向8105人；2018年举办各类专题招聘会26场次，达成就业意向约8000人，贫困户创业就业渠道不断得以拓宽。❶

---

❶ 广西扛起产业责任 决胜脱贫攻坚 [EB/OL]. （2019-04-19）[2019-06-20]. http://www.gxzf.gov.cn/sytt/20190419-744542.shtml.

（四）深化旅游扶贫协作，创新旅游扶贫模式

近年来，广西不断深化党政机关定点扶贫和粤桂扶贫协作，为鼓励广东社会各界积极参与广西旅游扶贫工作，自治区还专门出台了《粤桂扶贫协作优惠政策》，对在广西33个国家扶贫开发工作重点县和滇桂黔石漠化片区县投资的广东企事业单位、社会团体及个人给予投资优惠及奖励政策，并给予广东居民到33个贫困县景区旅游凭本人有效身份证件享受景区门票减免的优惠。粤桂在旅游扶贫推进过程中积极开展多形式、宽领域的扶贫协作，旅游扶贫协作成效日益凸显。一些少数民族聚居的贫困地区在借外力帮扶的同时，也不断增强自身脱贫发展的动力，积极探索符合自身特点的旅游扶贫模式，如河池巴马的"致富能人+合作社+农户"模式、桂林龙胜的"企业带动+村寨联盟"模式、百色田东的"旅游合作社+贫困户"模式、贺州富川的"农旅结合+入股分红+乐活休闲"模式、来宾金秀的"亦农亦旅+景区帮扶"模式等，这些模式的探索为全区旅游扶贫开展提供了有益启发，也为地方旅游富民、旅游兴村提供了有力保障。

三、乡村振兴视域下广西民族地区旅游扶贫面临的困境

（一）贫困人口参与面窄、层次低，利益分配缺保障

长期以来，受到城乡二元体制的负面影响，贫困乡村优质劳动力自然而然向城市集中，剩余人口多为留守妇女、老人、儿童，农村人口年龄结构严重失调，剩余人口老龄化或幼龄化导致农村剩余劳动力严重不足，人才短缺因此成为制约乡村振兴的重要因素。❶ 广西旅游扶贫在开展过程中，由于农村人口流失严重，空心化问题越来越突出，旅游扶贫所需的优质人才和青壮年劳动力资源严重缺乏，旅游扶贫开展中的智力投入明显不足。❷ 在参与旅游扶贫开发过程中，贫困群众由于受到自身素质能力的限制，往往只能以劳动力身份参与简单的、低层次的旅游服务或以小商贩身份参与

---

❶ 兰虹，汪俐君，何南君.乡村振兴战略下新时代旅游扶贫创新路径研究[J].绥化学院学报，2019，39（6）：39-43.

❷ 汪姣.乡村振兴战略下的民族地区旅游可持续扶贫研究[J].农业经济，2018（8）：30-32.

个别旅游经营活动，参与层次低且参与范围窄。在旅游扶贫的利益分配过程中，当前广西各地旅游扶贫开发模式多样，利益分配形式各有不同，如奖励式分配、股权式分配、按劳式分配、补偿式分配等，但还存在贫困群众在利益分配过程中由于话语权和分利能力的缺失导致利益无法保障的情况。当前，一些民族贫困村寨通过旅游开发，村集体收入不断增加，但收入的分配也没有形成完善的分配方案，一些贫困人口还游离在利益分配链之外。

（二）企业参与成本高、参与动力不足

旅游企业是旅游扶贫中的核心利益主体，民族贫困地区受经济资本和管理经营人才等因素的制约，必须借助旅游企业的力量进行旅游开发。广西通过优化营商环境、减税降费等系列政策、措施加大对旅游扶贫企业的扶持和激励，但现有的政策、措施和发展环境离投资企业参与旅游扶贫开发的需求还相差甚远。首先，大企业因具有强大的管理能力和投融资能力，能够使旅游业在贫困地区迅速发展起来，但企业的逐利性驱使其聚焦城市业务或者选择发展基础较好的非贫困区投资，忽略了贫困地区发展的巨大潜力。其次，投资贫困地区旅游基础设施和基本公共服务建设所需资金量大，但中小旅游企业由于自身经济实力薄弱，融资贵、融资难的问题在短期内尚未得以解决。再次，虽然地方政府出于旅游富民和带动贫困地区发展的考虑对旅游企业在投资过程中给予了一定政策优惠，但实际操作程序过于繁杂，导致对外来投资企业的吸引力有限。最后，许多中小企业参与贫困地区旅游开发还要协调企业与社区居民各种矛盾与冲突，如所有权矛盾、用工矛盾、拆迁征地矛盾、门票收入矛盾等，进而增加了企业参与旅游扶贫的机会成本。目前，广西存在许多旅游资源禀赋优越的民族村寨，就因缺乏龙头企业开发包装，还处在未开发的状态。

（三）金融机构参与风险点多、参与意愿不强

在资金方面，广西民族贫困地区旅游扶贫项目的推进主要还是依靠政府投资。但就当前情况而言，广西财政收支不平衡，许多市县地方财政吃紧，民族特色村寨、古村落、非物质文化遗产等旅游资源保护资金保障压力趋增，仅仅依靠政府投入开展旅游扶贫项目建设，助力乡村振兴的作用有限。因而，金融机构在民族贫困地区旅游发展过程中的投入成为解决资

金问题的重要突破口。目前,广西全区金融机构对农民开展的金融业务并不广泛,农村的金融机制创新还处于起步探索阶段,农村金融"缺服务、缺资本、缺信用"等问题突出,贫困地区旅游业发展无法形成长效稳定的投入机制。在服务方面,民族贫困山区农村金融网点少,适合村民发展乡村旅游的金融产品稀缺,金融服务人才匮乏。在资本方面,广西全区农村产权制度不健全,大部分农户资产都固化在住房和土地上,且在旅游开发过程中难以资本化;农户个体经营或合作经营缺乏抵押担保而无法获得资金支持,政策性扶贫小额贴息贷款主要针对建档立卡贫困户,贷款额度有限且贴息时间短。此外,一些民族贫困村落的农户即使有一定贷款意愿,但地方金融机构担心贫困户发展能力差,不能按时还款,在无抵押无担保的情况下,介于风险控制不敢贷款给贫困户开展旅游经营活动。在信用方面,近年来自治区为解决农村居民、个体经营户贷款难、贷款贵的问题开展以履约能力为核心,以家庭收入、还款能力等指标为依据,以户为单位的居民信用评定,但民族贫困地区分散的农户信用体系不健全,信用等级低,很难从金融机构手里筹集到相应款项开展旅游业务。一些开展乡村旅游业务的农家乐、乡村民宿等小型经营主体,由于经营时间短、财务数据不健全、缺乏抵押担保能力,金融机构不了解乡村旅游项目风险及收益情况,往往也不愿意提供相应贷款。因而,银行能否成功化解乡村旅游融资过程中的融资抵押、担保、信用等问题成为旅游扶贫开展的一大挑战,也是后期发展旅游业、推进乡村振兴必须破解的关键性问题。

(四)政府参与导向性作用有待提升

扶贫是当前政府开展的重中之重的工作之一,在旅游扶贫项目的开展过程中,政府的引导作用是不可或缺的,但当前各地政府在推进旅游扶贫过程中依然面临系列困境和问题。首先,政府部门旅游扶贫资源整合力度不够。近年来,政府给予民族贫困乡村脱贫发展的项目不少,投入的资金量也大,包括城乡风貌改造工程、危房改造项目、易地扶贫搬迁项目、民族特色村寨保护与发展项目等,但这些项目分别由不同的部门管辖和资助,在进行地方旅游开发中没有形成合力,很难打造出高品位、高质量的旅游项目。其次,当前政府对民族地区旅游扶贫的投入主要围绕单一的资金、项目和政策展开,并没有考虑贫困地区自然、人文及地理环境的差异,造成旅游扶贫开发后的项目和景观差异化程度不足，特色性不强，市场吸引力不够。最后，民族地区贫困乡村旅游扶贫开发需要着力完善基础设施及基本公共服务设施，且在乡村振兴战略实施背景下由于对基础设施和公共服务供给提出了更高的要求，因此贫困地区要通过发展旅游产业助力脱贫攻坚和乡村振兴需要的资金投入量更大，而地方政府投入尚不能满足实际建设需要，加上旅游扶贫项目投资回报见效慢、周期长，也在一定程度上也抑制了政府投入的积极性。

四、乡村振兴视域下广西民族地区旅游扶贫的创新路径

（一）贫困人口参与及受益层面

贫困居民是民族地区旅游帮扶的对象，也是同步推进乡村振兴的内源动力。离开贫困人口的参与，旅游扶贫便失去意义，乡村振兴战略的总体目标也难以实现。因此，旅游扶贫与乡村振兴无缝对接必须紧紧抓住"人"这一关键要素。在旅游扶贫开发过程中，要实现贫困人口全方位、深层次参与旅游活动，并从中获得切切实实的利益，切实提高群众参与旅游的积极性和创造性，还需从如下几方面进行路径创新。

第一，要聚人才。针对民族贫困地区农村"空心化"问题严重、旅游人才严重不足的境况，要重视再塑本地村民，大力实施"能力兴村"培训工程，分层次、有重点地组织开展旅游职业培训。特别要重点培育村民村干、致富能人、农家乐或民宿经营等从业人员，促进其由传统农户向新型旅游经营服务从业者的转变，充分发挥其在旅游助力乡村振兴中的示范带动作用；从储备生力军角度考虑，主动关注有志于从事旅游经营服务的务农青年、返乡创业者、农村贫困户"两后生"，以及大中专毕业生，为其返乡从事旅游就业创业搭建平台并提供优惠政策，如对农村大学生创客从事乡村旅游、开办小微旅游服务企业及建设用地给予适当倾斜，在场地租赁、税收缴纳等方面给予一定政策照顾，设立大学生创业贷款风险补偿基金，大学生创客从事乡村旅游、民宿经营、休闲农业等产业项目的，给予一定比例风险补偿。

第二，要重参与。从制度机制层面明确贫困人口在旅游扶贫过程中的参与权利，科学引导村民改善观念、开阔视野，提升能力，全方位参与旅

游开发决策实施全过程。❶ 探索创新贫困群众参与模式，组织培育一批懂经营、会管理、能致富的乡村旅游致富带头人，探索"致富带头人（专业合作社）+贫困户""龙头企业+村集体+合作社（致富带头人）+贫困户"等模式，建立政府引导、致富带头人引领、贫困群众参与的联动机制。

第三，要延链条。旅游业与其他相关产业具有很强的关联性。旅游扶贫产业链是一个系统性的有机整体，贫困地区要通过旅游发展摆脱贫困并振兴乡村，就应更加注重旅游扶贫产业链整合，提高贫困人口参与度，建立农户参与旅游增收长效机制。为此，有必要打破产业链的边界束缚，拓宽和延伸旅游扶贫产业链，促进旅游业与关联产业深入融合，通过旅游业带动农业、文化产业、餐饮业、住宿业、交通业、销售业等其他相关产业的发展，实现旅游产业链的侧向延伸和扩展，实现旅游产业链价值的最大化。与此同时，旅游扶贫的最终目标是要实现贫困村、贫困户和贫困人口的脱贫。因此，扶贫背景下的旅游产业发展必须紧紧围绕贫困人口脱贫的目标展开，在强调旅游产业链价值最大化的基础上，要将产业链创造的价值尽可能多地留在本地或本村。贫困地区旅游开发可尽量利用本地农副产品进行旅游产品的生产加工，引导本地贫困人口参与旅游产业链的就业，通过不同渠道、不同形式广泛地参与到产业链某一环节，融入旅游相关的各行各业中。通过不断拓展贫困人口参与旅游扶贫产业的渠道，提升贫困人口的参与能力，丰富贫困人口的参与方式，提高贫困人口的参与度。同时，要结合地方资源特色，构建以旅游业为主，以现代农业、手工业、服务业、文创产业等为辅的多产业融合体系，利用产业结构的优化组合，为贫困人口参与旅游创造更多机会。

第四，要强保障。强化贫困人口参与旅游利益保障机制，让贫困群众能平衡地参与旅游经营和利益分配，形成一种互惠互利、共生共荣利益分配关系。首先，要构建起景区门票收益分配的普惠制度。景区投资商利用贫困地区旅游资源获取经济效益，其经营收入是取之乡村，也应用之于乡，应从村民的利益出发，建立门票收益共享普惠制度。其次，要构建和完善资产收益扶持制度，推进旅游产业"三变改革"，探索实现"资源变资产、

---

❶ 刘腾，石岩. 乡村振兴之旅游精准扶贫路径探析——以枣庄市为例[J]. 枣庄学院学报，2018，35（6）：95-100.

资金变股金、农民变股东",将弥足珍贵的自然和文化旅游资源变成发展的资本,通过市场化运作实现资源到资产的转变,将国家财政资金、村民自筹资金进行整合,把资金化为股金,实现入股分红。最后,要构建完善的旅游扶贫开发补偿制度,建立和完善负面影响补偿、有效农业补偿、民族文化保护补偿、土地征收补偿机制。针对不同类型贫困群体,探索差异化的补偿形式,有效避免扶强不扶弱,收益分配不均等问题,切实维护和保障村民参与旅游开发的利益。

(二)企业参与层面

企业是旅游扶贫的市场主体,旅游扶贫要达到良好的效益,必须探索企业参与旅游扶贫的新路径。要更好地发挥企业在推动旅游扶贫和乡村振兴中的作用,鼓励企业探索企业、贫困群众、地方政府多方受益的市场化旅游扶贫模式,积极制定与旅游扶贫相关的战略规划,并在旅游扶贫过程中不断调整企业发展战略与参与旅游扶贫过程需承担的社会责任相契合。企业在参与贫困地区旅游发展过程中要从提高农户收入、提升居民思想素质、助推乡村产业发展及美化乡村环境等方面采取扶贫措施,实现旅游扶贫开发中企业与地方居民共建共享,如创造更多的贫困人口就业和增收的机会,让贫困人口参与到旅游供应链的相关环节,畅通渠道让贫困人口获得相应资产收益或参与分红等;要积极参与乡村环境改善和乡村治理,协助地方政府开展基础设施和基本公共服务建设,参与基础设施及基本公共服务管理运营;帮助贫困人口提高思想素质,充分利用企业具有的资金、信息、技术、管理经验等优势,开展贫困人口相关的教育、培训、指导等帮扶,增强贫困人口内生发展能力,推动实现扶贫与扶智扶志相结合,凝聚乡村振兴发展的磅礴力量。

(三)金融机构参与层面

为更好地发挥金融机构融资平台的重要作用,为建档立卡贫困户、经营业主及旅游扶贫企业及时、有力提供金融服务,必须支持金融机构在参与旅游扶贫过程着力进行产品和服务的完善和创新。一是要注重搭建高效快捷的普惠金融服务平台。为更好地服务贫困地区旅游发展,各类商业银行、政策性银行、保险公司、农村合作金融机构、担保公司、互联网金融机构及其他新兴金融组织要更加注重在贫困地区设立普惠性金融分支机构,创建便捷、高效的金融服务平台。❶ 二是创新贫困地区的旅游扶贫抵押贷款业务模式。在土地经营权、农民住房财产权、林权"三权"抵押和旅游门票抵押贷款业务的基础上，拓宽乡村旅游抵押品的范围，探索固定资产、设备、旅游资源使用权、景区收费权等的抵押。探索构建乡村旅游发展中的无形资产评估体系，对旅游企业的无形资产、品牌影响力等的质押进行探索。尝试推广由金融机构、地方政府、旅游企业和保险公司共同合作的乡村旅游金融扶贫机制，为贫困户提供更加灵活的贷款政策，重点对深度贫困地区、极度贫困地区重大旅游项目给予金融支持。

(四) 政府参与层面

政府部门要强化服务意识，进一步优化乡村营商环境和投融资环境。在营商方面，为更好地增强企业参与旅游扶贫的动力，政府部门要研究成立专门的旅游开发问题协调组织，切实解决旅游开发过程中的实际问题，为企业参与地方旅游扶贫提供和谐有利的社会环境；地方政府在旅游扶贫开发过程中要充当好后备军的角色，为企业参与旅游扶贫提供相关政策支持，如财税、金融、土地使用等，并简化优惠政策落地程序。在投融资方面，政府部门要出台支持与引导财税金融的政策，简化政策落地程序，鼓励社会资本介入乡村旅游扶贫领域；要统筹利用专项财政资金，重点做好农村风貌改造、道路建设、环境治理等基础设施和公共服务项目，结合乡村振兴战略的实施，推进贫困地区农村基础设施和公共服务设施的提档升级；要针对性地开展贫困农户旅游从业技能培训，提高其旅游从业能力和水平，充分发挥贫困农户参与旅游的主人翁意识，提升贫困农户在旅游扶贫开发过程中生存发展能力；要继续维持帮扶政策的稳定，对于建档立卡贫困户利用小额信贷发展乡村旅游产业的，到期后研究实施差异化的财政贴息，为农户参与旅游经营持续"输血"，以进一步巩固脱贫的成效；要增强地方传统优秀文化的保护传承和弘扬意识，注重对乡土文化旅游资源的挖掘和保护，为实现文化与旅游的融合发展注入新动力，为乡村文化振兴提供更多平台保障。

---

❶ 胡抚生．让普惠金融为乡村旅游扶贫持续赋能 [N]．中国旅游报，2018-08-24．

广西边境地区脱贫攻坚调研报告

——以龙州县为例

农世杰[*]

龙州县地处广西西南边陲中越边境地区，是革命老区、中国长寿之乡、中国天琴艺术之乡。全县总面积2317.8平方千米，辖12个乡镇130个行政村（社区），总人口27万余人，其中壮族人口占95%。龙州县境内山高坡陡，交通不便，发展制约因素多，2014年贫困发生率高达31.79%。自脱贫攻坚战打响以来，龙州县把实施乡村振兴战略同打赢脱贫攻坚战有机结合，以深度贫困村屯为重点，突出到村到屯到户精准帮扶，对症下药、精准滴灌、靶向治疗，集各方之智谋脱贫，举全县之力促攻坚，切实把扶贫扶到点上、扶到根上，脱贫攻坚工作取得了阶段性重要成果。2018年，龙州县成功实现整县脱贫。

一、龙州县脱贫概况

龙州县是"十三五"期间广西第一个计划脱贫的国家扶贫开发工作重点县。2015年年末，全县总人口26.85万人，其中农业人口21.25万人，共有贫困村47个，贫困户14018户，贫困人口总计50828人，贫困发生率23.92%；2016年，减贫2405户9559人，贫困发生率降至19.42%；2017年，减贫10097户37554人，脱贫出列贫困村27个，经国家第三方评估，综合贫困发生率为1.91%，错退、漏评不显著，群众认可度达到96.34%，符合贫困县退出条件，实现脱贫摘帽，顺利打响广西全区国定贫困县脱贫摘帽第一炮。2018年，龙州县继续深入推进精准扶贫与精准脱贫，全县完成

---

[*] 农世杰，广西民族研究中心，助理研究员。

贫困村脱贫出列20个，全县所有贫困村均实现脱贫摘帽，贫困人口脱贫308户885人，贫困发生率降至1.48%。

在脱贫攻坚的过程中，龙州县先后获评2015年度广西全区54个贫困县经济社会发展实绩考核三个一等奖与第一名；2016年度荣获"广西科学发展进步县"荣誉称号；2016年与2017年连续两年荣获广西全区33个国家扶贫开发重点县、滇桂黔石漠化片区县扶贫开发工作成效考核一等奖等。2018年6月17日至25日，国家第三方评估组对龙州县进行了贫困县退出实地评估检查。同年8月17日，国务院扶贫办在北京举行贫困县退出新闻发布会，宣布首批11省区市40个国家扶贫开发工作重点县正式脱贫摘帽，退出贫困县序列，龙州县作为西部地区贫困发生率降幅最大的县份位列其中。

二、龙州县主要脱贫经验

龙州县在脱贫攻坚工作过程中，始终把脱贫攻坚作为最大的政治任务、民生工程和发展机遇，齐心协力，克难攻坚，先后成立扶贫开发领导小组、脱贫攻坚指挥部等机构。在具体工作中，严格落实五级书记抓扶贫责任，压实县、乡（镇）、村（社区）党政负责人的脱贫攻坚第一责任人责任和县级主要领导、部门主要领导、第一书记、第一主任、村（社区）"两委"干部的脱贫攻坚主体责任，提高后援单位、帮扶干部的帮扶力度。明确县级主要领导挂点乡镇、乡镇主要领导挂点村屯并负总责的制度，要求县级主要领导、县直单位主要领导每周到挂点乡镇、村屯住1个晚上，宣传政策并攻坚脱贫缺项。2015—2018年，全县领导干部累计驻村夜访3300多人次，为民办实事4000多件。同时，通过创办脱贫励志电视夜校、开展群众代表恳谈会、党群联谊等活动，累计组织各级干部7752人次走访群众56983户次，累计举办电视夜校34期，覆盖全县127个行政村（社区）、995个自然屯、1210个村民小组，累计受教育30多万人次，通过走访与互动，大力宣传党的扶贫惠民政策，增强发展内生动力，群众获得感和幸福感不断提升。同时，开展"一月一评先"、争创"红旗村"等评优活动，2015—2018年累计开展评优活动7批次，表彰奖励2454人次、229村次。

对于贫困户的纳入与脱贫出列工作，始终严谨对待，采取网格化管理办法，重点对贫困户错退、漏评、错评等情况进行反复核实，开展贫困对象动态调整,实现错退率、漏评率清零。2015年,累计出动干部2万多人次,全面完成全县47个贫困村、14018户、50828名贫困人口的精准识别和建档立卡工作。2016—2018年,先后开展5次扶贫对象数据动态调整工作,认定退出户110户362人,新纳入371户1019人,实现应纳尽纳、应返尽返。

龙州县在扶贫工作中推行统筹整合使用财政涉农资金乡级报账制试点等方式,夯实财力保障。2016—2018年,全县整合上级资金10.42亿元,县本级投入6593万元,集中投向贫困村、贫困户,用于产业发展、住房保障、基础设施建设等领域。在全县基础设施建设方面,共投入资金32063.48万元。先后完成农村道路硬化及安防工程577个,共计803.59千米,总投资25297.41万元;完成农村安全饮水项目213个,总投资5447.9万元;完成村级公共服务配套设施项目14个,总投资781.17万元;完成农村环境整治项目5个,总投资537万元。各行政村全面实现通水、通电、通路、有公共服务设施。

同时,深化粤桂扶贫协作攻坚。龙州县与广东江门鹤山市自2017年9月结对帮扶协作后,两地党政领导共对接交流42人次;鹤山市派出人才支援14人次,其中党政干部3人、医生5人、教师6人。投入帮扶资金5380万元,其中2017年投入2150万元,实施项目11个;2018年投入资金3230万元,实施项目13个。鹤山市先后引导5家广东企业到龙州县投资241.2万元,建立扶贫车间5个,吸纳贫困人口就业114人;组织用工招聘会5次,达成就业意向900多人,引导65名贫困人员到广东务工。先后选送两批致富带头人16人到广东参加培训;选送三期96人(其中贫困人口91人)到鹤山市参加旅游人才培训学习。同时,开展"百企扶百村""寻找扶贫领域出彩非公有制企业(商会)和非公有制企业人士"活动,引导非公企业(商会)结对帮扶贫困村参与助贫。

在贫困户住房保障方面,龙州县坚持"先搬迁、再危改、后修缮,给群众利益最大化"工作思路,2016—2018年累计危房改造4190户,旧房修缮1045户;新建9个易地扶贫搬迁安置点,集中安置2221户7292人,并依托边民互市区(点)建设边贸新城,配套扶贫产业园和公共服务设施,动员内地贫困户搬到边境0~3千米定居,通过给予发放边民互市证,引导参与互市贸易,兑现边民补助政策,让搬迁户搬得出、留得住、有发展、能致富，实现了脱贫致富和稳边固疆的双赢。

在教育与医疗卫生方面，龙州县强化乡镇与教育部门主体责任，落实义务教育政策，九年义务教育巩固率达95.3%，没有学生因经济困难辍学。2018年，龙州县完成了乡镇卫生院、行政村卫生室标准化建设；构建新农合、大病统筹、民政救助、小额人身保险四重医疗保障制度，实施健康扶贫疾病分类救治工作模式，精准复核病情种类后实施分类救治，推进大病统筹一批、重病兜底一批、慢病签约一批的"三个一批"工程，对因病致贫的3192名贫困患者进行救治干预，解决因病致贫返贫问题。2018年年底，全县参保城乡居民基本医疗保险（含大病保险）人数为223464人，参保率占应参保人数的100%，其中建档立卡贫困人口66068人，覆盖率100%。同时，将符合农村居民低保条件的贫困户纳入保障范围。截至2018年年底，全县3088户8003人享受农村低保，其中贫困户2883户7562人，实现扶贫与低保两项制度有效衔接。另外，通过联系帮扶单位，龙州县为参保群众提供小额人身保险，为边境0~3千米范围内的边民免费赠送爱心保险，为建档立卡计生家庭、双女家庭购买计生家庭关爱保险，为农村越南籍妇女1600余人购买医疗与意外伤害保险等。龙州县还实施了有能力的扶持办、无能力的上门办、疑难杂症精心办、惠残特事特办、政策优惠及时办"五个办"扶贫惠残服务，在崇左市率先实现把重度残疾护理补贴标准由50元提高到80元，进一步提高贫困家庭残疾人保障水平，让残疾人能康复、能就业、能暖心。2018年，全县享受困难残疾人生活补助共计1502人，重度残疾人护理补贴2240人。

在产业扶贫方面，龙州县大力发展"种养贸游工"五大扶贫产业，搭建养殖、种植、加工、旅游、边贸和电商六大扶贫车间102个，吸纳贫困户就业1171人；累计发放产业奖补17457户13263.24万元，发放扶贫小额信贷10896户43118万元。在"种"方面，重点抓甘蔗与澳洲坚果种植，以及食用菌、特色水果等特色种植。2018年，种植甘蔗50.03万亩，其中1.05万户贫困户种植8.4万亩；种植澳洲坚果6.5万亩，其中3189户贫困户种植1.5万亩，发展坚果特色种植的贫困户占贫困户总数的22.75%；全县食用菌种植面积60万平方米，产量0.48万吨，总产值4320万元。在"养"方面，发展鸡鸭、牛羊、蜜蜂、鸽子等特色养殖，惠及贫困户1.4万多户。在"贸"方面，组建边贸互助组231个，带动贫困农户8000多人通过运输、装卸等就业增收。在"游"方面，坚持"绿水青山就是金山银山"理念，大力发展生态旅游、生态扶贫产业。2018年，全县共建成31家乡村旅游区200多个旅游点，带动贫困户人口近7000人，人均年增收2000多元。在"工"方面，建设水口扶贫产业园，发展坚果加工产业，共吸纳贫困户就业1200多人。同时，通过甘蔗管理基金、资产出租、光伏发电等多种途径，确保全县各村级集体经济收入全部达标。另外，充分发挥驻村第一书记扶贫产业核心引领作用，借助扶贫小额信贷资金，依托"龙头企业（合作社）+党支部+贫困户"模式，结合线下和线上销售渠道，先后组建"第一书记产业联盟"扶贫产业合作社151家，发展食用菌、火龙果、澳洲坚果种植和牛羊养殖等产业项目35个，带动5700多户3.2万多人实现增收脱贫。

三、龙州县产业扶贫典型案例：观鸟经济

龙州县在扶贫攻坚工作中，践行"绿水青山就是金山银山"的绿色可持续发展理念，把发展旅游产业作为精准扶贫的重要举措，扎实推进旅游扶贫工作，打造出一条特色旅游产业扶贫路子。龙州县以优美的自然资源为发力点，打造观鸟经济、农家乐、景区等一系列特色的旅游产业，以"政府指导、贫困户参与、可持续发展"为原则，将旅游与扶贫有机融合，增强旅游扶贫造血功能。2016年以来，龙州县结合脱贫摘帽攻坚工作，通过创新推广"观鸟经济"生态扶贫，发挥弄岗国家级自然保护区弄岗穗鹛等珍稀鸟类聚集优势，连续举办三届中国·龙州"秘境弄岗"国际观鸟节活动，助推观鸟产业走上快速发展的轨道，成效显著，成为"绿水青山就是金山银山"发展理念的实践缩影。

龙州县坐落在喀斯特地貌典型的群峰间，森林覆盖率达57.3%，拥有世界上保存最完好的岩溶地区热带季雨林，具有丰富的珍稀动植物资源，生态环境优美，也是我国具有国际意义的陆地生物多样性的14个关键地区之一。全县有弄岗国家级自然保护区、大青山自治区级自然保护区及左江、金龙湖等湿地景观，成为众多鸟类的栖息家园，县境内已发现354种鸟种。其中，面积101平方千米的广西弄岗国家级自然保护区，是中国唯一以保护北热带石灰岩季节性雨林生态系统的国家级自然保护区，森林覆盖率达98.8%，是广西森林覆盖率最大的保护区之一，生物多样性丰富，被列为我

国生物多样性35处优先保护区域之一,目前弄岗保护区内已发现253种鸟种,包括弄岗穗鹛、印支绿鹊等10多种珍稀鸟类,具有鸟类种类多、数量大、分布集中、鸟类体色五彩斑斓等特点,是观鸟人的天堂。2008年,广西鸟类学家周放和蒋爱武在弄岗自然保护区发现鸟类新品种,并命名为"弄岗穗鹛"。在中国分布的1371种鸟类中,弄岗穗鹛是1949年以来我国科学界发现并命名的唯一一个鸟类新品种,是我国鸟类科学考察的重大突破,引起了鸟类学界的轰动。

龙州县逐卜乡弄岗村陇亨屯位于弄岗国家级自然保护区外围,当地村民过去主要以种玉米、甘蔗为生,收入微薄、生活贫困。随着观鸟人络绎不绝的到来,当地人逐渐认识到,护鸟可以获得营收,部分村民便利用这一资源改变生计。有的村民用口哨模仿各种鸟类叫声引来鸟儿,寻找鸟窝、筑饮水坑,搭观鸟棚,建立观鸟拍鸟点,形成了全新的"鸟导"职业;有的村民把自家房屋装修成民宿,为观鸟、拍鸟者提供食宿服务;有的村民为观鸟人扛摄影器材等赚"背包费";还有的村民负责到车站、机场接人赚交通接送费等,渐渐形成了特色的生态观鸟经济。

观鸟是一种新兴的旅游产业,是旅游业发展中的金矿。随着我国人民生活水平的提高,热衷摄影的人群众多,观鸟人也与日俱增,观鸟产业发展迅速,成为一个可持续发展的生态产业。其最明显的三个特点是服务项目多、持续时间长、可持续发展,因而经济效益明显,对促进农民增收、推动当地经济发展具有重要作用。龙州县看准机遇,适时创新思维,下大力气培育发展观鸟经济这一生态扶贫模式,以弄岗保护区管理局为后盾,对观鸟生态经济进行积极引导、扶持,向周边村屯宣传绿色发展理念,帮助村民谋划观鸟产业升级,提高服务质量。2015年年底,陇亨屯逐渐形成了以观鸟为主,配套食宿、餐饮的观鸟生态经济模式,陇亨屯也由一个普通的小山村,转变为国内知名的观鸟点。

2016年,龙州县把弄岗观鸟生态经济建设纳入政府工作日程,在交通、通信、水电、人员培训等方面给予大力支持,并依托以陇亨屯为代表的弄岗周边地区,建成广西第一家观鸟基地——弄岗生态观鸟科普基地。打造观鸟生态经济成为龙州县生态旅游新业态,并成为发展产业扶贫、生态扶贫的新路子。

为了使更多村民和贫困户获得实惠,龙州县成立专项工作组,进一步整合资源，加大投入，推进观鸟基地建设的各项工作。为了给观鸟爱好者提供舒适的观鸟体验，2017年，龙州县投入700多万元，在观鸟基地建设了生态停车场、环山观鸟道路，并对基地内的村容村貌进行美化，修建景观文化长廊，实施亮化工程，同时引导村民升级改造民宿经营，一些房屋外墙还挂着"鸟友"拍摄的各种鸟类美图，并配有科普说明。此外，投入近一千万元资金，对进入观鸟基地的17千米公路进行升级改造，铺设了5米宽的水泥混凝土路面，彻底改变了行车难的状况。通过一系列措施，带领村民从自发、分散、单一的服务模式向组织化、规范化、规模化、多元化发展，逐步培育出以观鸟为主，吃、喝、游、乐、购等为辅的休闲生态旅游产业。

在这一过程中，龙州县逐卜乡也通过开展各种形式的座谈会，引导陇亨屯的群众分析观鸟经济发展存在的问题，促使陇亨屯的群众特别是"鸟导"们能够在观鸟经济的发展上达成一致，促进陇亨屯观鸟生态经济的良性发展。陇亨屯还将每年约9万元生态公益林资金用于聘请保洁员、补偿村民购买天然气等，形成"人人护林爱鸟"的良好氛围。逐卜乡也将生态观鸟科普基地的建设发展作为精准扶贫工作的重点之一，指导帮助村民制定护鸟"村规民约"，成立"鸟导"队、车队、后勤队等，将陇亨屯打造成为远近闻名的"爱鸟、护鸟、观鸟"基地。

2017年，观鸟基地辐射到陇亨屯周边的汪那、楞垒、坡那等屯，共有"鸟导"18名、观鸟点20多个、观鸟线路8条，农家客栈10家。这4个屯共166户，约730人，有建档立卡贫困户47户，其中有10户参与农家客栈经营，2人加入"鸟导"队伍，2人成为车队司机，通过为游客提供交通、食宿、向导等服务，每年每户增加收入3000~10000元，单是陇亨屯的6家民宿全年接待游客900多人，平均每家收入达4万元以上。除了当"鸟导"，村民还可以当"鸟主"。村民若找到鸟窝，会保护起来，并在附近隐蔽处布置好观鸟棚，出租给观鸟人进入棚内拍摄。从小鸟孵化出壳到长大飞走的一个多月时间，一个拍摄珍稀鸟类的观鸟棚有时能给"鸟主"带来上万元的收入。

观鸟服务不断拓展，已发展出网络实时发布鸟讯，机场至观鸟基地点对点接送服务，食、宿、带一体观鸟体验等更加专业的服务体系。汪那屯有30户人家150多人，成立了一个车队，主要到南宁机场、高铁站接观鸟客，有的观鸟人到汪那屯后还会租车。每年3~6月是鸟类繁殖的季节，也是观鸟旺季，在这期间一户村民从事接送客人、提供住宿、当"鸟导"、出租车辆等一体化服务，一天下来可以有1000多元的收入，即便只从事其中一项，一天也有一两百元收入。2017年，到弄岗观鸟的人数多达8000多人，共带来数百万元的直接收益。

2017年2月，龙州举办了广西首届观鸟节，即中国·龙州"秘境弄岗"国际观鸟节，此后每年举办一届，至2019年已举办三届，进一步提高了弄岗地区观鸟的知名度。观鸟节的举办，带动观鸟基地166户约730人（其中贫困户47户，贫困人口231人）通过向游客提供交通、住宿、向导等服务，并带动饮食、手工艺品等第三产业的发展实现经济增收，平均每户每年增收15000元左右。弄岗观鸟基地成为广西最大的观鸟基地，带动周边旅游点惠及近7000名贫困人口。

2018年，观鸟科普基地进一步扩展到陇亨屯周边的陇广等8个村屯范围，观鸟节还通过举办绿色论坛、鸟类摄影大赛等多种活动扩大观鸟生态经济的影响范围和受益群体，带动观鸟基地全年接待游客13万人次。2019年，观鸟节进一步扩展至由三个活动组成，分别为"秘境弄岗"国际观鸟比赛、生态龙州·研学旅行研讨会和中越生态保护座谈会。弄岗观鸟基地逐渐发展起了以观鸟为主，配套食宿、餐饮，不断增加自然教育、自然体验、研学旅行等新内容的观鸟生态休闲旅游产业，形成"弄岗观鸟"品牌效应，成为国内外知名的"观鸟圣地"和生态观鸟科普基地，以及全世界鸟类爱好者观鸟旅行的热门目的地，进而拓展至观鸟、观蝶、观虫等生态经济，全方位带动当地生态经济产业的发展，成为龙州旅游新的亮丽名片。

2018年12月，弄岗村陇亨屯及邻近的汪那屯依托丰富、独特的旅游资源优势，以"秘境弄岗"国际观鸟节为契机，联合注册成立了广西龙州县弄岗印支绿鹊旅游服务有限公司，以保护生态环境为宗旨，增加农户收入为目标，大力发展以观鸟为主的生态旅游经济。公司以致富能人带动、群众自筹资金入股、贫困户利用扶贫产业以奖代补资金解决部分股金缺口，每年年底按股分红。陇亨屯和汪那屯还依托公司平台进行招商引资，建设观鸟基地配套酒店，优先聘用并免费培训当地贫困人员从事保安、保洁等工作，让贫困户能够在家门口实现就业；当地群众种养的生态有机食材也得以扩展销路，实现增收。公司计有151户农户入股，其中贫困户110户，预计每年每户增收15000元左右，为村民们带来了新的增收点。

观鸟经济的多向纵深发展，使"观鸟扶贫"举措取得良好效果，也给龙州全县的旅游业注入新动力。龙州县2018年旅游接待人数432万人次，同比增长39.6%；旅游总消费46.39亿元，同比增长41.56%，真正实现了山清水秀生态美、群众脱贫致富的双赢。

广西壮族地区脱贫攻坚调研报告

——以那坡县为例

梁艳鸿 覃 娟*

一、那坡县基本情况

那坡县是国家扶贫开发工作重点县、石漠化综合治理重点县，也是广西四个极度贫困县之一。全县辖9个乡（镇）130个行政村（社区），总面积2231平方千米，总人口21.8万人。截至2017年年底，全县有贫困村（含脱贫村及新增的26个深度贫困村）85个，贫困户13670户，贫困人口53768人，贫困发生率达28.18%，其中深度贫困村68个，占比80%；深度贫困地区贫困人口33923人，占全县贫困人口的63.09%。到2018年年末，未脱贫人口7253户26939人，贫困发生率为13.95%。

那坡县是典型的"老、少、边、山、穷"地区。"老"指那坡县属二类革命老区县；"少"指那坡县世居壮、汉、苗、瑶、彝等民族，少数民族人口占全县总人口的95.5%，壮族人口约占全县总人口的70%；"边"指那坡县地处桂西南边陲，与越南边境线长207千米，是广西边境线最长的县份之一，有25个贫困村29827人居住在0~3千米条件艰苦的边境一线，9个贫困村12227人居住在边境0~3千米边疆防御的最前沿，抵边屯涉及3个乡（镇）9个村53个屯7220人、建档立卡贫困户622户2593人；"山"指全县山地面积占总面积的93%，人均耕地不足0.6亩，有38个村2.25万贫困人口居住在生存环境恶劣的大石山区；"穷"指经济发展水平较低，地区

---

* 梁艳鸿，广西社会科学院区域发展研究所，助理研究员；覃娟，广西社会科学院科研处处长，研究员。

生产总值、财政收入等完成情况与全区县（市、区）平均水平存在较大差距，2018年，那坡县城镇居民人均可支配收入、农村居民人均可支配收入分别为24670元、8307元，分别比全区平均数（32436元、12435元）低7766元、4128元。

二、脱贫攻坚工作做法、成效及亮点

（一）主要做法

1. 着力推进重点领域建设，不断提高脱贫攻坚质量

一是实施基础设施建设大会战。2016—2017年，全县实施道路加宽项目9个，建设通村、通屯道路130条303.97千米，受益63个村2万余人；新建水柜400个，受益对象400户；实施农村安全饮水及农田水利建设工程；投入"一事一议"奖补68项1596.13万元。2018年，统筹扶贫资金6.86亿元，建成通屯道路100条292千米，完成农村饮水安全巩固提升工程167处，解决2.3万农村人口饮水安全问题；建制村全部通四级以上等级公路，全部贫困村实现通宽带网络。

二是实施易地扶贫搬迁工程。抓好易地扶贫搬迁项目建设。2016年竣工住房488套，搬迁入住1981人，入住率100%；2017年竣工住房1395套，竣工率78.02%，搬迁入住4620人，入住率65.96%；2018年完成易地扶贫搬迁2300户9416人。强化易地扶贫搬迁群众后续扶持，完善产业发展、转移就业、生态扶贫等方面的政策措施，确保搬迁群众搬得出、留得住、有发展、能致富的政策措施，不断提高搬迁质量，巩固脱贫效果。

三是实施产业扶贫工程。积极培育新型经营主体，引进华润五丰农业开发（中国）有限公司、四川华西希望集团等龙头企业，创新"企业+贫困户""示范区+贫困户""合作社+贫困户"等利益联结模式，带动贫困户发展产业，2018年创建自治区级示范区2个、县级现代农业示范区2个、乡级现代农业示范园15个，成立农民专业合作社288个、家庭农场16个，覆盖了全县85个贫困村。大力推进特色优势产业发展，累计整合涉农资金4000多万元，支持和引导贫困户发展县级"5+2"特色产业（桑蚕、中药材、油茶、猪、鸡+杉木、牛）和村级"3+1"产业，全县贫困户的产业覆盖率达到96.97%。突出抓好生态桑蚕产业，全县桑园面积达到10.08万

亩，产值3.6亿多元，共有99个村1.2万农户发展种桑养蚕，户均收入2.9万元，其中贫困户3023户，通过种桑养蚕实现脱贫的贫困人口共2160户8600人。全县累计种植中药材3.8万亩，其中板蓝根2.8万亩，覆盖贫困户3168户，带动贫困户户均增收约3500元。

四是实施就业扶贫工程。积极搭建公共就业服务平台，2017年实现农村劳动力转移新增就业4432人，吸纳300多名贫困户就近就业，举办各类职业技能培训班14期，参训695人。2018年，充分利用生态功能区优势，发放公益林补偿金1500多万元，惠及6256户贫困户；聘用506名贫困群众担任护林员，比上年增加157人，帮助更多贫困群众通过工资性收入实现增收；通过劳务协作、就近就业等方式，实现农村人口转移就业、就近就业5878人，输送111名贫困劳动力到深圳务工。

五是推进住房、教育、医疗"三保障"工程。积极推进农村危房改造，以建档立卡贫困户、低保户、农村分散供养特困人员、贫困残疾人家庭4类为重点对象，实施差异化补助政策，从本级财政中分别给予户均0.2万~3.2万元不等的补助，将特困农户建房补助标准从3万元提高到6万元。2018年，全县脱贫攻坚危房改造任务数为597户，实际开工数为597户，已完工户数为597户，帮助困难群众实现"住有所居、居有所安"。大力实施教育扶贫，全面落实各项教育扶贫政策，建档立卡贫困户幼儿免交保教费、义务教育阶段免学杂费、免课本费、高中阶段免学费项目全覆盖执行。至2018年年底，累计发放寄宿生生活补助、营养补助、高中助学金、大学生路费补助等补助金4800多万元，发放政府贴息的大学生信用助学贷款1163.4万元；控辍保学成效明显，389名义务教育阶段辍学学生已经全部劝返，劝返率100%；特色教育工作创新开展，在边境乡镇开办少数民族励志班10个，招收510名苗、瑶、彝等少数民族小学生集中办学。积极推进健康扶贫，严格执行"先诊疗后付费""一站式"结算等政策，贫困人口实际住院医疗费报销比例达90.98%，门诊特殊慢性病医疗费报销比例达93.19%，全县建档立卡贫困人口基本医保个人缴费部分由财政全额代缴，参保率达100%。同时，为全县所有贫困人口每人每年购买一份健康扶贫商业保险，有效防止因病致贫、因病返贫。

2.持续深化粤桂扶贫协作，积极凝聚脱贫攻坚力量

完善出台和实施《那坡县2016—2020年对口扶贫协作工作规划》，积极对接深圳龙岗区,建立对口帮扶协作机制,探索结合特色产业、结合村集体经济、结合贫困人口就业"三结合"扶贫协作模式。创新产业扶持模式。有效利用深圳龙岗区2600万元的帮扶资金,建设总面积1.8万亩的桑蚕产业示范园;引进深圳同益新中控实业公司建设那坡县同益新丝路新区项目,项目总投资3亿元,预计日产达10万米坯布丝绸。创新村集体经济扶贫模式。整合深圳龙岗对口帮扶资金2700万元和涉农资金1300万元,在坡荷乡建设生态养殖扶贫产业示范园种猪场基地,建设存栏1200头祖代种猪场1个、家庭农场300个、年产12万吨的饲料加工厂1个,所得收益分红归村集体所有。创新就业扶贫模式。加强与龙岗区委、区政府、企业合作,搭建劳动力外出务工"绿色通道",为那坡县64名贫困对象进行汽修技能培训,举办5次专场招聘会,共输送204人赴深圳入厂务工,努力实现"就业一人、脱贫一户"的目标。

3. 实施"一引三带"工程,提高抓党建促脱贫攻坚实效

坚持把加强基层党建与脱贫攻坚有机结合起来,积极探索"一引三带"(支部引领、支书带头、党员带富、能人带动)的抓党建促脱贫攻坚新路子,实现党的建设与脱贫攻坚深度融合。设立党员创业发展基金,2016—2017年共调剂资金350万元,对73名党员和能人提供了创业资金支持,通过项目示范带动贫困户238户,助推群众增收。至2018年年底,全县共发放党员发展基金360万元,在种桑养蚕、种草养牛等产业链上建立党组织35个,形成特色产业专业乡3个、专业村15个,全县250名有带富能力的党员带动近6500户26000多人发展特色产业,形成了以支部链接产业、以党建引领产业发展的良好局面。由此,村级党组织的战斗堡垒作用得到明显增强,在2018年全市开展的"乡村振兴·争创五旗"活动中,那坡县城厢镇龙华村、坡荷乡坡荷村等18个村共获得了25面"红旗村"旗帜。

(二)工作成效

1. 精准方略严格落实,减贫效果较为突出

精准识别和退出标准严格落实。自脱贫攻坚工作开展以来,那坡县坚持精准扶贫精准脱贫方略,认真开展精准识别,加强扶贫对象动态管理,严格脱贫摘帽标准及认定程序,开展贫困户脱贫"双认定",贫困人口识别准确率和贫困人口退出准确率均达100%。2016—2018年,全县实现了18

个村 6960 户 29021 人脱贫，脱贫攻坚取得阶段性成效。精准帮扶责任严格落实。全县统一思想和行动，落实精准帮扶责任，县四家班子领导每人联系 2~5 个村（社区），坚持每周召开 1 次脱贫攻坚战指挥部工作例会，压紧压实责任；全县 130 个村（社区）实现第一书记、驻村工作队全覆盖；落实 4420 名干部职工结对帮扶贫困人口，同时开展"月双周"活动，每月设帮扶活动周、督查周。精准帮扶措施严格落实。坚持因户施策、因人施策，帮助贫困户实现脱贫摘帽，并健全脱贫人口后续跟踪帮扶机制，落实脱贫户及退出户帮扶联系人，对脱贫户再扶持 2 年，让其同等享受扶贫政策，巩固脱贫成果，防止返贫或新致贫现象。

2. 资金投入不断加大，脱贫攻坚保障更加有力

严格规范资金使用，着力解决脱贫攻坚资金问题，提高扶贫资金、项目安排的精准度。2016—2017 年，那坡县共投入扶贫资金 67483.64 万元。其中，整合财政涉农资金 46671.87 万元；新增债券资金 10797.6 万元；县本级安排财政配套资金 4141.79 万元；收回存量资金用于扶贫项目资金 5872.38 万元。2018 年，全县共整合财政涉农资金 3.67 亿元，集中优先用于脱贫攻坚工作。同时，建立扶贫项目库，加强资金使用管理，制定完善统筹整合使用财政扶贫资金管理办法，确保扶贫资金专款专用。坚持资金安排到项目、支出核算到项目，资金跟着项目走，如 2018 年投入资金 2.36 亿元用于实施基础设施建设，投入资金 4852.2 万元用于推动发展教育脱贫，累计整合涉农资金 4000 多万元用于发展特色产业等，努力保证扶贫资金发挥最大效益。

3. 产业扶贫初见成效，群众增收渠道创新拓展

重点发展桑蚕、杉木、中草药、油茶、鸡、生猪、肉牛等特色产业，打造南部、北部扶贫产业园。探索"以奖代补"，鼓励贫困户发展产业，产业项目覆盖 9 个乡（镇）20487 名贫困对象。其中，建档立卡贫困户 13817 户，2014 年、2015 年退出户 6670 户。至 2018 年年底，累计投入资金 4422 万元实施产业奖补，鼓励贫困户发展县级"5+2"特色产业和村级"3+1"产业，县贫困户的产业覆盖率达 96.97%，实现了每个贫困户有 1 个以上的增收产业。2016—2018 年，累计发放扶贫小额信贷 6898 户 33669.74 万元，其中自主经营 6700 户、金额 32679.74 万元，委托经营 198 户、金额 990 万元，助推产业发展和农户增收。

（三）典型经验和工作亮点

1. 突出边境区位优势，实施"七个一批"边贸促脱贫

一是边民互助组帮扶一批。充分利用国家相关边贸优惠政策，组建边贸互助组55组3100人（其中贫困户占50%以上），引导贫困边民通过参与互市贸易增加收入。二是发放边贸小额贷款解困一批。对参与边贸的贫困边民提供5万元的政府贴息小额贷款，累计发放边贸小额贷款3420.5万元691人。三是边贸运输车队帮扶一批。边境群众以村屯为单位，按20人为一小组，采取"集中调度"的管理方式参与互市运输；那坡县边贸运输海关备案车辆约300多台，共有500人参与运输（其中贫困户占50%以上），边民每人每天的互市收入可达375元以上，每月收入接近1万元。四是装卸队帮扶一批。以村屯为单位组织贫困户青壮劳动力参与边贸装卸队，每天共有50名边民参与装卸货物（其中贫困户占50%以上），边民每人每天的收入可达200元以上。五是鼓励电商产业带动一批。通过政府推动、市场运作、基础配套、试点示范等工作，大力发展"边境贸易+电子商务"扶贫新模式。六是园区项目建设帮扶一批。组织边民到那坡边境经济合作区平孟片区项目、弄平、那布互市点建设项目参与建筑施工，帮助约500名贫困边民增加收入。七是边境易地搬迁安置帮扶一批。在弄平互市区、平孟互市点、百南互市点所在地建设扶贫易地搬迁边境安置点，将边境乡镇20户以下扶贫成本极高的自然村屯（生产生活环境条件极差且不具备居住和发展条件的自然村屯）和地质灾害、生态保护区、生态修复区等贫困群众易地搬迁至边境安置点，并通过引导和帮助易地搬迁贫困边民参与互市贸易解决就业、实现脱贫。

2. 依托特色优势产业，创新推动村集体经济发展

坚持大胆先行先试。2017年年初，引导各村创新创建130个村级"便民服务公司"，采取"特色产业+市场主导+资金扶持+公司管理"的模式运营，发展壮大村集体经济。从2017年6月起，那坡县按自治区的指导精神开始组建村民合作社，将村级便民服务公司划归给村民合作社管理运营，实现村集体经济组织的顺利衔接和转换，有效巩固和拓展了村集体经济发展成效。那坡县全县探索推行了产业带动、服务创收、资产盘活、物业租赁、资源开发、股份分红6种较为稳定的发展模式。截至2018年12月12

日，那坡县 130 个行政村（社区）集体经济收入全部达到 2 万元以上，其中收入 2 万~3 万元的有 82 个村，3 万~5 万元的 35 个村，5 万元以上的有 13 个村。2016 年、2017 年脱贫的 11 个村以及 2018 年 7 个脱贫村的集体经济收入全部超过 3 万元，其他贫困村的村集体经济收入均超过 2 万元。

3. 创办少数民族励志班，深入推进控辍保学工作

坚持把教育扶贫作为阻断贫困代际传递的一大抓手，出台《那坡县边境苗、瑶、彝少数民族励志班办学试点工作方案》，把特少数民族教育纳入全县教育事业的发展规划。2017 年秋季学期，为边境一线所有苗族、瑶族、彝族特少数民族学生设立 11 个"特少数民族励志班"，共招收 500 多名特少数民族学生，其中绝大部分学生为深度贫困家庭学生。每个励志班分别配备 1 名特少数民族教师，利用这些特少数民族教师自身懂双语的优势，通过"双语教学"，解决教学中师生沟通的语言障碍，使特少数民族学生进得来、留得住、学得好，顺利完成学业。2018 年春季学期，特少数民族小学适龄儿童入学率达 99.8%。

三、主要困难、问题及原因分析

（一）主要困难和问题

那坡县的贫困人口绝大多数分布于大石山区、少数民族地区、与越南毗邻的边境地区，多维复杂因素造成了深层次贫困，贫困代际传递现象较为普遍，因病因灾因学因老等返贫现象时有发生。群众脱贫与返贫总体上呈胶着状态，稳定增收、持续发展的基础还不是很牢靠，巩固脱贫成果的工作难度较大。

1. 基础设施建设欠账较多

那坡县农村公共基础设施总体还比较薄弱。截至 2018 年年底，交通方面，仍有 9 条 51.38 千米村级公路需要提级改造，23 条 64.38 千米屯级公路需要硬化；医疗卫生方面，那坡县 8 个卫生院中没有医疗污水、医疗废物无害化处理等配套设施；安全饮水方面，有 3 万余人的饮水安全需要进行升级改造；供电网络方面，还有 292 个贫困村屯需要实施农网改造；移动网络方面，有 7 个乡（镇）需建网络信号节点机房，70 个村屯需建网络基站，256 村屯未通宽带网络。特别是 0~3 千米的地区，住房、水、电、路、

通信设施等都相对滞后，还存在建档立卡贫困人口无稳固住房或人均住房面积不达标的情况，大部分村屯没有实施农村电网改造。例如，德隆乡昂屯村大规敬屯拥有大量林地，但机耕道尚未推进；百省乡那布村、城厢镇弄楠村因缺乏水源，人畜饮水困难；一些深度贫困村均不同程度存在通信信号弱、通信运营商手机信号未完全覆盖等问题。

2. 住房安全保障存有隐忧

那坡县深度贫困地区群众由于居住位置偏远，交通不便，导致建筑材料运费偏高，需要二次搬运建筑材料，危房改造成本高，靠现有扶持力度和贫困群众自身力量难以完成住房改造。例如，城厢镇弄楠村弄哄屯，县城到村部需要40分钟车程，通屯路尚未硬化。据群众反映，由于该地运输成本高，住房建设成本是交通良好、距县城距离近的村的两倍以上。另外，边境0~3千米地区的部分贫困群众，由于一方水土养不活一方人，迫切希望改变生产生活环境，但又无法享受易地扶贫搬迁政策，对在原地改造现有住房有较大抵触心理。

3. 医疗保障水平有待提升

那坡县深度贫困地区医疗服务不完善。那坡县127个村级卫生室，只有条件相对好的28个村的卫生室能正常开展诊疗服务。其他卫生室由于医疗设备少，仅能应付发烧头疼等小病和基本公共卫生服务工作。同时，由于偏远的地理条件和落后的经济发展水平，很多村难以吸纳人才驻村，村级卫生室普遍缺乏医务人员，与贫困家庭进行签约的大部分是乡镇卫生院医生。

4. 教育扶智发展仍需推进

目前，那坡县深度贫困村屯义务教育辍学现象依然存在，中高等教育尚未普及。尤其是布村水弄一社的苗族群众，早婚现象普遍，初中阶段辍学仍有发生，中年贫困人口中文盲半文盲比较多；普通话普及程度不高，如果外界人员要与个别群众进行交流访谈，需要当地干部翻译才能进行。职业教育和技能培训尚未得到足够重视，一些深度贫困村超过半数的贫困户表示没有接受技能培训或农村实用技术培训，有的表示参加培训后对自己的种养殖技术没有任何帮助。

5. 产业可持续增收能力较弱

由于自然资源条件制约，深度贫困地区贫困户主要靠种植水稻、玉米、黄豆、红薯等传统农作物为生。近年来,有条件的贫困村开始发展特色产业,如种桑养蚕,种植西贡蕉、中草药,养牛、生猪等,但产业规模小,效益不明显。能满足生产用水的种植园不足10%,建有机耕道路的不足20%。例如,德隆乡昂屯村有大量经济林,产业基础较好,但推进力度不够;昂屯村打算依托本村自然环境发展养蜂、稻田养鱼等产业,但各产业依然处于小规模试点阶段;城厢镇弄楠村、百省乡那布村产业基础较弱,均以板蓝根种植为主,辅以肉猪、肉牛饲养,但是板蓝根种植零星分散、不成规模,一般种植面积在8~10亩,肉猪、肉牛养殖数量一般在2只(头)左右,规模非常小。

6. 贫困群众脱贫内生动力不足

那坡县深度贫困地区贫困户普遍存在文化素质偏低、年龄偏大、生产技能较弱、观念陈旧的问题,导致脱贫和发展内生动力不足。部分贫困群众对脱贫致富态度上消极、行动上被动;有的贫困户小钱不愿赚,大钱赚不来,即使政府提供好的产业发展项目,也畏首畏尾,瞻前顾后。这些现象在边境0~3千米地区的特少数民族贫困户当中表现得更加明显。例如,百省乡那布村水弄一社的贫困群众,得到那坡县多年来大量资金和项目扶持,但由于自身发展动力不足,生活境况始终没有得到明显改观。

7. 干部队伍结构不尽合理

据统计,那坡县50岁以上干部占在编在岗人数的20%;35~49岁干部占在编在岗人数的58%;34岁以下干部仅占干部人数的22%。虽然那坡县以超过100人/年的规模持续落实干部招录,但仍然赶不上干部队伍老化速度。同时,教育、卫生和农业技术方面高学历、高技能人才严重缺乏。教育方面,按师生编比标准要求,那坡县应配备2199个教师编制,实际仅有1378个编制;医疗卫生方面,全县13所乡镇卫生院在编用编卫生技术人员只有226人,与2020年"每千常住人口基层卫生人员数达到3.5人以上"的目标要求相差甚远,村卫生室只有144名乡村医生,没有达到国家规定的"每千服务人口不少于1名的标准配备乡村医生"的要求;农业技术方面,全县每万名农村农业人口中只有2.54名技术员,不足全国平均水平一半。

(二)原因分析

1. 自然环境恶劣,群众生产生活条件落后

那坡县的深度贫困地区大多是远离城镇的边境地区和大石山区,交通

不便、信息闭塞、水源稀缺、资源不足，人均耕地面积少且大多是坡地，导致农业生产力水平低下。特别是缺水，严重影响了老百姓的生产生活。从调研的3个村情况看，在致贫原因中，被访者认为交通条件落后致贫的人数占15.1%，认为缺少土地致贫的人数占18.9%，认为缺水致贫的人数占18.9%。例如，那布村距离百省乡政府有18千米，且都是盘山路，山高路陡；人均耕地面积0.5亩，大多是旱地，土地贫瘠，细碎分散，不利于成片成规模耕作；生产生活用水基本上靠天降雨。

2. 基础设施建设成本高，完善提升工作难度大

那坡县深度贫困地区尤其是集中连片的北部大石山区和南部中越边境0~3千米地区，水、电、路、网等基础设施建设工程难度大，建设成本高，完善基础设施和基本公共服务难度很大。例如，在深度贫困村屯安全饮水方面，北部大石山区贫困村，由于山多沟深，水源稀缺，加上群众居住分散，导致需修建的引水管线长，工程人均投资达到1800元以上，比丘陵土坡地区建设同类工程的人均投资高约1000元；在完全没有水源，依靠雨水生活的地区，建设家庭水柜的人均投资更是达到5000元以上。一些村的村民普遍反映，由于山高路远，运费昂贵，建房成本比丘陵土坡地区高一倍以上。

3. 青壮年转移就业普遍，本地劳动力不足

那坡县大批有文化、懂技术、会经营的青壮年劳动力背井离乡，外出务工经商。据统计，2017年那坡县农村外出务工人数3.77万人，占农村劳动力总人数32%，其中87%以上为青壮年劳动力，平均年龄在30岁左右，初中以上文化程度者占89%；常年在家从事农业的劳动力平均年龄45岁以上，小学文化程度者的比例为34%。总体上，返乡人才就业创业的人数不多。正由于大量青壮年劳动力的流失，贫困户家中几乎是留守老人和儿童，长期以来，主要种植传统农作物，产业发展后劲严重不足。没有产业带动，就难以彻底脱贫，缺乏产业支撑，更难以持续脱贫。这是造成深度贫困地区贫困的直接原因。

4. 龙头企业带动能力不强，产业持续发展困难

近年来，那坡县突出抓好生态桑蚕产业和板蓝根、山豆根等中草药产业，2018年全县累计发展桑园10.08万亩、种植中药材3.8万亩（其中板蓝根2.8万亩），但全县只有2家桑蚕龙头企业。由于缺少加工企业，那坡县产业链延伸短，农产品难以实现高附加值，影响了农业增产、农民增收。

此外,产销合作机制不健全,龙头企业与农户没有形成利益共享、风险共担的利益关系,农户往往独立地走向市场,各自为战,抵御市场风险能力差。以桑蚕产业为例,龙头企业与农民签订收购合同,确保蚕茧供应,并且有最低收购价保底,在桑蚕产业发展初期作出了一定贡献。但由于近年蚕茧市场走俏,常有其他地区的蚕茧收购商到那坡县高价收购蚕茧,相当一部分农民受价格诱惑,经常违约将蚕茧卖给外地收购商,破坏与龙头企业的契约关系,导致原材料供应量不足的龙头企业只能关闭部分生产线。

5. 群众文化素质偏低,劳动技能缺乏

那坡县部分贫困农户观念落后、行为保守,对文化知识没有求知欲望,一些深度贫困村群众整体受教育的年限短,文盲半文盲人口比重大,外出打工时只能依靠劳力赚取最低工资。例如,百省乡那布村水弄一、二社,共有文盲、半文盲47人,占该社人口总数的31.8%,且大部分义务教育适龄少年儿童有厌学情绪。受教育程度低、能力欠缺等多方面因素共同影响,导致部分群众的依赖思想严重、内生发展动力较弱。

6. 干部待遇水平较差,人才流失严重

那坡县地处偏远山区,城区、乡村发展水平极差,生活条件艰苦,工资待遇低,缺乏吸引和留住人才的内外部环境,难以吸引和留住人才。2016—2017年,那坡县共外调73名科级干部,3名在编医护人员,22名教师;2018年,那坡县教师招考岗位中有50个以上岗位无人报考,公务员设岗49个,其中达到开考比例开考岗位的有41个,其他岗位较难满员招录。

7. 县本级财政薄弱,脱贫攻坚资金缺口较大

那坡县县域经济发展较为滞后,财源窄,税源单一,财政收入结构不合理,财政收入水平不高,筹集配套资金难度大。2018年,那坡县财政收入仅为3.77亿元。有限的地方财力导致对扶贫领域投入的资金较少,县本级财政资金投入稳定增长机制不够健全,配套资金缺口大,会影响脱贫攻坚的工作进度。

四、决战决胜脱贫攻坚的对策建议

(一)加大对那坡县脱贫攻坚的资金投入

完善脱贫攻坚资金投入稳步增长机制。截至2017年年底,那坡县全县

未脱贫贫困人数为39398人,"十三五"时期贫困村48个。经过初步测算,那坡县各类脱贫攻坚经费投入中,2018年为4.5亿元,2019年为8.4亿元,2020年为4.1亿元。而每年县本级财政资金投入只有2300多万元,无力解决繁重的脱贫攻坚资金大缺口任务。由此,建议自治区在资金投入方面对那坡县予以倾斜,减少或取消县级配套扶贫投入。

(二)加大对边境地区贫困村基础设施建设的支持力度

一是对边境0~3千米地区实行差异化扶持政策。对不能实施易地扶贫搬迁的0~3千米抵边村屯的边民住房建设区,参照现行易地扶贫搬迁建档立卡贫困户人均补助6万元/人的标准出台相关政策给予补助;对新建通往抵边屯道路、抵边屯内道路硬化、产业路、饮水设施建设及农田水利设施等项目的补助标准,在现行建设补助标准的基础上提高30%;对深度贫困村屯的道路基础设施建设,不以20户以上的自然屯为限,应结合实际给予实施。二是统筹推进电力、通信网络等基础设施建设。从自治区层面制定相关政策文件,将农村电网改造、通信基站、宽带网络建设任务纳入脱贫攻坚三年规划,统一安排资金,统一安排项目,确保2020年以前全部实施完成。三是进一步明确深度贫困村资金投向。完善相关政策措施,明确允许中央、自治区整合涉农资金投入新增的面上26个深度贫困村。

(三)完善对龙头企业的政策扶持措施

继续把做强产业作为稳定脱贫的根本之策,加大对龙头企业的激励力度,形成和强化龙头企业带贫致富的良好效应。建议由自治区层面授权,允许那坡县根据实际情况出台扶持扶贫龙头企业的优惠政策,重点从用地指标、规划调整、税收优惠政策方面给予支持和扶持。对新建的龙头企业,开通规划和项目环评"绿色通道",提高行政审批效率;企业自取得第一笔经营收入所属纳税年度起,免征5年企业所得税地方分享部分;对吸纳100人以上就业的,政府优先提供厂房,实行前3年厂房租金全免、后2年租金减半,满5年后企业可通过招拍挂形式购买厂房及土地开展经营;吸纳贫困户就业人数达200人以上的,可纳入自治区或市级层面统筹推进重大项目予以支持。

(四)在人才政策方面向那坡县倾斜

一是适当降低人才招录条件门槛,尤其是在教育、医疗、农业等紧缺技术人才招聘方面,可由那坡县根据岗位设置和工作需要适当放宽招考条件。二是在公共服务和社会保障政策上给予倾斜。例如,在边境县实施15年免费教育政策;逐步提高边境地区城乡居民基本医疗保险财政补助标准,通过转移支付给予倾斜支持;适度提高大病保险报销标准,参加城乡居民基本医疗保险的人口大病保险起付线降低50%,报销比例提高10%;按现行政策规定将边境县居民纳入基本养老保险制度范围,由政府代缴养老保险费。三是建立和完善艰苦边远地区津贴动态调整机制,逐步提高边境地区干部职工工资水平。

(五)创新加强边境地区贫困群众特殊补助政策

一是深入实施"驻边安家"工程。广西加大对那坡县平孟"美边固疆"、百南"深百家园"等边防乡(镇)扶贫移民集中安置点建设的投入,在落实对落户集中安置点的贫困户给予前3年1000元/(人·年)的"驻边安家补助"政策基础上,完善搬迁群众产业、就业、教育、医疗等方面的后续扶持。二是放宽边境0~3千米地区易地扶贫搬迁政策。降低对原有抵边一线居住点扩容改造的要求,不设置新增户数的要求,凡是10户以上抵边屯,都能享受抵边一线居住点扩容改造的政策。三是扩大边民生活补助范围。将边民补助政策延伸到边境3~20千米范围,适当给予补助。同时,将边境0~20千米范围内非本地、非农业的常住人口纳入补助范围,提升守边固边积极性。

广西土瑶地区脱贫攻坚调研报告

袁丽红[*]

一、土瑶地区基本情况

土瑶是我国瑶族的一个支系，只有8500多人，主要聚居在广西贺州市平桂区沙田镇的金竹村、狮东村、新民村和鹅塘镇的大明村、明梅村、槽碓村等6个行政村，其中狮东村、大明村和槽碓村全部是土瑶，金竹村和新民村有过山瑶，明梅村有部分汉族。土瑶聚居区共有27个自然村寨，自然村与自然村之间往往隔着几座山头、几条山冲，步行需要一两个小时才能到达。各自然村寨距离沙田镇或鹅塘镇政府驻地有15~50千米，山高坡陡，交通极其不便。6个土瑶村均地处边远高寒山区，土地资源匮乏，耕地稀少，耕地总面积仅有1163亩，人均耕地面积只有0.11亩。由于资源匮乏，缺乏支柱产业，村民收入主要依靠输出劳务、就近打山工和林业种植。而林业种植产值低，周期长，发展后劲不足，因此，村民的收入水平普遍较低。2017年，6个土瑶聚居村的农民人均纯收入，除鹅塘镇明梅村为4021元外，其余5个村均低于2700元，与平桂区贫困村农民人均纯收入5210元的差距非常大。

由于受到自然地理位置和生产生活条件限制，土瑶聚居村是平桂区贫困程度最深的地区，也是全区深度贫困地区的典型。土瑶聚居的6个行政村总人口为1932户10350人，其中土瑶人口8500多人。2015年年底，6个村共有建档立卡贫困户1258户7157人，贫困发生率为69.10%。至2017年年底，尚有950户5354人未脱贫，贫困发生率为51.73%，其中贫困程度最深的大明村贫困发生率为72.56%，贫困程度较低的狮东村贫困发生率也有

---

[*] 袁丽红，广西职业师范学院，研究员。

40.5%。截至2018年年底，6个土瑶村尚有未脱贫户800户4502人，贫困发生率降为44.51%。

二、扶贫措施及成效

（一）基础设施建设

土瑶聚居区山高林密，地势险要，交通、通信、水利、电力等基础设施落后，医疗卫生、教育、文化等基本公共服务条件差。针对群众出行难、用电难、饮水难等制约发展的实际问题，相关部门统筹整合各类资金，逐步改善道路、饮水、电网等基础设施，有效提升了土瑶地区经济发展的硬件条件，为贫困群众脱贫奠定基础。

道路建设取得明显成效。交通不便是制约土瑶地区经济社会发展的首要因素。交通基础设施的严重滞后，导致信息闭塞，电力、通信、文化、教育等设施建设严重不足，大大制约了土瑶地区的经济发展和教育水平的提高。直到20世纪90年代，6个土瑶聚居村都只有"羊肠小道"与外界相通，外出只能靠双腿走路。土瑶群众到沙田街或鹅塘街赶集，近的要走三四个小时的山路，远的要走七八个小时。俗话说："要想富，先修路；路不通，人受穷。"2000年，各村群众投工投劳，陆续修通了山区简易路，可以通行摩托车和小型农用车。摩托车逐渐进入土瑶家庭，成为重要的交通工具。2010年后，各村陆续实施道路硬化和拓宽工程。至2017年，政府共投入资金9450万元，修建了可通汽车的村屯道路127条490多千米，独立桥梁26座。2018年，政府投入资金5700万元，实施通村道路建设39条142千米，并修建公路生命安全防护工程、错车道等。其中，狮东村新建砂石路4条18千米，投资222万元；新建硬化路6条8.5千米，投资298.18万元；新建错车道1个，投资约18.75万元；新建生命防护工程1个，投资约145.4万元。2018年年底，通往6个行政村村委所在地的道路已全部硬化，全村20户以上的自然村屯主干道大部分已修通硬化水泥道路。

实行水利设施建设，解决人畜饮水问题。"十二五"以来至2017年，土瑶聚居村新建人畜饮水工程41处。2018年，实施农村安全饮水工程建设项目11个，包括槽碓村农村饮水安全巩固提升工程；新建取水坝7座，20m^3水池7座，输配水、入户管总长60.78千米。明梅村龙船片弯路底、松跟及梅花尾农村饮水安全巩固提升工程，新建取水坝3座，20m^{3}水池3座，输配水、入户管总长18.22千米。

实施农村电网改造和通信设施建设工程，解决土瑶聚居村供电和网络建设问题。2018年完成了沙田镇狮东村、新民村、金竹村，鹅塘镇大明村、槽碓村5个土瑶村电网改造工作。至此，6个土瑶聚居村均完成了农村电网改造。2018年年底，各土瑶聚居村基本上已通手机信号，明梅村、大明村、金竹村和新民村村委已通网络。

村级公共服务设施建设取得一定进展。目前各村均建有村委办公楼和村卫生室；沙田镇狮东村、新民村、金竹村和鹅塘镇槽碓村各建有一个幸福院；明梅村、新民村建有村级公共文化中心。

（二）产业扶贫

在产业扶持方面，按照"人均一亩茶、户均两亩姜、村均万亩杉"的发展目标，加大产业扶持力度，拟定了大肉姜、茶叶、杉树、油茶、竹编及养殖等一系列产业扶持方案。对新种茶叶每亩补助1800元，大肉姜每亩补助1500元，杉树每亩补助500元；新种油茶每亩补助1000元，油茶低改每亩补助800元，中药材每亩补助600元，这些措施有力调动了土瑶地区贫困群众通过发展产业实现稳定脱贫的积极性和主动性。近年来，政府共扶持土瑶地区发展速生松杉林30000多亩，优质茶叶5000多亩，高产油茶林2000多亩，八角、水果等经济作物2000多亩，部分村屯茶叶、油茶已逐步进入采摘期，土瑶群众稳定收入正在逐步增加。在精准帮扶方面，至2018年，6个土瑶聚居村发展贫困户新种植茶叶1251亩，种植大肉姜2645亩，新种植杉树4648亩，新种油茶555亩，完成油茶低改1100亩，种植冬笋（茭白）415亩，养殖肉猪1330头，养蜂100箱。

以"公司+基地+工厂+农户"的模式，在沙田镇3个土瑶村必经的狮南村，建立瑶乡黑茶加工生产基地（扶贫车间），通过聘请土瑶群众从事茶园护理、采摘加工、茶叶销售和茶叶采购等工作，让土瑶贫困户全面参与到生产链条的各个环节。开展"生产托管"新型合作模式，实施"寄茶于民"，即委托贫困户养护黑茶。天洲茶业公司与适合养茶的村民住户合作，每年每件茶的养护费为30元，一户可以养护500件以上。2018年年底，基地已在狮东村大冲屯发展12户贫困户参与黑茶养护，委托贫困户养护黑茶

3065件6000多斤，平均每户贫困户每年养护茶叶总收入达7000多元。

加大村集体经济发展力度，大力开展"订单帮扶"，与德欣农业、潇贺古道、正丰农业等公司合作，发展黑木耳、茶叶、竹编、瑶绣等特色产业，实现市场主体与贫困村建立长期稳定的产销关系。2018年，6个土瑶村1200多亩村集体经济茶园已全部完成炼山整地，新种植茶叶459亩。狮东村利用村集体产业扶持资金，发展种植富硒黑木耳8亩，分别在大冷水片种植2亩，大冲片种植6亩，受益贫困户20户，平均每户增收3000元。6个土瑶村集体入股标准厂房建设资金100万~150万元不等，每年为各土瑶村集体增收5万元以上。其中，平桂区与贺州市委组织部各投入50万元补助鹅塘镇大明村发展茶厂，并将其作为2018年市村级集体经济建设示范点。

加大"扶贫车间"建设力度，落实每个土瑶村15万元作为"扶贫车间"建设经费，建成投产竹编、瑶绣等"扶贫车间"7家，吸纳650多名土瑶贫困群众就业。其中，在狮东村大冲片建设了狮东村大冲竹艺编织扶贫车间，与天洲茶业合作编织黑茶包装的竹篓，每只材料和人工费共9元，一般一天可以编织10~15只，收入约90元。2018年，狮东村共有82户贫困户参与竹篓编织，每户增收约1200元。金竹村有4个自然屯的近30名瑶族妇女参加了瑶绣扶贫车间生产，按照目前的协议价，每名瑶族妇女每天可以刺绣手帕5~10张，每天收入60~80元，截至2018年10月，已交货2批，共350件产品。

（三）异地搬迁与危旧房改造

由于土瑶聚居村位置偏远，交通不便，资源匮乏，因此，政府对那些没有发展空间、不适宜居住的村屯实施异地搬迁。异地搬迁有两种情况，一种是搬到平桂老乡家园，对搬迁到移民小区的贫困户，每户至少安排一人就业，解决他们的生计问题。至2019年年初，已搬迁185户1161人，其中分散搬迁129户820人，整屯搬迁7个自然村屯56户341人。同时，依托广西碳酸钙千亿元产业示范基地、平桂扶贫移民创业园等产业基地，集中安排就业742人。另一种是就近搬迁，即在距离原来村子不是很远的条件较好的地方集中建房安置。2013年，政府投入资金370万元对居住自然条件恶劣、居住十分分散的沙田镇狮东村91户517人土瑶群众在狮东村大冲寨进行了易地扶贫搬迁集中安置。

同时，积极做好6个土瑶聚居村危房户、无房户的农村危房改造和新建住房工作。2013—2017年，平桂区共投入资金2250万元，以每户5万元的补助标准为450户土瑶特困群众进行了特困户危旧房改造，全面消灭了茅草房。2018年又完成了53户农村危房改造。

（四）技能培训与转移就业

为了提高土瑶群众的生计能力，贺州市制定出台了《贺州市平桂区贫困家庭劳动力技能培训及转移就业工作实施方案（2018—2020）》。对土瑶贫困劳动力参加技能培训的，除享受交通费和误工费补助外，还根据培训工种每人给予额外奖励200~500元。天洲茶业公司派技术员到沙田镇专门教授竹篾编织制作技术，狮南、狮东、金竹、新民等村贫困户和群众共有80多人参加培训，沙田镇还组织开展了油茶低改丰产技术培训，由自治区科技特派员专门授课讲解，共培训狮东、金竹、新民三个村贫困户和群众89人。此外，平桂区还组织开展了瑶族刺绣、灯饰加工等系列实用技能培训。

6个土瑶村共有农村劳动力5537人，其中建档立卡贫困劳动力3111人。为了解决土瑶群众的就业问题，2018年，平桂区政府相关部门举办现场招聘会2场，提供就业岗位3500多个，实现转移就业2338人，其中在市内就业1440人。

（五）教育扶智

6个土瑶聚居村均设有寄宿小学和教学点，开设学前班至三年级的课程，四年级以后到镇上的学校就读。在沙田镇和鹅塘镇的中心小学，开设有四至六年级寄宿制瑶族班，镇中学开设有七至九年级的寄宿制民族班，土瑶的孩子在镇中心小学民族班读完六年级后，全部安排到镇中学就读，直到初中毕业。从2018年开始，在平桂城区建设一所36个教学班办学规模的九年一贯制的全寄宿制民族学校——贺州市民族学校，学校于2020年建成，2020年秋季开始招生办学。2018年9月3日，平桂区文华学校开班办学，土瑶聚居区464名土瑶学生顺利到平桂区文华学校过渡就读，为下一步土瑶学生全部就读民族学校打下了基础。

政府继续加大对土瑶地区的教育投入，相关部门先后投入各类资金1400万元为6个土瑶村新建了教学楼、学生宿舍、学生食堂、教师周转房等项目24个；6个土瑶村学校教学点实现数字教育资源全覆盖；继续加大对土瑶学生的资助力度，初中寄宿生每人每年补助1250元，小学寄宿生每人每年补助1000元。对在城区文华学校就读的土瑶学生每人每年补助300元的交通费。2016—2018年共发放补助金231万元，资助土瑶学生2100人次。

为了解决土瑶地区教师缺乏问题，除了为土瑶村学校招聘教师，定向培养大学毕业生，还选派优秀教师到土瑶村支教。近年来，共选派7名年富力强的优秀教师到6个土瑶村支教，招录15名土瑶村定向培养教师。2018年，有定向培养大学生11人回到土瑶地区任教。对在土瑶村任教的老师，除了给予每人每月400元的乡村教师生活补助及300元的乡镇补贴外，每人每年再补贴1万元，有力地稳定和充实了土瑶地区师资队伍。

2007—2017年，鹅塘、沙田两镇寄宿制瑶族班共培养小学毕业生1859人，初中毕业生1206人，考上高中的学生95人，考上大学的学生41人。

（六）医疗扶贫

针对土瑶地区看病难问题，当地政府着力构建"以乡镇卫生院为枢纽，村卫生室为基础，坐诊巡诊为补充"的镇、村、屯三级医疗卫生服务网络，加强对6个"土瑶"聚居深度贫困村医疗卫生事业发展的扶持力度。同时，在各行政村村委所在地建设村级卫生室，或对原有卫生室进行修缮和扩建。2018年年底，除了在6个村委所在地建有卫生室，还有一些自然村也建有卫生室。针对土瑶村医务人员缺乏问题，从平桂城区、乡镇医疗卫生机构每年选派12名年富力强的优秀医务工作者到6个土瑶村进行坐诊；每季度组织一次医疗卫生服务队到6个土瑶村开展巡诊工作；加大医务人员的定向培养支持力度，与贺州市职业学院桂东卫校合作定向培养医务人员。此外，对贫困户参加新农合给予补助，确保所有贫困家庭的成员均参加新农合。

三、存在问题和困难

经过三年的脱贫攻坚，土瑶聚居地区的基础设施、产业发展、住房条件等各方面有所改善，但离"八有一超""十一有一低于"脱贫摘帽标准还有相当大的距离，出行难、上学难、就医难、发展难依然是土瑶脱贫攻坚的关键问题。

（一）贫困人口多，贫困程度深，脱贫难度大，返贫风险高

土瑶聚居区是典型的深度贫困地区，贫困人口多，贫困程度深。截至2018年年底，6个土瑶村尚有未脱贫户800户4502人，贫困发生率仍高达44.51%。6个土瑶村中贫困发生率最低的沙田镇狮东村该项指标也高达40.42%，而大明村和槽碓村的情况更为严重，贫困人口分别占该村总人数的72.56%和53.93%，脱贫攻坚任务十分艰巨。

土瑶聚居区的6个村农民人均纯收入非常低，除鹅塘镇明梅村的人均纯收入达到4021元外，其余5个村均低于2700元，与平桂区贫困村农民人均纯收入5210元的差距非常大。6个村中享受农村最低生活补助的有3587人，享受民政部门五保救助的有39人，占土瑶地区建档立卡贫困人口总数的50.66%。这些贫困人口主要靠政府补助，缺乏稳定的收入来源，返贫风险高。其他贫困户中的大多数受教育水平低，没有生产技能，发展能力不足，又缺少发展平台，要靠自我发展实现脱贫十分困难。

（二）基础设施建设滞后，互连互通差

土瑶地区地处偏远，自然条件恶劣，交通、通信、水、电等基础设施建设滞后。通往6个土瑶行政村村委所在地的道路虽然已全部硬化，但路险弯多狭窄，缺少会车点，会车困难，且通往自然村的道路仍有112千米未实现拓宽和硬化，有些自然屯仍无法通车。各村屯间互连互通差，即使是相邻的屯，从一个屯到另一个屯也要花费很长时间。由于道路状况差，6个行政村没有一个村通班车，群众出行极为不便。

土瑶聚居区98%以上农户解决了饮水问题，但绝大部分群众是自己引用山泉水，管道线路长，维护难度大，供水量和饮水安全问题难以保障。98%以上农户实现了通电，但仍有82户贫困户尚未通电，20户以上不通电的自然村屯仍有1个。虽然各行政村实现手机信号基本覆盖，但未能覆盖全部地方，而且大部分片区信号较弱。

（三）缺乏产业支撑，发展后劲不足

土瑶聚居区土地资源缺乏，虽然自实施脱贫攻坚工作以来，相关部门在土瑶地区开展产业扶持、推广经济作物种植等取得了一定的成效，但群

众的主要经济来源仍然依靠林业种植和就近打工。虽然种植有杉树、茶叶、竹子、八角等，但由于农民分散种植，经营粗放，没有形成规模，加上该地区山高路陡、土地贫瘠，部分产业产值低、周期长，销售渠道狭窄，产业发展后劲不足。例如，沙田镇金竹村从 2013 年开始种植茶叶 500 多亩，其中形成规模的集体茶园有 200 多亩，但由于没有形成制茶、售茶完善的产业链，也还未打响茶叶品牌，茶叶销售价格较低，对农民增收的拉动力还不是很大。正在建设的"扶贫车间"也只能解决一小部分贫困群众的生计问题，无法带动大批群众脱贫致富。

（四）住房条件差，异地移民搬迁困难重重

6 个土瑶贫困村中，尚有 4 个行政村未达到 95% 以上有稳固住房；尚有 178 户贫困户的住房为危房，其中有部分村民仍居住在木板房里，占总贫困户数的 14.1%；另有 18 户贫困户为无房户，占总贫困户数的 1.4%。此外，土瑶居住区异常偏僻，山高地险，建房成本高，且易发地质灾害，安全隐患大。

在易地扶贫搬迁方面，就近搬迁的进展比较顺利，而搬到平桂区政府所在地的老乡家园移民小区的，则遇到了不少困难。由于政策规定移民搬迁后必须拆除旧房，很多群众不愿意拆除旧房，因而不愿意搬迁，有些签了协议后来又反悔，导致移民搬迁很难推进。大部分群众之所以不愿意异地搬迁，主要有如下两个方面的原因。

一是不愿意拆除旧房。对很多土瑶群众来说，建一间房可能是一辈子的事，辛辛苦苦攒下钱建了一间房却要被拆除，心中自然不愿意。

二是大部分贫困户文化水平较低，缺乏生产技能，对搬迁后的就业和生活适应等顾虑重重。虽然政府承诺对搬迁到移民小区的贫困户每户至少安排一人就业，但村民还是有顾虑。因为居住在城区，生活成本比原来居住在村里要高出很多，如果只有一个人就业，根本无法解决一家人的生计问题，加上家中有老人，语言不通，生活不习惯，无法适应城市的生活，遂产生抵触情绪。

（五）教学整体条件差，教育水平低

师资配备方面，每个土瑶行政村小学均存在教师严重匮乏、教师老龄化严重等问题。以沙田镇狮东村小学为例，其总共有 9 名教师，其中 5 名

是公办教师，4名是代课教师。5名公办教师中只有2名是本村的瑶族教师，其他3名是外地的汉族教师；4名代课教师全部是本村人，只有初中文化水平。9名教师中有3名在各教学点任教。除了教学，还要管理学生的日常生活，教学任务繁重。

基础设施方面，土瑶行政村小学的基础设施落后，教学质量滞后。6个土瑶行政村村小学普遍存在教室不足、住宿条件差、运动场所不足等问题，但受地理条件影响，6个村的小学均无扩建条件。

学前教育方面，目前土瑶聚居村还没有幼儿园。由于土瑶居住分散，很难集中办幼儿园，要上幼儿园的孩子只能送到乡镇的幼儿园入园。很多家庭为了孩子上幼儿园，只能在学校周边租房陪读，教育成本高。

营养改善方面，国家于2011年启动实施农村义务教育学生营养改善计划，但深度贫困的土瑶聚居区仍面临有孩子吃不上营养午餐的情况。由于村屯之间距离遥远，6个村小学在偏远片区设立教学点，小学和教学点有些采取寄宿制，有些则实行走读。实行寄宿制的学校，寄宿的学生每学期有500元的寄宿生补助，非寄宿制教学点没有午餐，离家近的孩子可回家吃午饭，而家里距离学校较远的学生只能早上从家里带点吃的东西到学校当午餐，或在学校周边的小商店买点零食吃，有些孩子中午什么都不吃。在狮东村小学，每个学生每个学期只有寄宿生补助的500元可用于伙食费，相当于每天的伙食费只有5元左右。由于伙食费太少，每周只有两三餐饭能吃到肉，多数时候都是米饭加一个素菜，对于正在长身体的孩子来说，营养明显不够。

此外，还存在少数学生辍学的情况。有些家长不重视孩子的教育问题，加上教学点的教学质量较差，一些学生到中心学校就读或上初中以后，学习成绩跟不上，随之产生厌学情绪。

（六）群众就医难

土瑶村所在乡镇医疗标准化建设水平低，卫生人才队伍单薄，技术水平整体不高，"就医难，看病难"问题突出。6个土瑶村中有3个村的村级卫生室面积未达到四室一房80平方米建设要求。鹅塘镇明梅村、槽碓两个村各有1名在岗村医，其余4个村均没有医生。村级卫生室医疗常用设备不完善，尚未达到"小病不出村"的目标要求。

四、对策建议

（一）加大基础设施建设力度，改善水电路网及通信、文化等设施

一是改善交通状况。"要想富，先修路"。对于土瑶聚居区来说，道路状况差是制约其发展的重要因素。对未通水泥路的村屯应该尽快修通水泥路，已通水泥路但路面太窄的应扩宽路面，暂时无法进行整条路面扩宽的应该增加会车点。从镇政府所在地通往村委的公路起码应达到较高标准的四级路面硬化水平，可通行小型客运班车，在条件成熟后开通客运班线，以方便群众出行。

二是实施饮水净化工程，提升饮水安全保障水平，解决群众安全饮水问题。实施集中供水工程，修建蓄水池，铺设管道，安装入户自来水；实施抗旱应急备用水源、乡镇供水备用水源工程建设，解决冬季旱季缺水问题。

三是加快农田水利设施建设，解决农田灌溉问题。实施水利上山工程，推广高效节水灌溉，加快建设引水渠道、泵站、滴灌、喷灌等现代化水利设施，同时加强河道治理和水土流失治理，提升抗洪抗涝能力。

四是加快通信基站建设和光纤宽带网络建设，确保每个居住点都有电信、联通、移动信号，让土瑶群众在家能打得通手机，上得了网络。

五是建设文化体育设施，确保每个村有公共文化活动中心，配置图书室、活动室、电教室、舞台等，建设球场等体育活动场所，配置体育器材、健身器械等。

（二）在实行异地移民搬迁过程中要因地制宜，对搬迁户必须拆除旧房的政策可适度调整

土瑶聚居村全部分布在山区，住房占用耕地的情况很少，因此，在实行移民搬迁工作中可不再要求一定拆除旧房。如果不要求搬迁户一定拆除旧房，异地搬迁工作将会更容易推进。其实，拆除旧房进行复垦的政策并不适合山区，因为即使将旧房拆除了，也无法进行复垦；旧房保留下来，村民可用于存放劳动工具或其他物品，也可用于别的用途。例如，狮东村大冲屯有很多具有民族特色的木板房，可以作为特色民居进行旅游开发。

此外，对搬迁户可进行就业培训，为搬迁户提供就业岗位，确保搬迁户搬迁后能实现就业，解决生计问题。

（三）加大教育投入，改善教学条件，提高土瑶学生的受教育水平

第一，要加大学校的基础设施建设力度。学校教学楼、运动场、学生宿舍、食堂等不达标的，要进行改扩建，在校内或学校附近建设教职工宿舍楼，同时要及时完善和更新教学设备。

第二，增加教师编制。山区的教学点多，学生人数少，因此，不能按师生比的标准配备教师，寄宿制学校还应增加生活教师，以加强对住宿学生的管理。有针对性地对教师进行继续教育培训，让每位教师均有外出学习的机会。

第三，提高土瑶学生的受教育程度，在办好九年义务教育基础上逐步普及高中阶段教育。

第四，建议将平桂区列入农村义务教育学生营养改善计划试点县，让土瑶学生吃上免费的营养午餐。

第五，在村小学附设幼儿园，招聘幼儿教师，方便幼儿就近入园。

第六，加强技能培训，提高土瑶群众的生产技能和就业技能。

（四）提高待遇，培养、吸引并留住人才

要解决土瑶地区缺教师、缺医生的问题，首先要提高在土瑶地区工作的教师、村医的待遇。除在提高薪资方面给予专项补贴、提高绩效奖金外，同时要解决他们的住房问题。村小学教师的住宿条件差，教师大多不愿在学校住，应在校内或学校附近建设教职工宿舍楼。对愿意到土瑶聚居村的学校任教并居住的教师，可以一次性给予一定的安家费。对愿意到土瑶聚居村驻村工作的外地医生，也可以参照同样的办法。其次，实施土瑶人才定向培养计划。对有意向参加培养计划的土瑶学生，给予专项资助经费，并签订毕业后回到土瑶聚居村工作的相关协议。

（五）加强民族文化保护与传承，打造土瑶风情旅游景区

土瑶居住区具有独特的民俗风情，土瑶服饰、瑶族民居、瑶族长鼓舞、长桌宴、敬酒歌等独具特色，加上环境好，空气清新，是休闲养生的好去处，具有旅游开发的价值。对土瑶聚居区进行旅游开发一定要整合所有的

资源进行统一规划，避免重复建设。在旅游规划中要突出民族特色，可以建设土瑶生态博物馆和土瑶风情展示区，包括茶叶生产和加工、竹艺编织、瑶族刺绣、瑶族服饰制作工艺展示，以及瑶族歌舞表演、瑶族特色饮食、特色民宿等，结合自然风光，打造体验式瑶族风情和休闲养生旅游线路。

民族文化保护与传承是民族旅游开发的基础，因此，要大力培养民族文化传承人。继续推进民族文化进校园，使孩子们从小就受到民族传统文化的熏陶，培养对民族传统文化的兴趣；对成年人举办民族文化培训班，对办培训班给予经费支持，从参加培训的人员中选择真正有志于传承民族传统文化的人作为重点培养对象。设立传统文化传承发展专项基金，对民族传统文化进行深入挖掘整理，同时把民族文化与商品相结合，研发具有民族特色的文化产品和工艺品。

广西布努瑶地区脱贫攻坚调研报告

奉 媛[*]

布努瑶是瑶族的支系之一,人口仅次于盘瑶,是瑶族的第二大支系。在广西,布努瑶主要分布在红水河中段,大致为都安、大化和巴马瑶族自治县及金城江、宜州、东兰、凤山、天峨、忻城、上林、马山、宾阳、右江区、平果和德保等22个县。[①]本报告主要探讨都安、大化这两个全国扶贫开发重点县、全国深度贫困县、广西极度贫困县布努瑶扶贫攻坚的情况,兼论其他地方布努瑶扶贫攻坚情况。

一、布努瑶基本情况

(一)社会经济基本情况

2018年,都安石山面积占89%,总人口72.6万人,其中,瑶族人口16.67万人,占全县总人口的23%,10个镇9个乡中均有瑶族分布。全县地区生产总值56.5亿元,比上年增长12.1%;固定资产投资增长3.2%;财政收入5.38亿元,增长10%;规模以上工业总产值增长16.1%;社会消费品零售总额26.88亿元,增长9.7%;全体居民人均可支配收入13930元,增长9.6%,其中城镇居民人均可支配收入23812元,增长7.1%,农村居民人均可支配收入8105元,增长12%。大化石山面积占90.1%,总人口46.83万人,其中瑶族人口9.56万人,占全县总人口的20.41%,12个乡4个镇中均有瑶族分布。大化县2018年地区生产总值61.8亿元,比上年增长7.5%;规模以上工业总产值22.7亿元,增长9.4%;规模以上工业增加值19.9亿元,增长9.2%;固定资产投资31.66亿元,增长35.6%;社会消费品零售

---

[*] 奉媛,广西民族研究中心民族发展研究部副主任。
[①] 奉恒高.瑶族通史[M].北京:民族出版社,2007.

总额 20.7 亿元，增长 10.7%；城镇居民人均可支配收入 23792 元，增长 8.1%，农村居民人均可支配收入 8265 元，增长 11.3%；财政收入 6.9 亿元，增长 9.7%。❶

与广西其他 4 个瑶族自治县相比，从 2018 年城镇居民人均可支配收入和农村居民人均可支配收入来看，同是布努瑶聚集的巴马瑶族自治县该年城镇居民人均可支配收入为 26102 元，农村居民人均可支配收入为 8225 元；平地瑶聚集的恭城、富川 2018 年城镇居民人均可支配收入分别为 32415 元、29050 元，农村居民人均可支配收入为 12985 元、11077 元；盘瑶聚集的金秀 2018 年城镇居民人均可支配收入 33339 元，农村居民人均可支配收入 10254 元。大化、都安分别排第五、第六位。2019 年 4 月，经广西壮族自治区政府批复同意富川、金秀瑶族自治县（国家扶贫开发工作重点县）脱贫摘帽，广西瑶族自治县中只剩都安、大化和巴马未脱贫摘帽。❷

（二）贫困概况

都安、大化两自治县集"老、少、山、穷、库"于一体，是典型的贫中之贫、困中之困。都安、大化的布努瑶主要集中在三只羊、东庙、菁盛、下坳、拉烈、七百弄、板升、江南和雅龙等乡镇。这些乡镇多处在林立的石山之中，经济发展明显落后于其他的乡镇。石山之间形成的面积比较大的圆形或椭圆形封闭洼地就是居住生活的地方，俗称"峒场"或者"峝场"。这些地方水资源缺乏，人均耕地面积不足 0.7 亩，局部地区在 0.3 亩以下，人与耕地的矛盾突出。布努瑶收入主要依靠外出务工和传统种养，农作物以种植玉米为主，兼种黄豆、火麻等。畜牧业以养牛、羊、猪、鸡为主，乡域经济发展滞后，增收途径不多、质量不高。

都安和大化是广西 4 个极度贫困县中的两个，而且地域相连。由于石漠化严重，联合国粮食及农业组织官员曾经在考察后认为，大化县七百弄一带"是世界上除了沙漠以外最不适合人类居住的地方"。都安县是广西贫困人口和易地扶贫搬迁人口最多、贫困面最广、贫困程度最深、脱贫任务

---

❶ 数据来自都安、大化、巴马、恭城、富川、金秀 6 个瑶族自治县 2018 年政府工作报告。

❷ 根据都安、大化、巴马、富川、恭城、金秀 6 个瑶族自治县 2019 年政府工作报告整理。

最重、脱贫成本最高的县份。2015年年底，都安县有建档立卡贫困户13.84万人、贫困村147个，其中深度贫困村106个，需要易地扶贫搬迁4.42万人。具体来说，2015年都安县有20户以上未通公路的自然屯384个，19户以下不通公路的自然屯1884个，总里程达5200千米，不通路、行路难的人口达2.52万户11万人；需解决饮水安全巩固提升的群众达21.74万人，占全县总人口的30.64%；近3万户农村群众居住在高山、深山、石山区，且这些群众住房多为不牢固的泥瓦房或土木结构的房屋；困难家庭学生多处于边远农村山区，资助学生工作难度大。2015年年底，大化县有建档立卡贫困人口10.44万人，贫困发生率高达25.63%。

二、布努瑶贫困的特点

（一）基础设施欠账多

布努瑶的贫困人口地处偏远山区，人口居住分散，水、电、路、通信、信息等基础设施建设成本高，很多地方是广西自然条件恶劣、不适宜人类居住的地区。三只羊是都安布努瑶分布最为集中的乡镇，2018年全乡瑶族人口13728人，占全乡总人口的70%。上远村位于三只羊乡境内西北部，村民以瑶族为主，是典型少数民族聚居村，贫困发生率约41%。从水、电、路的基础条件来看，覆盖面较大，但质量较差。饮水安全问题仍为全村生活中的最大困难，全村12个自然屯中有部分屯人畜饮水问题依然严峻。农网整改后用电安全得到了明显改善，但不稳定，刮风下雨时电力无法保障。交通条件比较差，屯与屯之间相隔较远，道路不畅，从村部到上林片的公路未贯通，上林一队、上林二队、上林三队等到村部步行需3~4个小时，驾车需绕道板岭乡才能到达。龙门屯、六均屯至今未通屯级公路，英屯、古列、上林一队、上林二队、上林三队、上林四队、花岗、常流、龙岗、龙旧、加帮等屯道路尚未硬化，全长25千米左右。基础设施的边际成本投入高，而这又进一步制约了社会的发展。

（二）深度贫困村脱贫摘帽难

经过三十多年的开发式扶贫，布努瑶中绝对贫困现象已不复存在，现在依旧贫困的是没有多少资源可以开发的真正贫困的地区，贫困发生率高、贫困程度深、脱贫难度大。都安三只羊上远村这个典型的大石山区贫困村除了部分"望天田"外,其余都是"碗一块、瓢一块"的山窝石缝地,土层瘦薄、基岩裸露,广种薄收,牲畜养殖多以家庭散养为主,加上运输成本过高,农产品市场竞争力低,既没有资源优势,也没有商品优势。全村劳力789人,约70%的主要劳力外出务工。这说明一方面靠传统种养增收难度大,另一方面农业劳动力结构性短缺导致发展乏力。

(三)易地安置后续发展难

大化县板升乡弄立村戈英屯是一个纯布努瑶村寨,由戈卡、戈英、弄莫、弄法坳4个弄场组成,共有28户130人,其中超过一半是建档立卡贫困户。大化县曾多次动员戈英村的村民整体搬迁到县城安置区或者中马钦州产业园,还安排了村民代表到这两个地方进行实地观摩。但是,拎包入住、安排就业、子女就近入学等优惠政策仍未打动大多数村民,整屯搬迁意愿不到50%。究其原因,还是担心后续发展难。戈英屯村民蓝玉荣曾说:"去县城,小孩一出门就用钱,没那么多钱来花,县城买菜也是钱,一天三十块钱一个人的生活费,那么多,付不了。"村民蒙秀美则担心:"怕搬出去到时候这边的房子拆了。"❶这些都是易地安置推进难的原因。

(四)生态增效和农民增收协调难

布努瑶聚集的大石山区,连绵着裸露、半裸露石山,人口稠密,居民长期以务农种植为生,产业结构单一。摆脱贫困,就要在有限的土地上实现更多的产出,种养更多的东西,建更多的基础设施,但这对越来越贫瘠的耕地和越来越薄的土层来说是不可能实现的。如何在扶贫攻坚的过程中实现人口、资源、环境的可持续发展,是摆在扶贫面前的重要问题。

三、布努瑶贫困的原因

(一)恶劣自然条件下乡村经济停滞不前

布努瑶地区以种植玉米为主,间种、套种黄豆、红薯等杂粮。过去,这种种植结构与大石山区的环境承载能力相契合,农业要素与环境在实践之中形成了最佳的配置。由于文化的惯性,布努瑶地区传统的种植结构延

---

❶ 探访板升"藤梯村"居民"拒绝"政府搬迁的真实理由 [EB/OL].(2019-02-02)[2019-06-15]. http://www.gxdh.gov.cn/xxgk/rdhy/20190202-1522829.shtml.

续至今，但随着农业的市场化和商品化，这种种植结构已无法与时代相适应，传统的种植结构只能维持基本的生存，无法实现更多的产出，增加劳动者的收入，提高生活水平。对于曾经的大石山区来说，传统乡村经济是一种效率经济，但现在这种传统乡村经济模式已经无法适应时代的发展需求。

（二）不合理的消费理念

布努瑶聚集村落中受过相对良好教育的青壮年多选择外出务工，外出务工的收入成为这些地区最主要的经济来源。然而，布努瑶青壮年外出打工挣的钱仍然不够家庭开支，加上城市高额的消费让布努瑶进城务工农民产生了"今朝有酒今朝醉"的理念。打工的钱除用于留守在家的妇女、儿童和老人外，剩下的钱几乎全部用于消费性支出，如请村里人喝酒，很少进行积累。这也是造成群众贫困的主要原因。

（三）多子未必多福

大石山区的耕地非常零碎，"东一块、西一块、丢个草帽盖一块"，但凡能种上一根玉米苗的地方，布努瑶村民都不会放过，然后像呵护孩子一样呵护着玉米苗。对于这种传统农业，在技术未能进步的情况下，增加劳动力是保证产量最主要的途径，因此多子对传统农业来说就意味着劳动力多，渴望生男孩仍旧是不少布努瑶家庭的想法。例如，在布努瑶村落，普遍认为一户至少要有两个男孩，只有一个男孩就是"独生家庭"，没有儿子的老人就是"孤寡老人"。但是，孩子过多对家庭造成了沉重的经济负担，对孩子教育的资金投入和时间投入不足，也是贫穷代际传承的重要原因之一。

四、布努瑶脱贫的路径

通过各方面努力，布努瑶扶贫工作取得了巨大的成绩。截至2018年年底，都安县贫困人口数降至5.7万人，43个贫困村摘帽，贫困村数降至77个，贫困发生率由2015年年底的26.6%下降到2018年年底的13.2%。大化县的贫困人口数降至5.8万人，贫困村数降至54个，贫困发生率从2015年年底的25.63%降至2018年年底的14.38%。都安、大化瑶族自治县扶贫攻坚的措施主要有以下六个方面。

(一)扶贫产业"全覆盖"

布努瑶地区扶贫产业发展的第一步,就是让资金变股金,贫困户变股民,使贫困户有稳定的资产收益。都安县按照"企业牵头、政府扶持、农户代养、贷牛还牛、还牛再贷、滚动发展"的模式,创新推进"贷牛(羊)还牛(羊)"项目。这种模式可概括为由政府搭建专门的牛羊产业服务中心,引进企业建设种牛繁育养殖基地,将牛犊"贷"给农户养殖。农户将牛犊养大之后,由企业保价回购,并将牛羊产品转至屠宰加工厂加工处理,然后产品经电商平台等渠道完成销售交易,最终通过冷链仓储物流发往全国各地。其中,牛犊由帮扶干部和保险公司负担承保,贫困户承担的风险为零。❶ 在这种思路下,2018年年底,都安县已建成县级万头牛场3个、羊场1个、养牛合作社197家,建成两个县级"粮改饲"万亩示范基地、18个乡级千亩示范片,总面积近10万亩;全县肉牛从9.27万头发展到近15万头,肉羊从69.42万只发展到近80万只。

第二步,让贫困劳动力成为产业工人,转移他们到企业务工,实现"一人务工,全家脱贫"。2018年,深圳宝安区对口帮扶都安县劳务协作持续推进,先后组织90多家企业提供岗位近1.2万个,全县农村劳动力新增转移就业0.71万人,累计外出务工达17.75万人,实现"户均输转1名劳动力年收入2万元以上"的目标。

第三步,通过产业带动,股权收益,让每个贫困村都有特色产业和稳定收入。都安县引进劳动密集型企业在安置新区建设13个"扶贫车间",吸纳4000个贫困搬迁劳动力入厂务工,就近解决搬迁贫困户就业问题,每人月收入达2000元以上。受扶持的每个行政村都能实现年集体经济收入3万元以上目标。

(二)探索多元的消费扶贫机制

布努瑶地区积极打开销路,打造无公害特色农产品品牌。2016年以来,大化县先后有七百弄鸡、七百弄山羊、大化白玉薯通过国家地理标志保护产品认证。全县"三品一标"农产品已达26个,先后荣获"中国绿色食材

---

❶ 不掏一分钱,贷回一头牛[N].农民日报,2018-08-09.

基地""全国生态食材示范基地"称号。优良的品质、品牌，为扶贫产品消费和产业发展奠定了良好基础。2018年年底，大化县特色产业覆盖贫困户1.6万户，兑现扶贫产业发展奖补资金6443.13万元。板升乡（布努瑶人口占比超40%）白玉薯过去用来喂猪，现在依托国家农产品地理标志保护认证品牌，卖到一斤四五元。2018年，全乡销售白玉薯42.3万千克，收入126.9万元；销售白玉薯粉5100千克，收入20.4万元。全乡种植白玉薯的408个贫困户，户均增收0.35万元。

鼓励引导帮扶单位、城乡学校购买扶贫农产品。大化县干部职工每人购买七百弄鸡5~10只，共消费七百弄鸡6万多只。北投集团职工认购帮扶村黑香猪等扶贫农产品19.36万元，帮助推销扶贫农产品约20.4万元。大唐岩滩公司、大化总厂职工食堂采购旱藕粉丝、食用菌、红皮花生等农产品516万元。大唐广西分公司购买农产品共计约11.4万元，联系爱心企业帮助大化销售农产品9.4万元。七百弄实验学校及县城区学校每天消费七百弄鸡达600余只。2019年1月，都安县与中国矿业大学（北京）签订定向采购扶贫农产品合作意向协议，与嘉豪公司签订采购扶贫产业牛肉合同，计划以直接采购和帮助推销方式，逐年分次采购嘉豪公司所产优质牛肉3000吨，通过都安西南冷链仓储物流中心运营配送模式，实现"牛在都安养，肉在全国卖"，年输送牛羊肉266万吨，年产值近30亿元。

推进电商进农村。2018年，大化县电商城入驻企业与大化板升、雅龙乡、都阳、六也等8个乡镇签约订购扶贫产品，并收购黑豆3.22万千克，甜玉米3900千克，收购金额200多万元，惠及946户贫困户。

加强宣传推介展销力度。都安县组织参加东盟博览会、广西农产品交易博览会、广东深圳农产品交易会等特色农产品产销对接活动，以及"万企帮万村"消费扶贫展销活动等，集中展示、推介都安特色产品，力推都安野生山葡萄酒、旱藕粉、黄金砂糖、编织手工艺品等，社会消费品零售总额26.88亿元。此外，由北京矿业大学定点帮扶单位联合倡议，开展"瑶山优质牛肉""黑山羊优质羊肉""都安粽子""麻叶馍""都安小杂粮""都安山货"进京城活动。大化县则在在南宁金桥农产品批发市场等地开设大化生态农产品销售店，以此开辟市场。

（三）易地搬迁

2018年，大化县累计搬迁入住1285户5839人（其中建档立卡贫困对象1282户5827人）。通过在县城区打造"一园两城三区"（即农民工创业园、电子商务城、美食城、特色旅游开发区、现代农业示范区、城南综合工业园区），承接搬迁户转移就业创业；在乡镇探索"安置区+"模式，将移民搬迁与旅游、现代农业、城镇化建设等相结合，通过打造扶贫车间项目、建立桑蚕种养基地、加入合作社分红等多种渠道保障移民就业和生产发展，实现搬迁群众在家门口就业，确保每户有1人以上就业。2019年，都安县异地搬迁更是达到1万户4万多人。

（四）基础设施改善

2018年，大化县实施20户以上自然屯通屯道路建设512条950千米，建成农村饮水安全巩固提升工程143处、家庭水柜1485个，受益人口7.8万人。都安县完成152处饮水安全巩固提升工程项目；农村电网改造升级工程一期工程已完成建设任务，二期工程正在按计划推进中；完成新建、改扩建、维修砂石路318条349.02千米及新建隧道4个0.33千米；安排给四类重点对象（建档立卡贫困户、残疾贫困户、低保户、分散供养五保户）危房改造5993户，已开工3446户，竣工2037户；248个行政村实现公共文化服务中心全覆盖，村卫生室规范化建设完成率达100%。

（五）落实扶贫保障政策

以都安县三只羊乡为例。2017年，在可力村新建三只羊乡中心幼儿园，在丁洞小学、花周小学、西隆小学、三只羊中学4所中小学新建教学楼，全乡各中小学教育硬件和软件均得到明显改善；大力推行新型农村合作医疗，参合率达98%以上；实现村级卫生室全覆盖；发放农村最低生活保障895万元，惠及2270户9365人，其中贫困户2105户8699人；完成了上年、龙英等12个村的村级公共服务中心及农家书屋建设；全乡农村劳动力转移就业新增人数400人以上；农村养老保险参保率逐步提高，达到72.11%。

（六）粤桂和央企帮扶

大化县利用广东省、深圳市财政帮扶资金3280万元资助建档立卡户完成危房改造 1720 户、家庭水柜 185 个，建设 7 个乡镇易地安置点的扶贫车间；举办劳务协作专场招聘会，达成劳务意向 1039 人；推动宝安 5 个街道、6 个社区及教育、医疗机构与大化县 10 个乡镇、10 个贫困村、3 所学校、20 家医疗机构建立结对帮扶关系，社会捐助帮扶 1200 多万元。此外，中国大唐集团公司投入帮扶资金 1000 多万元，援建县民族新城初中（六中），开展大唐同舟"救急难"救助工作，建成家庭水柜 112 个，中央单位定点帮扶成效显著。

按照大化、都安两县扶贫攻坚的"十三五"规划，到 2020 年，两县现行标准下 21.49 万农村贫困人口实现脱贫，266 个贫困村脱贫摘帽，实现"两不愁，三保障"的目标，村村有特色富民产业、有文化设施、有标准卫生室、有便民服务场所、有安全饮水、有新村新貌。然而，扶贫路上还面临着各种挑战，是否能与全国全区全市同步全面建成小康社会，需有关部门照顾到不同地区、不同民族的文化差异，尊重布努瑶文化、顺应地方性知识，使扶贫融入不同的地方文化之中，让布努瑶真正富裕起来。

广西苗族地区脱贫攻坚调研报告

潘文献*

广西苗族主要聚居于融水苗族自治县（以下简称"融水县"）和隆林各族自治县，西林县、三江县侗族自治县、龙胜各族自治县、资源县等都有分布。本报告主要介绍融水苗族自治县的脱贫攻坚情况。

融水县是国家扶贫开发重点县，是国家扶贫工作重点县和广西全区20个深度贫困县之一，2015年全县共有贫困村115个，其中深度贫困村73个，建档立卡贫困人口2.86万户11.64万人。

一、融水脱贫攻坚工作成效和亮点

（一）工作成效

"十三五"以来，融水县全力推进脱贫攻坚"七个一批"❶"十大行动"❷，深入开展专项扶贫、行业扶贫和社会扶贫，每年均完成自治区下达的年度脱贫摘帽任务，顺利通过自治区检查验收，并代表自治区接受国家第三方评估检查和省际交叉检查，均获好评。

融水县2016年完成脱贫摘帽村17个，脱贫人口25793人。2017年脱贫摘帽村15个，脱贫人口18164人，贫困发生率下降为18.81%。2018年，全年实现3.51万农村贫困人口脱贫、13个贫困村出列，贫困发生率降为

---

* 潘文献，广西社会科学院民族研究所，副研究员。

❶ 七个一批：扶持生产发展一批、转移就业扶持一批、移民搬迁安置一批、生态补偿脱贫一批、教育扶智帮助一批、医疗救助解困一批、低保政策兜底一批。由于融水县不是边境县，没有边贸政策扶助一批。

❷ 十大行动：特色产业富民行动、扶贫移民搬迁行动、农村电商扶贫行动、农民工培训创业行动、贫困户产权收益行动、基础设施建设行动、科技文化扶贫行动、金融扶贫行动、社会扶贫行动、农村"三留守"人员和残疾人关爱服务行动。

10.7%。2018年，易地扶贫搬迁3050户1.26万人，农村危房改造1673户，棚户区改造172户。

融水县坚持以脱贫攻坚统领全县工作，与城镇化建设、全域旅游创建和乡村振兴计划深度融合、同步推进，推动县域经济高质量发展。强化脱贫攻坚组织保障，精准选派第一书记和驻村工作队员共550人进驻脱贫攻坚第一线，落实帮扶干部10415人，实现"一帮一联"全覆盖。强力推进村屯基础设施建设，2018年共投入5.11亿元，完成贫困村屯级道路硬化163条450.65千米，建设村际联网路7条60.69千米，建设脱贫摘帽村安全饮水工程140处，实施有线电视网络建设项目48个点，全县1196个20户以上自然村（屯）道路硬化率达94.1%，115个贫困村建档立卡贫困人口有安全饮水、有电用、有宽带网络全覆盖。扎实推进产业扶贫开发，投入产业扶贫资金0.77亿元，参与特色产业发展的贫困户达28450户，特色产业覆盖率达94.43%。有序推进易地扶贫搬迁，完成安置项目建设投资8.27亿元，2016年、2017年实施项目入住率达100%，2018年实施项目入住率达63.3%。发展壮大村级集体经济，整合各类资金9420万元，支持各行政村通过"九个一批"模式，打造培育特色产业、电商物流等一批示范项目，实现所有贫困村集体经济年收入均达3万元以上，非贫困村年收入均达2万元以上。强化各项扶贫政策落实，就业扶持、教育扶智、低保兜底、医疗救助等措施全面落实。积极构建大扶贫格局，定点帮扶、对口帮扶、社会帮扶和企业帮扶成效显著。2018年预脱贫户"八有一超"、预脱贫村"十一有一低于"全部达标，年度脱贫摘帽目标任务全面完成。2018年，广西全区产业扶贫及柳州市易地扶贫搬迁工作现场会在融水县召开，融水经验得到充分肯定和推广。融水县2016年、2017年连续获得"广西科学发展先进县"等称号。

（二）主要做法

1. 加强组织领导，强化责任落实

一是成立扶贫开发领导小组。由县委书记、县长任组长，四家班子分管联系领导任副组长，各单位主要领导为成员。扶贫开发领导小组定期听取和研究推动脱贫攻坚工作。领导小组下设七个专责组，组长为县四家班子分管领导，分别负责推进各重点领域脱贫攻坚。

二是成立脱贫攻坚指挥部。从七大专责组成员单位抽点骨干到集中指挥部办公，进一步强化指挥部统筹协调职能和作用，全面提高工作效率，推动工作落实。

三是明确工作目标任务。制定出台了《融水苗族自治县"十三五"时期精准脱贫攻坚战实施方案》《融水县精准脱贫摘帽实施方案》等40多个文件，健全工作机制，明确目标任务到岗到人，制定路线图，倒排时间表，实行挂图作战、按时销号，确保脱贫攻坚各项工作有序推进。

四是严格督查考核。把脱贫攻坚列为各乡镇、各单位重点考核内容，明确工作目标任务和责任主体，压实责任到人；严格执行督查问责制度，推动脱贫攻坚各项工作落到实处。

2. 突出重点攻坚，强化工作落实

一是加大投入，不断完善贫困村基础设施建设。聚焦精准脱贫目标，加强扶贫项目库建设，为"十三五"期规划准备了2872个入库基础设施项目。通过压实责任、倒排工期、公开公示等措施加快项目建设进度。2016—2017年，共投资4.98亿元，完成屯级道路硬化392条919.47千米，建设屯级砂石路42条136.82千米，建设屯级过水路堤28处866.6千米，续建通村水泥路7条71.026千米及投资11851万元，建设村屯安全饮水、村级文化服务中心等项目323处，农村基础设施条件明显改善。2018年，投入5.11亿元，115个贫困村建档立卡贫困人口有安全饮水、有电用、有宽带网络全覆盖。

二是加强引导，进一步加大贫困村产业扶贫开发。每年都制定具体的年度产业扶贫开发实施方案，围绕杉木、灵芝、黑香猪、糯米柚、禾花鲤等8个国家生态原产地保护产品和融水香鸭等2个国家地理标志保护产品，优化产业规划布局，强化龙头企业带动，提升产业组织化程度，加强产业扶贫示范基地建设，强化精深加工，延长产业链，增加附加值，推动贫困群众稳步增收。规划入库产业开发项目210个，投资测算44.95亿元。2016—2017年，融水全县投入产业发展资金8836万元，自治县确定杉木、地方特色品种（猪）、鱼、优质稻、食用菌五大主导产业和茄果类蔬菜、香鸭两个自选产业，"5+2"特色产业覆盖率达92.79%。全县206个行政村都成立了以党支部主导、全体村民为主体的村民合作社，同时创新机制，在盘活村集体闲置资源、强化资源整合的基础上，筹集资金支持贫困村发展集体经济项目,村级集体经济全面确立并迅速发展。2018年,融水县整合各类资金9420万元,支持各行政村通过"九个一批"模式,打造培育特色产业、电商物流等一批示范项目,实现所有贫困村集体经济年收入均达3万元以上,非贫困村年收入均达2万元以上。

三是全力以赴,易地扶贫搬迁工作加快推进。加强对易地扶贫搬迁工作的组织领导,加大项目投融资力度,狠抓项目建设和搬迁进度。融水县"十三五"易地扶贫搬迁人口规模3504户14646人,主要安置对象包括扶贫建档立卡户和整村整屯搬迁农户,要求在2019年前安置完成。融水县易地扶贫搬迁安置点主要安排在乡村和县城两个区域,其中,县城安置2983户12283人,占比90%,乡村安置521户2363人,占比10%。2016年、2017年连续两年搬迁入住率达100%,2018年搬迁入住率超过75%。

四是服务到位,确保惠农政策落到实处。融水县人力资源和社会保障局以贫困劳动力转移就业工作为重点,积极开展就业援助月、"春风行动"、民营企业招聘周等专项就业服务活动,推动贫困劳动力转移就业创业。2018年,融水县转移农村剩余劳动力14395人。民政局继续推进低保政策与扶贫开发政策有效衔接,将符合条件的建档立卡贫困户及时纳入农村低保范围,做到应保尽保,应退尽退,动态管理。教育局联合融水县扶贫办及帮扶联系人共同抓好教育资助宣传工作,全面落实教育扶贫资助政策,将捐资助学活动与认助贫困学子行动结合起来,确保义务教育阶段无学生辍学。人社局、卫生和计划生育局抓好医疗保险、养老保险和健康扶贫工作,提高医疗保障水平。融水县残疾人联合会认真实施残疾人扶贫"五大工程",推进扶残助残工作。扶贫办组织开展实用技术培训,不断激发脱贫发展内生动力。

五是抓牢保障,确保帮扶任务到位。融水县将脱贫攻坚工作成效纳入镇党政领导班子和领导干部实绩考核,组织发动全县干部按照"54321"❶的帮扶方式落实了10610名帮扶联系人,实现了结对帮扶全覆盖。围绕"管理规范化、工作制度化、成效具体化"的目标,强化队员管理,增强协调联动,落实队员工作保障,广西脱贫攻坚(乡村振兴)工作队员生力军作用得到充分发挥。驻村工作成效显著,其中2名党组织第一书记的先进事迹在广西电视台报道,30多名工作队员的先进事迹被《广西日报》《柳州

---

❶ "54321":处级干部帮扶5户,副处4户,正科3户,副科2户,科级以下1户。

日报》《法制晚报》等媒体刊载。同时,积极组织社会力量支持和参与扶贫开发工作,共争取社会帮扶资金2740万元,为贫困村贫困户脱贫发展汇集力量。

(三)典型经验

1. 优先打响基础设施攻坚战,打通脱贫发展主动脉

融水县至今仍是深度贫困县的最大根源是投入不足、历史欠账过多,基础设施条件落后,这些因素制约了脱贫发展。因此,融水县围绕"与全国全区同步全面建成小康社会"的宏伟目标,抢抓发展机遇,明确发展思路,将脱贫攻坚的压力转化为实现"弯道超车"的强劲动力。一是创新投融资模式。采用BT模式在柳州市率先建设行政村硬化道路,行政村公路硬化从2011年的41%提高到2016年的100%。二是加强项目库建设和管理,规划和准备了2872个储备项目,总投资约43.7亿元。将融水全县20户以上的屯级硬化道路项目全部纳入"十三五"脱贫攻坚规划,一定程度上扭转了这些年来"资金等项目"的被动局面,工作进度排在柳州市各县区前列。三是加大年度项目实施力度,仅2016年和2017年两年就完成新建、续建村屯道路434条1056.28千米,交通基础设施建设取得重大突破。四是提前启动2019—2020年项目,积极拉动专项扶贫资金支出进度,为打赢脱贫攻坚战主动出击。五是利用国家金融扶贫政策,通过政府融资,加快推进内联外通路网升级建设,力争在"十三五"期末融水全县实现乡乡通二级路。

2. 以"一个目标、多种模式、全程激励"发展扶贫产业

一个目标,即以带动贫困村贫困户发展产业实现稳定脱贫致富为目标。

多种模式,即以"龙头企业(合作社)+基地""公司(合作社)+基地+农户(贫困户)""合作社+农户(贫困户)""品牌建设+电商销售""旅游+扶贫"等模式,带动贫困户参与产业组织化建设,提升传统产业,培育新兴产业,多措并举推进扶贫产业开发,融水全县产业呈现齐头并进、精彩纷呈的发展势头。

全程激励,即对产业链各环节都安排政策扶持。一是坚持奖补到户,对自主开发产业项目且生产经营规模达到规定要求的贫困户给予直接奖补到户。二是坚持谁带动奖补谁,经遴选承担项目建设带动贫困户达到规定

规模的龙头企业、农民专业合作社、专业大户、家庭农（林）场等经营主体，按规定标准奖补经营主体；对发展扶贫产业需要信贷支持的农业企业（合作组织），给予财政贴息补助。三是对吸收农产品进行精深加工的企业或为扶贫产品开拓市场、组织销售的企业和电商给予园区产房减租、免租并按规定标准给予奖补。涌现了广西禾美生态农业发展有限公司、融水县大城生态农业综合开发有限公司、融水县四夕生态农业有限公司、广西融水梦仙大苗山生态农业专业合作社、融荣水产专业合作社等扶贫产业企业和合作组织，直接和间接带动贫困村贫困户连片发展优势特色产业，2018年年底融水全县特色产业覆盖率达94%。

3. 坚持党建引领，以扎实作风传递扶贫正能量

作风建设关乎脱贫攻坚成败。融水县坚持党建引领，落实党委主体责任和纪委监督责任，充分发挥党组织和党员先锋模范作用，凝心聚力，引领发展。坚持以上率下，将作风建设贯穿脱贫攻坚全过程，切实增强各级领导干部推进脱贫攻坚工作的责任感和使命感。为完成艰巨的脱贫攻坚任务，全县各级干部牢记使命、攻坚克难、主动作为，牵手千家万户，扎实开展帮扶工作，保证各项扶贫政策措施落到实处，融水全县基础设施日臻完善，贫困群众获得实惠，干部队伍得到锤炼，干群关系更加密切。2016—2018年，成功实现减贫7.9万多人，43个贫困村脱贫摘帽，贫困发生率降到10.7%。

二、融水深度贫困地区脱贫攻坚面临的困难及原因分析

融水县，集重点生态功能区、少数民族地区、边远贫困山区于一体，自然环境恶劣，贫困程度深，脱贫难度大，2017年11月被列为广西深度贫困县。从致贫原因来看，融水县深度贫困地区普遍存在着生产要素缺乏、产业发展不足，生态环境脆弱、抗风险能力不足，社会发展滞后、公共保障不足，思想观念落后、素质能力不足等突出问题。

（一）扶贫产业发展制约因素多

1. 产业发展规模小而散，缺乏龙头企业带动

高山水果、高山蔬菜、茶叶、水产畜牧业、竹木生产及林下经济等在融水县已经初步形成产业，并拥有生产基地及良好销售渠道，但由于缺乏龙头企业带动，加上乡镇产业规划编制缺乏统筹关联，产业发展存在生产

规模小、科技含量不高、产品开发力度不够、对资源的利用率低等问题。在产品供给中，原料型产品比重偏高，深加工、优质、品牌农产品比重偏低，缺乏自我改造升级的经济基础和创新发展能力。产品受众人群小，影响力弱，在国际国内市场上竞争力小。产品标准化程度低、规模小，质量参差不齐，包装、品牌宣传不足，品牌效应尚未形成，产业集群的规模化、制度化水平也受到制约。

2. 产业基础设施薄弱，影响产业快速发展

融水县大部分贫困乡镇的交通、水利、电力等基础设施建设滞后，加上自然环境恶劣，极易发生干旱、暴雨、泥石流等自然灾害，致使农业生产面临的自然风险很大。主要体现在：一是运输不畅。内联路网不完善、技术等级低、养护管理薄弱，农林场通达、通畅建设任务仍然艰巨；二级路不通，有些乡镇的产品要运输8~10小时才能到达县城，加上路况差，对农产品损害很大，物流成本高。二是水、电配套滞后。农业加工企业大多用水、用电量较大，成本投入较高，而发展初期多数企业利润空间相对较小，水、电基础设施的不完善和计价方式（由广西水利电力建设集团供电，价格高，用电不稳定）影响了产业的良性发展。三是信息网络不发达。随着信息化的大发展，信息网络在经济社会发展中起着越来越重要的作用，但网络通信基础设施建设在融水县还相对落后。

3. 科技支撑体系不健全，加工业转型升级滞后

融水县贫困地区农民科技文化素质低，农技推广体系不健全，农民在发展种植业、养殖业、林业等产业过程中遇到的问题得不到及时解决，经营粗放；基地标准化建设滞后，新的种植、养殖、林业、加工技术得不到及时推广运用，优质品种比例较小，导致产品市场竞争力低，既体现不出资源优势，也体现不出商品优势。同时，产业转型升级和新旧动能转换难，转型所需的配套要求较高，投入资金较大，一般的中小型企业难以启动。加上地理位置的制约，导致设备成本更高。除广西禾美生态农业股份有限公司等有能力的龙头企业外，融水县无大型的冷链设备，无标准化屠宰场，农产品保鲜保质无保障，制约了种养产业的转型升级，导致龙头企业带动产业发展能力不强。

4. 农业劳动力结构性短缺，产业发展内生动力不足

随着工业化、城镇化不断向前发展，粗放农业效益不断降低，融水县

农村劳动力转移就业步伐进一步加快，导致农村缺乏青壮年劳动力。由于青壮年劳动力大多外出务工，一些贫困户留守的老人、妇女和儿童生产技能低，商品意识淡薄，致使产业发展缓慢。因此，缺少劳动力成为影响融水县开展产业扶贫的最大瓶颈。此外，为进一步增加贫困群众收入，融水县通过"以奖代补"等方式鼓励群众大力发展"短平快"产业，可能存在极少部分群众仅仅为了获取补助而"临时性"发展，未能实现产业开发的持续性，背离了"以奖代补"政策的初衷，使产业扶贫资金的使用成效无法得到很好的保证。

5. 农业企业发展壮大难度大

一是用地困难。用地困难体现在两个方面：一方面，生产用地困难。受资源禀赋所限，融水县土地存在"小而散"的特点，一些农民不种不租不流转，导致土地流转难，很难连片。另一方面，农产品加工、生产设施用地难。融水县境内从事农业生产的企业和合作社非常多，但是大多数分布在各个乡镇、各村屯。本着就近和方便管理的原则，生产用地一般都设立在种植、养殖基地附近，且因生产的需要都会建设地头存储、放置工具、田头临时初级处理产品的场所，这些场所目前只能申请设施农业地，缴纳复垦保证金，但设施农用地一般使用期限只有2年，如需要延续必须重新申请。随着产业的发展，山区农产品只有经过深加工才能提高其附加值，很多农业从业者也意识到这点，并开始筹备深加工厂。但就融水县的实际情况来说，县里并未配备专门的食品加工产业园让企业入驻或者购置用地自行建设，这极大地限制了企业的发展，农户生产出来的产品也无法提高附加值走向全国各地。

二是融资、贷款困难。对于银行来说，没抵押就不能贷款。而农产品种植、加工设备、加工场地普遍都在农村，属于集体用地和隐形资产，无法融资和向银行贷款。

三是企业用电存在不利因素。融水县使用的是广西水利电力建设集团有限公司的电网而非南方电网，不利于为企业提供充足、稳定的电力。

6. 产业园区建设难度大

融水县产业园区规划面积小，后续发展空间不足；产业分区规划和引导不足，园区产业集聚与产业集群不突出；园区配套基础设施建设滞后，园区优势不突出，吸引力不足。随着经济社会发展，现行征地补偿标准与群众意愿差距较大，征地进度缓慢，土地供应跟不上项目需求。

7. 利益联结机制不完善

融水县正在实施的产业发展模式，难以高效帮助贫困户脱贫致富。主要原因有：一是贫困户缺乏必要的生产经营能力。二是农业产业链利益分配机制不合理。在"公司＋农户"和"公司＋合作社＋农户"体系中，农户的利益缺乏保障。三是"十三五"以来，财政对产业的扶持和奖补力度逐年加大，但主要以补贴到户为主，对龙头企业或合作社的支持奖补略显不足，缺乏龙头企业带动，贫困户难以实现连片稳定脱贫。

（二）基础设施建设任务仍然艰巨

1. 交通发展严重滞后

融水县地处边远山区，地少山多，全县公路等级低、弯多坡陡、临崖邻水、断头道路众多，加上雨季较长，水灾频发，水毁严重，乡村交通仍然十分不便。2019年，全县骨干路网改造没有完成，20个乡镇现有公路总里程1874千米，除了一条刚开通的三柳高速外，二级以上等级公路不足100千米，其余全部为四级路和等外公路。有些乡镇（如大年乡、杆洞乡）距县城150千米，运输产品到县城比从县城运到广州用时还长。融水乡乡通二级公路规划建设项目总计8个，建设总里程合计372千米，总投资38.5亿元，力求实现"乡乡通二级路"。

2. 农村基础设施薄弱

基础设施是群众实现脱贫的重要物质基础，也是当前制约融水县发展的突出瓶颈。融水县深度贫困村几乎都处在边远地区，自然环境恶劣，尚有不少村屯道路未硬化，交通、农业水利、人畜饮水、卫生、教育、公共服务等方面基础设施仍比较落后。2019年，全县还有几千户农村危房需要改造，行路难、饮水难、发展难等短板还需要补齐。

3. 亟待补齐水利基础短板

一是农村水利基础设施仍然薄弱。现有水利工程标准低，老化失修、效益衰减等问题突出。农业用水方式粗放，现有耕地灌溉率低，农田灌溉"最后一公里"问题凸显；部分地区山大沟深，群众居住分散，人饮工程所需投资远高于国家补助标准，水源地保护不到位、供水保证率和集中供水率低等问题亟须解决。二是水利投入渠道不畅，尚未形成多元化的投入机制。由于融水县财力有限,县级配套资金筹措困难,通过扶贫开发贷款、抵押贷款、PPP等模式鼓励和吸引社会资本足额落实地方资金的多元化投融资机制还未建立和完善。三是工程运行管理工作仍需加强。供水管理不到位,灌溉用水严重挤占生活用水,存在上游地里长流水,下游人口无水喝的现象;供水管网缺乏计量设施,无法科学计算用水量;未建立良性水价机制,维修养护经费主要依靠计收水费,而村民的缴费意识较淡薄,缴费自觉性不强,水费征收困难,使工程难以实现良性维护管理和长效运行。

(三)易地扶贫搬迁后续工作压力大

融水县易地扶贫搬迁主要分农村和县城两个安置区域。其中,县城安置2983户12283人,占比90%;乡村安置521户2363人,占比10%。县城安置搬迁人口多,后续扶持工作压力大,因此,今后要实施好易地扶贫搬迁工作中三个关键措施,任务非常重。

一是配套设施建设。要同步完善道路、饮水、教育、卫生、市场及公共服务等设施,特别是城南片区易地扶贫搬迁点的相关配套设施要跟得上,这需要投入大量资金。

二是后续产业、就业培育。搬迁工程中的产业配套和就业安置是最难也是很重要的问题。为此,要加快廉江·融水扶贫协作产业园区和田园综合体建设步伐,提供更多的就业岗位,确保贫困群众搬得出、稳得住、能致富,这需要投入大量资金。

三是社区管理服务。易地扶贫搬迁出来的都是贫困群众,更需要关心和服务,要切实加强社区管理和服务工作,提高安置点管理水平,提升搬迁户生活品质,这需要政府投放大量人力和物力。

(四)贫困劳动力转移就业难度大

外出务工是融水县农民收入的主要来源之一。截至2018年4月31日,融水全县建档立卡贫困户劳动力人数为32815人(其中,残疾和有疾病人数为2629人),已实现就业人数约为21000人,即实际未就业建档立卡贫困户劳动力为9000人左右,这部分劳动力大多年龄偏高(50~60岁),文化水平偏低且无一技之长。

（五）村集体经济普遍薄弱

融水全县206个村及社区都成立了村民合作社，但集体资产少。2018年，全县有76个贫困村由县里抱团发展光伏产业，24个贫困村自主发展，15个贫困村由县级统筹发展。

集体经济发展面临不少困难：一是大部分行政村集体资产较少，且集体资产主要集中在屯级；二是农业产业项目市场抗风险能力较低，持续稳定的集体经济产业项目发展困难；三是村民合作社成立不久，缺乏熟悉财务和了解市场的项目经营管理人员。因此，要坚持因地制宜，依托贫困村自身资源优势，分类指导，尽可能与产业发展、示范园（区、点）建设及旅游产业、龙头企业培育相结合，切实将扶贫资金、政策使用好。

（六）社会保障兜底有待完善

社会保障兜底扶贫对于如期实现脱贫攻坚和全面小康目标有着重要意义。融水县在推进兜底扶贫工作中成效较明显，但仍存在对象识别不够精准、部门协调配合机制不完善、基层工作力量薄弱、宣传不到位、医疗救助资金缺口大等问题。具体来说，一是部分基层干部政策把握和执行水平偏低。有的乡镇在政策理解上存在偏差，将只是暂时性困难的家庭也纳入了兜底保障范围，或将本应纳入特困供养的贫困重残人员以单人户的形式认定为兜底保障对象。二是家庭财产信息核对机制不完善。部分基层干部对于务工收入的核算存在分歧；扶贫部门与民政部门的信息核对口径和程序未统一，导致核对结果有出入。三是基层兜底对象清退工作存在一定阻碍。由于农村低保和扶贫开发分别由民政和扶贫部门负责，有各自的识别标准和程序，且之前对接不充分，部分地区"拆户保""政策保"现象比较严重，清退任务较重，阻碍较大。

（七）电商扶贫水平有待提升

随着互联网的发展，电子商务已成为融水县农业增效、农民增收、农村发展的新路子，有力促进了融水县脱贫攻坚工作，如2017年有价值8000多万元的融水产品通过电商平台走出融水。尽管电商发展势头强劲，但仍然存在很多问题。一是配套设施还不完善。绝大多数村没有实现物流快递到村配送服务，物流成本较高。物流配送和信息化滞后，影响了农村电商扶贫工作开展。二是网货开发层次较低。全县农产品品种多且品质优，但农产品电商品牌培育不够，适合网络销售的产品较少，质量参差不齐，缺乏统一的质量检测认证，电商扶贫成效很难大幅提升。三是电商专业人才缺乏。全县电商市场缺乏专业人才，特别是缺少电商平台应用技术和电商市场营销策划等专业人才，影响了电商扶贫工作的快速发展。

三、其他苗族地区脱贫攻坚的总体情况

（一）隆林县作为极度贫困地区脱贫攻坚任务艰巨

隆林县是集老、少、边、山、穷、库（大中型水库库区）等于一体的国定贫困县及石漠化片区县。2015年，经过精准识别共有88个贫困村1.90万户7.96万贫困人口，贫困发生率23.57%。经过2017年动态调整，隆林县共有建档立卡贫困人口1.98万户8.38万人。隆林县最远的深度贫困行政村距离乡政府有75千米。由于自然条件恶劣，脱贫攻坚难度大，2018年被列为广西极度贫困县。自2016年以来，隆林县共计投入约18亿元，实施通村通屯硬化道路1018条2407千米，开展762处安全饮水工程，建设113项行政村（社区）公共服务中心设施，实施6970户危房改造等基础设施项目，同时大力实施农村电网改造、宽带网络建设等惠及民生的项目。2018年年底，隆林县贫困发生率下降至8.56%。

（二）三江县脱贫攻坚工作坎坷中前行

三江县2015年精准识别86个贫困村2.17万户贫困户，贫困人口9.24万人，贫困发生率为25.22%。三江县的深度贫困村主要分布在西部乡镇，尤其是同乐苗族乡和福禄苗族乡。三江县以土山为主，但西部乡镇人多地少，交通基础设施和危旧房改造任务重。2018年，三江县加大脱贫攻坚投入，脱贫攻坚形势有较大改观。

（三）西林、龙胜、资源县脱贫摘帽减贫显著

西林、龙胜、资源三县2018年都实现了整县脱贫摘帽，道路、饮水、住房和医疗保障水平都有极大的提升，减贫效果显著。这三个县以土山为主，但都是偏远山区县。道路等基础设施改善以后，三县因地制宜发展特色产业，产业发展比较迅速，对脱贫的带动效果显著。西林县的砂糖橘、

龙胜县的油茶和罗汉果、资源县车田苗族乡的西红柿，都已发展成为具有较大规模的特色产业。

（四）南丹中堡苗族乡、那坡边境苗族村屯、驯乐苗族乡生产生活设施有较大改善

南丹中堡苗族乡属于大石山区，水源缺乏，耕地少，交通不便。2017年，南丹县大力实施脱贫攻坚战，实现整县脱贫摘帽，中堡苗族乡各村在道路、饮水、住房等基础设施方面有较大的改善。受自然条件约束，中堡苗族乡贫困户主要通过外出务工改善收入。那坡边境苗族村屯在脱贫攻坚政策和边境生活补助政策支持下，近年来道路、饮水等基础设施改善显著。但是，边境一线人多地少，加上老虎跳自然保护区的开发限制，缺乏致富产业，总体上脱贫质量不高。驯乐苗族乡位于环江县境内，距离县城97千米，通过道路建设和以长北村必横屯为代表的整屯易地扶贫搬迁，生产生活设施有较大改善。

四、确保苗族地区脱贫摘帽的主要对策

（一）攻坚克难补短板

由于苗族地区大部分处于贫困区域，即使一些贫困县脱贫摘帽，但仍有一些贫困村没有同时脱贫摘帽，攻坚克难补短板的任务很重。因此，要坚持缺什么补什么的原则，全力推动项目建设。同时，应当结合《中共中央国务院关于实施乡村振兴战略的意见》，进一步完善贫困地区基础设施，补齐短板。各县加快推进乡乡通二级路工程建设步伐，力争实现乡乡通二级路，打通深度贫困地区的经济命脉。

（二）因地制宜推动产业发展

紧紧围绕建档立卡贫困户增收脱贫，发挥新型经营主体和龙头企业的带动作用，整合财政涉农资金，加大金融支持力度，加快培育一批能带动贫困户长期稳定增收的优势特色产业。没有条件在本地发展的，可以采取"飞地经济"的方式发展。

（三）脚踏实地保障危房改造任务如期完成

加强对易地扶贫搬迁工作的组织领导，加大督查问责力度，狠抓项目

建设和搬迁进度。加大对深度贫困地区贫困户危房改造的支持力度，全面实施贫困户危房改造，力保2019年全面完成深度贫困地区所有贫困户危房改造任务。

（四）加大投入发展集体经济

继续整合资金，加大财政配套力度，促进各县村级集体经济持续稳定地增收，确保到2020年建档立卡贫困村集体经济年收入达到5万元以上。通过农村集体经济发展，巩固贫困村脱贫摘帽成效。

（五）推进劳动力就业攻坚

要高度重视和认真开展贫困家庭劳动力技能培训和就业工作，采取措施帮扶贫困户转移就业获得稳定收入，实现脱贫发展。确保每个贫困家庭劳动力至少掌握一门实用技能，实现"一人就业，全家脱贫"的目标。对符合条件的贫困家庭劳动力实施就业援助，按规定给予其享受公益性岗位补贴、社会保险补贴等政策。

（六）大力推进电商扶贫

建设农村电商综合示范工程，加快边远地区，尤其是贫困村（社区）宽带网络建设，推动宽带入乡进村，实现行政村（社区）网络接入全覆盖。积极与快递企业对接，争取对内增加乡镇快递网点布局，对外调整物流中转节点布局与运输线路，进一步降低快递资费。加强"农村淘宝"区级运营中心、村级服务站建设，着力构建"农产品进城、工业品下乡"；加强"电商扶贫"区级电商扶贫综合服务中心、乡级电商扶贫服务站、村级电商扶贫网店建设，着力构建应用电商精准扶贫到村到户工作体系。

广西毛南族地区脱贫攻坚调研报告

黄润柏[*]

一、基本情况

毛南族是中国人口较少的民族之一，主要居住在广西壮族自治区西北部的环江毛南族自治县（以下简称"环江县"），另有少部分居住在河池、南丹、宜山、都安等市县（自治县）及广西境内其他县、市和毗邻的贵州省。据2010年全国第六次人口普查，我国有毛南族人口101192人，其中环江县境内居住有毛南族60006人，占全国毛南族人口的59.29%，占环江县总人口的17.1%。

环江县是广西28个国家级扶贫开发重点县之一，也是广西20个深度贫困县之一，共有贫困人口1.84万户6.66万人。环江县境内的毛南族主要聚居在下南、水源、川山、洛阳、思恩、大安、长美、明伦8个乡镇的72个行政村1325个自然屯。2010年第六次全国人口普查，8个乡镇总人口17.2万人，占全县总人口的45%。其中，毛南族人口5.9万人，占8个乡镇总人口的34.3%，占全县毛南族人口的98%以上。8个乡镇中以下南、川山、水源3个西部大石山区乡镇的毛南族人口最为集中，这3个乡镇共有44个毛南族聚居村，有毛南族人口4.88万人，占3个乡镇总人口的67.72%，占全县毛南族总人口的78.81%。

在很长一段时间里，生存和发展问题一直困扰着毛南族人民，毛南族面临"吃水难、用电难、行路难、入学难、就医难、发展难"等诸多困境。环江县以种植农业为主，既没有可持续发展的主导产业，也没有上规模的工业企业和农林牧加工企业，经济社会发展明显滞后于广西区内大部分县

---

[*] 黄润柏，广西民族研究中心，研究员。

市。而毛南族聚居的72个村，经济社会发展又滞后于全县平均水平，面临诸多困境。

为解决毛南族人民的生存和发展问题，党和政府进行了长期持续不断的努力。国家扶持政策的持续实施，改善了毛南族的生产生活条件，加快了当地脱贫致富的步伐，有效促进了人口较少民族聚居区经济社会发展，为环江县脱贫攻坚和全面建成小康社会打下了坚实基础。

二、脱贫攻坚的主要措施

（一）加大基础设施建设力度

各级政府历来十分重视毛南族地区基础设施建设，尤其《扶持人口较少民族发展规划》实施以来，是毛南族地区基础设施建设投入最多、群众受益最大的时期："十一五"期间（2005—2010年），《扶持人口较少民族发展规划》投入扶持毛南族发展的资金为6亿多元，实施基础设施项目2000多个；"十二五"期间（2011—2015年），投入扶持毛南族发展资金1.79亿元，实施扶持项目281个。进入"十三五"时期，2016—2018年，投入扶持毛南族资金1.82亿元，实施道路、桥梁、人畜饮水等扶持项目379个。2019年前4个月实施扶持人口较少民族发展专项资金3606万元，项目实施点44个，主要建设内容为新建、改扩建屯级硬化道路，街道建设，新建、改造排水排涝渠道，新建跨排涝渠小桥等。截至2019年4月28日，37个项目实施点已全部完成招投标工作。这些扶持项目的实施和投入使用，极大地改善了毛南族地区的基础设施，为毛南族脱贫攻坚打下了坚实的基础。

（二）建设现代特色农业核心示范区

近年来，环江县先后引进20多家龙头企业参与创建现代特色农业核心示范区，通过引进龙头企业"创示范、带万户"，形成以示范区为中心，辐射带动周边农业产业化、规模化发展，提高农业经济效益，增强竞争力，助推脱贫攻坚战。截至2018年年底，环江县创建了中国·毛南柚美环江示范区、环江花山果海休闲农业示范产业园、万亩现代特色农林扶贫产业园3个自治区级特色农业核心示范区。其中，万亩现代特色农林扶贫产业园采用"公司+特色产业+基地+脱贫户"发展模式，通过"1+1"油茶套种中草药，推行林下复合种植的"茶+中药"，实现1亩土地2亩产值的目标，并辐射带动全县 143 个行政村（社区）发展种植油茶达 10 万亩以上。截至 2018 年年底，环江全县共创建自治区级、县级、乡级、村级现代特色农业示范区（园、点）193 个，示范区核心区总面积达 7.354 万亩。截至 2018 年年底，全县累计流转耕地面积 14.49 万亩，有家庭农场 63 家，有注册农民专业合作社 387 家，入社成员 5315 人，带动农户 50834 户。通过成立农民专业合作社、家庭农场，有效地推进了扶贫产业的快速发展，增加了就业机会，促进了贫困户增收，实现了脱贫目标。同时，通过龙头企业创建现代农业示范区，采取"公司＋示范基地＋合作社＋贫困户＋市场"的管理模式，带动全县农业产业规模化、标准化和品牌化发展，助推了全县脱贫攻坚战。环江全县共吸收贫困户直接参与示范区建设达 18616 户，产业覆盖农户 12598 户，其中贫困户 6465 户，已建成示范区实现产值达 1.93 亿元。例如，引进某山茶油食品有限公司创建生态优质山茶油生产加工示范基地，采取以"公司＋基地＋农户（贫困户）"的发展模式，带动贫困户发展山茶油种植面积达 3000 多亩，辐射周边乡镇种植面积达 2 万多亩，年产 1000 吨山茶籽，年产值达 2000 万元以上。

（三）发展扶贫特色产业

发展特色产业是贫困民族地区农民增收和脱贫致富的重要途径。近年来，环江县在保证粮食生产的同时，投入 9692 万元重点发展桑蚕、特色水果、糖料蔗、香猪、菜牛、中草药、林业、核桃八大扶贫特色产业，并获得了长足的发展。2018 年，环江县粮食播种面积 35.27 万亩，粮食总产量达 12.46 万吨；桑园面积 19.06 万亩，产茧量 57.72 万担，蚕农售茧收入达 13.35 亿元；"三特"水果（环江香柚、砂糖橘、环江青梅）面积 13.7 万亩；核桃种植面积 17 万亩；糖料蔗面积 6.5 万亩；菜（肉）牛存栏 4.66 万头，菜（肉）牛出栏 2.97 万头，生猪存栏 14.65 万头，香猪出栏 65 万头，松杉面积 93 万亩，油茶林面积 4.7 万亩。

近年来，环江县还建立了林下经济示范项目，其中以林下生态栽培模式为主的中草药种植 1.67 万亩，参与种植的贫困户达 1224 户。2017 年，林下经济产值达到 6.83 亿元。在示范项目的带动下，环江县中草药种植逐渐发展壮大。截至 2017 年 7 月，全县共有中草药种植基地 16 个，从事中草药种植的合作社 26 家，种植大宗品种中草药 50 亩以上或完成投资 20 万元以上的中草药产业合作社有16家。2018年，环江县中草药种植面积1.77万亩，中草药产业合作社涉及16个贫困村，带动农户4990户。其中，吸收823户贫困户入社，种植中草药8302亩，2018年全年全县中草药总产值达1.3亿元，同比增长30%。

环江县通过推行"农业企业+产业基地+村民合作社+贫困户"等产业扶贫模式带动贫困户脱贫，确保每个贫困户有1亩特色产业，到2019年贫困户产业覆盖率达92%以上。

此外，环江县菜牛产业化养殖、伍香源山茶油深加工、食用菌产业化种植及深加工、魔芋种植及深加工、旱藕淀粉加工及环江香宝食品冷链物流等一批涉农重点项目进入实施阶段，助推农业产业提质发展的同时，加快了环江县脱贫攻坚的步伐。

（四）发展生态富硒农产品生产

环江县充分利用丰富的硒土壤资源，大力引导农户（贫困户）发展生态富硒农产品，推进长寿生态富硒农产品基地建设。2018年，环江全县共累计完成长寿·生态·富硒农产品生产基地10.13万亩，分别在下南乡坡川村、下南社区建成了1200亩相对连片规范化、标准化的县级富硒香米示范基地，其他每个乡镇都建有1个100亩以上的示范基地。由龙头企业和合作社生产的富硒香米、生态富硒香猪已通过自治区富硒机构检验合格认定。示范基地建设，有效推动了全县生态富硒产业的快速发展，使贫困户通过发展生态富硒农产品种植实现了脱贫致富。

（五）开展科技培训帮扶

在发展产业扶贫的同时，积极开展科技培训帮扶。环江县重点围绕"八大产业"大力开展科技培训工作，不断提高贫困户的科技水平和生产技能，使每个贫困户都掌握1~2门实用技术。2017年以来共举办了100多期农村实用技术培训，培训人数达6000多人次，培育新型职业农民400多人。同时，还充分利用县"农技宝"平台，及时为贫困户提供农业致富信息，及时解答贫困户在农业生产中遇到的问题，给贫困户传授更多的农业实用技术，充分发挥农业科技在产业扶贫中的作用，不断提高贫困户的致富本领。

（六）开发新型脱贫产业

在发展传统特色产业的同时，环江县积极探索开发新型脱贫产业助推农户脱贫。例如，投入 1385 万元发展光伏发电等新型脱贫产业，增加村集体经济收入；探索新型电商产业销售扶贫模式，连续三年成功举办了三届红心香柚节，其中 2016 年结合广西卫视"第一书记"产业扶贫电商直销大直播活动，2017 年结合毛南族文化旅游产品主题，并在深圳召开了推介会，红心香柚销售额连年攀升。红心香柚已经成为一个响亮的扶贫产业品牌，同时被中央电视台"1 号线上"评为最美收获地。

（七）易地扶贫搬迁及后续扶持

环江县通过以县城、乡镇、景区周围集中安置为主、村级分散安置为辅，"有土安置"和"无土安置"相结合的方式，将生活在大石山区等缺乏生存条件地区的贫困人口进行搬迁安置，推动"移民新村"向"移民新城"转化，为贫困农户寻找新的脱贫致富路径。

环江县异地扶贫搬迁以县城的毛南家园安置区、城西安置区 2 个大型集中安置区为主，到 2018 年年底共安置 4029 户 16326 人，另有乡镇安置点 7 个，约容纳 328 户 1525 人。其中，毛南家园二期计划投资总额（含配套基础设施）10 亿元，2018 年已投资 5.4 亿元，共建 44 栋 2856 套房，安置 2200 户 8300 人。城西安置区计划投资总额（含配套基础设施）4.3 亿元，目前已投资总额 3.87 亿元，共建 45 栋 2322 套房，安置约 1900 户 8200 人。驯乐乡山岗村金归安置点、驯乐乡江滨公寓安置点、驯乐乡必横安置点、驯乐乡乾屯安置点、思恩镇叠岭村东庙安置点、川山镇文江安置点 6 个乡（镇）集中安置点率先完成建设并搬迁入住，水源镇加洞安置点也于 2019 年 4 月 15 日前完成搬迁入住。

环江县异地扶贫搬迁工作进展顺利，2016 年完成搬迁建档立卡贫困人口 6113 人，已搬迁入住建档立卡贫困人口 6113 人，入住率 100%；2017 年完成搬迁建档立卡贫困人口 10849 人，已搬迁入住建档立卡贫困人口 10849 人，入住率 100%；2018 年完成搬迁建档立卡贫困人口 898 人，已搬迁入住建档立卡贫困人口 868 人，入住率 96.7%。

异地搬迁后，为保证贫困户"搬得出，留得住，能致富"，环江县采取多项措施，加强后续扶持工作。

一是实现产业全覆盖。通过易地扶贫搬迁后续扶持产业园建设，4364 户易地扶贫搬迁户每户获得 1500 元/年收益发展金，连续享受 5 年；通过万亩现代特色林业扶贫油茶产业园,确保"十三五"建档立卡脱贫的搬迁户获得1500元/年收益发展金,连续享受5年。2018年,全县实现了所有易地搬迁户产业的全覆盖。

二是多措并举促进贫困户就业。第一,鼓励贫困户在工业园区创业、就业。环江县把河池环江工业园区确定为易地扶贫搬迁户转移就业基地,并积极打造河池环江工业园区农民工创业园,为易地扶贫搬迁户就地就业提供条件。第二,建设扶贫车间促进就业。按照《环江毛南族自治县移民安置区扶贫车间管理办法(试行)》要求,免收三年租金用于扶贫车间发展,引进劳动密集型企业进驻安置区,为搬迁户提供家门口的就业岗位。第三,扶贫商铺促进就业。县城区安置点一楼划出25%的铺面面积,按照《环江毛南族自治县移民安置区扶贫商铺管理办法(试行)》要求,供有经营能力的搬迁户创业,经营门面免收三年租金,同时在小额担保贷款方面给予大力支持。第四,加强技能培训促进就业。为搬迁户提供电工、焊工、月嫂等技能培训,让搬迁户学到一技之长,提高就业能力。截至2019年3月15日,全县共开办10期技能培训班,为600多名搬迁群众开展技能培训。第五,劳务输出促进就业。对于有意愿外出务工的移民群众通过东西劳务协作,引导移民外出务工转移就业,实现有劳动力的搬迁户至少每户有1人有稳定收入。2019年2月15日,环江县和深圳市福田区联合主办的粤桂劳务协作暨"春风行动"现场招聘会在县民族文化广场举行,有60余家企业入场,提供5000多个就业岗位。当天共有1000多人达成就业意向,其中贫困户223人。

(八)推动返乡创业和转移就业

环江县把返乡就业、转移就业作为推动脱贫攻坚的重要举措,通过强化技能培训助推劳动力转移就业、召开外出创业能人千人座谈大会、开展"春风行动"现场招聘会等形式,实现劳动力转移就业7.8万人,其中实现贫困劳动力转移就业15000人次,促进了群众持续增收、稳定脱贫。

(九)创新"321"机制,保障脱贫质量

环江县出台了激励政策,为脱贫户落实产业后续扶持资金,给予危房改造、产业发展和金融扶持、养老保障、教育扶持、产业发展巩固扶持等优惠政策,并实行"321"机制继续扶持,即脱贫后第一年、第二年、第三

年分别给予 3000 元、2000 元、1000 元资金进行产业扶持。同时，对于缺乏劳动力的贫困户，采取委托企业经营和参与合作社入股分红等方式增加收入，确保贫困户实现稳定脱贫。

总之，环江县以脱贫攻坚为中心任务，通过对全县贫困人口进行分门别类、精准识别，根据自然条件及贫困人口的不同情况采取不同的帮扶措施，全县实现产业发展扶持 1.54 万人，推进转移就业扶持 1.4 万人，推进移民搬迁安置 3.6 万人，推进生态补偿脱贫 0.12 万人，推进教育扶智帮助 0.3 万人，推进医疗救助解困 0.2 万人，推进低保兜底政策，做到应保尽保，加快了全县脱贫减贫步伐。

三、脱贫攻坚的成效

环江县强力推进脱贫攻坚各项工作，取得了阶段性成效。

（一）县域综合实力逐步增强

多年持续的基础设施建设、扶贫产业的发展及精准扶贫等脱贫攻坚政策的实施，对进一步加快环江县国民经济、财政收入等方面的发展起到明显的拉动作用，加快了毛南族地区的脱贫攻坚进程，进一步推动了环江县经济社会的发展，县域综合实力逐步增强。

2018 年，环江县实现地区生产总值 565696 万元，按 2015 年不变价格计算，同比增长 8.2%，比上年同期提高 2.4 个百分点。其中，第一产业增加值 190362 万元，增长 4.8%；第二产业增加值 123911 万元，增长 12.6%，其中工业增加值增长 15.4%；第三产业增加值 251423 万元，增长 8.7%，三次产业所占比重分别为 33.7%、21.9%、44.4%。第一、第二、第三产业分别拉动经济增长 1.7、2.6、3.9 个百分点，三次产业对地区生产总值的贡献率分别为 20.7%、32.2%、47.1%。按常住人口计算，全县人均 GDP 为 20003 元，比上年增长 7.6%。2018 年，环江县完成财政收入 45116 万元，比上年增长 12.5%；其中公共财政预算收入 26924 万元，比上年增长 13.1%；公共财政预算支出 300019 万元，增长 5.6%。一般公共服务支出增长 40.8%；公共安全支出增长 8.4%；教育支出下降 4.0%；科学技术支出下降 1.8%；社会保障和就业支出下降 3.6%；医疗卫生与计划生育支出下降 1.6%；节能环保支出下降 22.7%；城乡社区事务支出增长 95.6%。人均财政收入 1595 元，增长11.9%。财政收入占GDP的比重为8.0%。2011—2018年环江县部分国民经济发展指标如表1所示。

表1 2011—2018年环江县部分国民经济发展指标统计

年份	地区生产总值/万元	地区生产总值增速/%	人均GDP/元	全县财政收入/万元	财政收入增速/%
2011	365869	5.6	13396	30516	14.4
2012	322206	-4.8	11740	25116	-17.7
2013	390417	8.9	14171	26520	5.5
2014	427494	7.7	15455	30128	13.6
2015	431131	3.9	15497	33216	10.2
2016	453011	5.7	16185	35518	6.9
2017	515327	5.8	18316	40116	11.8
2018	565696	8.2	20003	45116	12.5

资料来源：《环江毛南族自治县2018年国民经济统计资料》（内部资料）。

（二）基础设施得到明显改善

在国家长期扶持下，毛南族地区投入大量的人力、物力和财力，实施道路交通、人畜饮水、通信、供电、广播电视、文化教育、医疗卫生等方面的基础设施建设，这些扶持项目的实施和投入使用，逐步改变了毛南族聚居区基础设施落后的面貌，毛南族聚居村屯群众的生产生活条件得到有效改善。到2016年年底，环江毛南族聚居的72个村委所在地均有通达的水泥硬化道路，大部分20户以上的自然屯道路实现硬化，所有毛南族聚居区自然屯解决了人畜饮水困难，居民生活环境得到有效改善，身体健康得到了保障。2019年，环江县通村公路硬化率达到100%，148个行政村（社区）全部通硬化公路，20户以上自然屯道路全部实现硬化，全县贫困户通电率为100%，宽带网络覆盖率达97%以上。基础设施的改善，较好地解决了群众行路难、农资运输难、农产品销售难、信息闭塞等问题，加快了物资交流和农副产品流通贸易速度，为扶贫产业的发展提供了重要条件，同时也使群众的生产生活条件得到了极大的改善。群众身体健康得到了保障，可以集中力量进行农业生产或通过劳务输出增加收入，从而逐步走上脱贫致富的道路。

（三）特色产业初步形成

特色扶贫产业的发展在促进农民增收的同时，也使环江毛南族聚居区较好地发挥出山地资源优势和劳动力资源优势，促进了当地农业产业结构的调整。种养桑蚕、甘蔗种植、菜牛饲养与加工、红心香柚及毛葡萄等特色水果种植已经成为环江县主导产业。其中，以桑蚕产业的发展成果最为突出，其已发展成为环江县扶贫开发的重点产业和重要的县域经济支柱产业。环江县桑蚕产业发展面积稳居河池市第二位，蚕茧质量排名全市第一名，桑蚕产值占全县畜牧业产值的68%，占农林牧渔业总产值的34%以上。2018年年底，环江县桑园总面积达19.05万亩，产业覆盖全县5万多户近20万人，覆盖贫困户达60%以上。2018年，环江县蚕种发放量71.22万张，产茧量达57.72万担，蚕农售茧收入达13.5亿元，贫困户通过养蚕实现每户年增收6000元以上。全县每个乡镇都建有100亩以上连片示范基地，大力推广先进养蚕技术。2018年，完成桑蚕技术培训28期，培训人数1680人，发放技术资料2000多份。在毛南族主要聚居区之一的大安乡，创建了万亩生态高效桑蚕产业园，建成1146亩的核心示范区，建成相对连片300亩的县级示范基地。与此同时，桑蚕产业链得到进一步延伸。一是利用丰富的桑蚕资源，以桑秆等为原料，开发栽培食用菌，并逐渐发展成了助农增收的重要产业，为此2012年环江县获得"广西食用菌产业发展十强县"荣誉称号。2018年，环江全县共建成4个食用菌种植示范基地，全年指导农户（贫困户）生产菌棒达1210万棒，总产量为6050吨，产值达6250万元。其中，贫困户直接参与发展食用菌种植达1000多户，实现产值300多万元，户均增收3000元以上。二是推动桑蚕加工业的发展。2018年，全县产鲜茧量达2.65万吨，能生产高品质白厂丝原料茧占95%以上，全县5家茧丝生产企业共有102标准机组自动缫丝机，年产白厂丝3200吨，产品质量等级平均达5A。加工业的发展拓宽了毛南族聚居区农民增收渠道，提高了桑蚕产业的附加值，对进一步做大做强蚕桑产业，振兴环江县经济、助推脱贫攻坚起到了重要作用。

(四)农民收入增加,贫困发生率明显下降

2018年,环江县乡村人口占常住人口的68.5%,因此,农民收入增加是脱贫攻坚的关键。2018年环江县全体居民可支配收入15077元,比上年增长10.1%。其中,城镇居民人均可支配收入26979元,比上年增长7.8%;农村居民人均可支配收入9907元,比上年增长11.8%,农村居民人均可支配收入增速略高于城镇居民(表2)。

表2 环江县城镇及农村居民人均可支配收入及其增长速度

年份	城镇居民人均可支配收入/元	增速/%	农村居民人均可支配收入/元	增速/%
2011	15125	11	4886	28
2012	16990	12.3	5594	14.5
2013	18570	9.3	6366	13.8
2014	20240	9	6970	9.5
2015	21597	6.7	7493	7.5
2016	23066	6.8	8122	8.4
2017	25027	8.5	8861	9.1
2018	26979	7.8	9907	11.8

资料来源:《环江毛南族自治县2018年国民经济统计资料》(内部资料)。

随着农村居民人均可支配收入的增加,环江县贫困发生率在逐年下降。2015年年底,全县有60个贫困村,在册建档立卡贫困户1.84万户6.66万人,贫困发生率为17.79%,其中72个毛南族聚居村有贫困人口31223人,占全县贫困人口的46.88%。通过大力扶持,2016年全县有1.54万贫困人口实现脱贫,2017年年底有1.05万贫困人口实现脱贫,有17个贫困村脱贫摘帽。经过2017年贫困人口动态调整后,2018年初尚有在册贫困人口12736户44830人。到2018年年底,环江有贫困人口5997户22684人脱贫,20个贫困村脱贫摘帽。其中,人口较少民族聚居的72个村,2015年年底有24个村属于贫困村,2017年有10个村脱贫,2018年有8个村脱贫。至2018

年年底,72个村尚有贫困人口8276人未脱贫。2018年年底,全县贫困发生率降低至6.64%。[1]2019年,环江县贫困发生率下降至3%以下,达到整县脱贫摘帽标准。

下南乡是毛南族主要聚居乡镇,现有10个行政村175个自然屯249个村民小组。全乡总人口5442户18225人,其中农业总人口17651人,占96.85%。下南乡居住着毛南、壮、汉等民族,其中毛南族人口占98.20%,是毛南族聚居地和发源地,也是环江县的主体民族乡。2015年年底,共精准识别建档立卡贫困户1606户5608人(不含2014年、2015年退出户,建档立卡贫困户为998户3345人),贫困发生率为17.8%。"十三五"期间,全乡有才门村、古周村、仪凤村、中南村、玉环村、景阳村、堂八村、希远村、下塘村9个贫困村,占11个行政村的81.82%,其中才门村、古周村2个村2017年被自治区列入深度贫困村范围。2018年年底,全乡建档立卡贫困户1591户5562人(不含2014年、2015年退出户,建档立卡贫困户为997户3300人),其中2014年贫困户脱贫327户1249人,2015年贫困户脱贫267户1014人,2016年贫困户脱贫309户985人,2017年贫困户脱贫194户780人,有仪凤村、中南村、玉环村3个贫困村脱贫;2018年贫困户脱贫278户887人,有景阳村、希远村、堂八村、下塘村4个贫困村脱贫。其中,景阳村未脱贫2户5人,贫困发生率1.69%;希远村未脱贫2户3人,贫困发生率1.28%;堂八村未脱贫9户20人,贫困发生率1.52%;下塘村未脱贫9户20人,贫困发生率1.67%。2018年,全乡还有贫困户216户648人未脱贫,全乡贫困发生率从2015年年底的17.8%下降到2018年年底的3.67%。2019年,下南乡贫困发生率下降至3%以下。

四、脱贫攻坚存在的问题及对策建议

脱贫攻坚各项措施的实施,有效改善了毛南族聚居区落后的交通、通信、饮水等状况,促进了聚居区特色产业的发展,有效增加了农民的收入,改善了毛南族聚居区的生产生活条件,进一步推动了环江毛南族自治县经济社会的发展。但毛南族聚居区要实现脱贫致富奔小康的目标,还存在许

---

[1] 数据来源于《关于环江毛南族自治县2018年国民经济和社会发展计划执行情况与2019年国民经济和社会发展计划草案的报告》及环江毛南族自治县发展和改革局。

多困难和问题，必须加以重视。

一是经济基础仍然薄弱，发展后劲不足。环江县发展基础仍然相对脆弱，经济总量不大，发展水平极不稳定，财政增长和农民增收还比较困难。主要表现为：财源结构单一，主体税源企业效益受市场因素影响严重，财政增长乏力；财政收入质量不高，地方可用财力严重不足，财政增支因素增多，收支矛盾突出；企业改制成本不断加大，企业负债逐步向财政转移，财政压力进一步加大。

二是基础设施落后。经过持续不断的扶持，环江县基础设施有了较大的改善，但现有的教育、卫生、道路交通、人畜饮水、农田水利、能源等基础设施仍然不能适应当地经济社会发展的需要。环江的乡镇、村屯虽然大多都通了公路，但道路等级低、路面窄，随着车辆的增多已不能满足需求，又因常受到塌方、暴雨冲刷等影响，道路维护成本高，有的路面年久失修，车辆通行困难。环江县是国家级贫困县，财政收入有限，一些基础设施建设项目由于没有配套资金而难以启动，拉大了当地与发达地区的差距。

三是相对贫困问题依然严峻。2015年，环江县有76个贫困村，其中有26个贫困村分布在边远大石山区，37个贫困村分布在边远高寒山区，其余13个贫困村分布在中部低山丘陵地带。2018年年底，全县尚有39个贫困村6622户22593人未脱贫。2019年，虽然达到了整县脱贫标准，但已脱贫贫困人口缺乏可持续发展的后劲。这些贫困人口大部分居住在自然条件相对恶劣、促进发展的有效资源相对贫乏、信息闭塞、交通不便的大石山区、高寒山区和边远山区，居住环境恶劣，产业发展难，农民增收渠道少。同时，大部分贫困人口的文化素质较低，难以掌握致富技术，人均收入增长缓慢，部分群众存在因病、因灾、因学等返贫风险。此外，贫困村基础设施落后的状况极不适应经济发展的需要，产业发展缺乏龙头带动，脱贫后续扶持工作形势依然严峻。72个毛南族聚居村中，大部分村人均收入低于全县平均水平，只有少部分村达到全县的人均纯收入水平。72个毛南族聚居村普遍没有支柱产业支撑，农业生产重种植轻管理，导致广种薄收；劳务输出人员专业培训机会少，大部分人缺技能，找工作难，收入低。总之，毛南族聚居区群众虽然能够达到现有的脱贫标准，但距离致富路还有较长距离。

基于以上存在的困难和问题,我们提出以下三条建议。

一是上级加大财政转移支付力度。要彻底改变少数民族地区贫困落后状况,确保这些区域安定团结,促进经济发展,就必须依靠上级党委、政府,采取超常规措施,加大财政转移支付力度,为毛南族群众尽快致富奔小康、为少数民族地区经济社会发展及和谐社会建设创造必要的条件。

二是加大基础设施建设投入。环江县地处桂西北山区,绝大部分村屯地处大石山区,公路施工难度极大。为了切实解决人口较少民族地区基础设施和公共服务设施落后问题,建议凡列入国家和自治区安排建设的各类项目,尤其是教育、卫生、道路交通、人畜饮水、农田水利、能源等建设项目,建设资金由中央政府和自治区人民政府帮助解决,不再要求毛南族自治地方人民政府配套资金。

三是继续安排专项扶持资金对毛南族聚居区进行建设,促进各项事业全面发展,缩小其与发达地区少数民族的差距。尤其是要加大职业教育力度,设置职业教育专项资金,加强实用技术培训,提高毛南族群众的综合素质,以促进毛南族的转移就业,提高其脱贫致富奔小康的能力。

广西仫佬族地区脱贫攻坚调研报告

覃丽丹*

仫佬族主要聚居在广西壮族自治区北部地区河池市的罗城仫佬族自治县、金城江区、宜州区、环江毛南族自治县、南丹县，以及中部地区柳州市的柳城县、柳江区，来宾市的忻城县和河池市的都安瑶族自治县等地。其中，罗城仫佬族自治县东门镇、四把镇和柳城县古砦仫佬族乡是仫佬族集中居住地。据2010年第六次人口普查数据显示，广西共有仫佬族常住人口172305人，其中居住在罗城仫佬族自治县内的有125786人，占广西仫佬族常住人口的73%，是全国唯一的仫佬族自治县。因此，本报告主要是针对罗城仫佬族自治县脱贫攻坚的调查与研究。

罗城仫佬族自治县（以下简称"罗城县"）是集老、少、边、山、穷于一体的县，也是滇桂黔石漠化片区县、国家重点生态功能区县，还是国家扶贫开发工作重点县。罗城县自2015年实施精准扶贫以来，脱贫攻坚取得了显著成效，贫困人口大幅减少，贫困发生率逐年下降。2015年年底，罗城县共有8.39万贫困人口、82个贫困村，贫困发生率为28.48%。2016—2017年共有3.5万贫困人口脱贫、15个贫困村出列。2018年年底，有9万贫困人口、16个贫困村达到脱贫摘帽标准，贫困发生率下降到10.41%，但仍有3.07万贫困人口、51个贫困村未脱贫摘帽。

一、脱贫攻坚成效显著

（一）基础设施逐渐完善

实施精准扶贫以来，罗城县严格对照贫困户、贫困村脱贫摘帽标准，按照"缺什么、补什么"的原则分门别类建立基础设施建设项目库，编制

---

* 覃丽丹，广西民族研究中心壮学研究部主任，助理研究员。

年度实施项目清单，全力确保脱贫户、脱贫村的水、电、路、房、网等基础设施全部达标。2016—2018年，罗城县筹措资金近4亿元实施通屯公路大会战，全县共修建道路638条1072千米，1212个20户以上自然屯全部通水泥路；投入5.93亿元实施人饮工程和农村电网改造，解决了9万人饮水难题和全县农村用电问题，31个脱贫村和预脱贫村的基础设施全部达标。高等级公路里程达164千米，是2016年的3倍。全县所有行政村均通水、通电、通路、有公共服务设施，农村生产生活条件全面改善。

（二）产业扶贫基本实现全覆盖

1. 大力发展特色产业

近年来，罗城县在实施"十大百万"扶贫产业工程的基础上，制定出台了一系列产业扶持政策。给予建档立卡贫困户每户最高6000元的"以奖代补"产业发展资金，每户可申请获得最高5万元的小额信用扶贫贷款，主要用于发展糖蔗、毛葡萄、核桃、柑橘、特色养殖、桑蚕、构树、猕猴桃、油茶、养牛等扶贫产业。2017年，罗城县累计向贫困户发放产业扶持资金9759万元。2018年，全县特色扶贫产业总占地面积达200多万亩，其中，核桃种植面积12万亩，油茶种植面积8万亩，糖蔗种植面积17.3万亩，桑园面积7.2万亩，"三特"水果种植面积13万亩，长寿生态富硒农产品基地面积9.4万亩，优质水稻种植面积22.7万亩，杉树种植面积69万亩，林下经济面积98万亩，淡水养殖面积3.9万亩；出栏肉牛2.2万头，肉羊2.3万只，香猪（黑土猪）4万头。成功创建河池市万亩高产油茶示范基地、精品"三特"水果示范基地，其中，有1500多户贫困户6000多人通过种植毛葡萄实现了脱贫。在原有扶持政策的基础上，罗城县2019年又出台肉牛产业奖补办法和肉牛产业提质发展实施方案，给予贫困户大力扶持。例如，贫困户养1头母牛可享受补贴3500元，非贫困户可享受补贴2000元；同时，在建设牛舍方面也给予相应的扶持，鼓励群众通过"贷牛代养""贷牛还牛""自主自养"等多种模式强力推进肉牛产业发展。另外，还争取到自治区财政专项经费代缴繁殖母牛保险，按照400元/头标准，为全县5943头母牛缴纳保险。目前，全县存栏牛22159头，其中肉牛存栏4399头、牛犊2238头、能繁殖母牛15522头；上规模的养牛场有209个；已落地建设县级肉牛养殖示范基地4个，每个示范基地牛存栏量2000头以上。罗城县

141个行政村（社区）中，养牛村达112个，其中贫困村58个；涉及农户7453户，其中贫困户4478户，实现扶贫产业覆盖80%以上贫困户。

2. 绿色生态产业扶贫势头良好

罗城地处桂西北九万大山南麓，拥有独特的喀斯特地质地貌、原生的自然环境、浓郁的少数民族风情，形成了自然风光、人文景观和民俗风情交相辉映的丰富旅游资源。近年来，罗城县充分发挥山清水秀生态优势，大力推进"生态＋旅游＋扶贫"产业发展，取得了生态保护、旅游发展与脱贫多赢的阶段性成果。全县森林覆盖率提高到69.07%，获"全国森林旅游示范县"称号；争取到了国家林业和草原局落实的2800个生态护林员指标，这些指标全部安排给建档立卡贫困户，受益贫困群众9034人，其中6022人通过获得这一指标实现脱贫。在保护生态的基础上，罗城县以突出的生态优势成功引进多项旅游扶贫项目，其中棉花天坑旅游扶贫项目落户仫佬族聚居地四把镇棉花深度贫困村，该项目总投资3.2亿元，2018年国庆开始试业至同年12月，累计接待游客18万多人次，有效带动周边深度贫困村屯1555人发展增收，成为河池市旅游扶贫新亮点。据统计，目前罗城全县有国家级AAA级景区1个，AA级景区3个，还有米椎林度假村、青明山庄园等四星级乡村旅游区2个，天门景区、水上相思林等三星级乡村旅游区2个，四星级农家乐2家。在拥有得天独厚自然生态的基础上，罗城县充分挖掘少数民族传统文化，将自然风光与节庆文化紧密结合起来，先后举办了中国罗城仫佬族依饭文化节、广西罗城国际攀岩旅游节、广西罗城野生毛葡萄节、桃花节等节庆活动，通过举办节庆活动吸引大量游客，拉动旅游经济发展。此外，还将发展生态种植业、改善自然生态和脱贫紧密结合起来，把"毛葡萄赶上山"，通过种植毛葡萄改善石山区恶劣的自然环境。2018年年底，全县种植毛葡萄面积8万亩，有效治理岩溶面积278平方千米、石漠化面积150.4平方千米，6000多名贫困群众通过种植毛葡萄实现增收。罗城县石漠化治理和脱贫攻坚融合发展典型经验在全国石漠化治理现场会上得到大力推广。

3. 电商产业助推脱贫

农村电商扶贫既是利用新技术、新模式促进脱贫攻坚的有效手段，也是推动农业供给侧结构性改革、农民增收、农村发展的重要举措，更是助推农民脱贫的引擎。近几年来，罗城县电商产业发展势头良好，通过建立电子商务平台，将更多农产品销往外地，在助推脱贫攻坚上发挥着重要的作用。广西中欧鲜农电子商务有限公司作为罗城县电商龙头企业，为助力仫佬族地区脱贫作出了巨大的贡献。该企业在罗城县67个贫困村建设了67个电子商务平台，采取"互联网+现代农业+合作社+基地+农户（贫困户）+农特产品"运营模式，大力发展富硒大米、糯玉米、百香果等土特产品，与深圳电商企业互联互通销售，打通农产品"进城最后一公里"。2016年以来，各类农特产品在电商渠道销售总额超9000万元，带动6000多户贫困户人均增收1000多元。同时，以获得国家电子商务进农村综合示范县的契机，在易地扶贫搬迁安置新区——仫佬家园建设占地20多亩的电商产业园，构建农特产品的网络营销新模式，提高全县电商扶贫质量水平。

（三）扶智教育全面发展

罗城县全县建档立卡贫困生14412人，其中学前教育学生1803人，义务教育阶段学生9449人，高中教育阶段学生1486人，高等教育阶段（含高职高专）学生1672人。近年来，罗城县始终坚持优先发展教育，实行县四家班子领导及县直机关单位定点联系学校工作机制，成立了帮困助学的广西罗城仫佬山乡教育发展基金会，全县教育发展步伐不断加快，连续多年有百名以上考生考取全国重点大学。罗城县筹集资金4亿元全力推进县域义务教育均衡发展工作，义务教育均衡发展工作以高分通过自治区验收。按照"不让一个学生因家庭经济困难而失学"的目标要求，严格执行控辍保学"双线四包"工作机制和"三级联动"❶防护网络工作机制，成立县、乡镇义务教育阶段控辍保学辍学学生劝返工作领导小组，组织专门工作组到外省、外市和外县劝返外出务工的适龄少年回校就读。通过"一帮一联"工作，不断完善14412名各学段在校建档立卡贫困生的信息动态管理，同时重点跟踪掌握全县各乡镇6~16周岁适龄儿童的就学相关信息，严格执行控辍保学。学前教育阶段家庭经济困难幼儿入园补助、义务教育寄宿生生活补助、普通高中国家助学金和困难学生免学费、贫困大学生新生入学路费和短期生活费资助、中职国家助学金和中职免学费等资助政策得到全面落实。罗城县每年受助学生达3.6万多人次，资助总金额达2200多万元。据统计，自2016年以来，累计发放各类教育补贴8055.76万元，惠及12.41万

---

❶ 三级联动：即乡（镇）政府、村（居）民委、村民小组联动。

人次。2018年年底，罗城县九年义务教育巩固率达92.91%，没有因经济困难而辍学的学生，实现了贫困家庭学生从学前到高中阶段教育受资助的全覆盖。

（四）健康扶贫成效显著

自2015年以来，罗城县把实施健康扶贫作为决胜脱贫攻坚战的关键一环，围绕"大病集中救治一批、慢性病签约服务管理一批、重病兜底保障一批"的思路，构建新农合、大病统筹、关爱保险、财政兜底等四重医疗保障制度，切实解决群众因病致贫返贫问题，推动健康扶贫与健康中国战略和实施乡村振兴战略有机衔接，不断提高健康扶贫成效和质量。首先，实施大病集中救治，确定罗城县人民医院为大病专项救治定点医院，定点医疗机构按病种制订救治方案，全面完成21种大病救治的有关工作。据统计，2018年患有国家规定9种大病总人数246人，救治238人，救治率96.74%；白内障患者180人，救治179人，救治率96.44%。其次，实施"先诊疗后付费"和"一站式"服务体系。罗城县针对健康扶贫，制定了《农村贫困住院患者县域内"先诊疗后付费"工作实施方案》。按照方案的有关精神，参加城乡居民基本医疗保险的建档立卡贫困人口，凭相关身份证明在县域内定点医疗机构住院享受"先诊疗后付费"，惠及全县所有贫困人口。同时，定点医疗机构设立专门服务窗口，实现基本医保政策和大病保险、医疗救助、疾病应急救助、健康扶贫专项补助政策的"一站式"信息交换和即时结算服务。再次，实施慢性病签约服务管理一批。罗城县常住人口家庭医生签约率为40.93%，辖区重点人群签约率61.88%，贫困人口签约服务率100%。据统计，截至2018年年底，罗城全县建档立卡贫困人口100%参加新农合，住院报销比例达90%，门诊特殊慢性病报销比例达80%，11个乡镇卫生院全部完成标准化建设任务，124个行政村完成村级卫生室标准化建设。

（五）易地搬迁稳步推进

罗城县按照方便群众、有利发展的原则实施易地搬迁工作。近年来，罗城县通过集中安置、分散安置相结合的方式进行移民安置。合理整合利用国家扶贫资金、涉农资金及社会资金，大力支持扶贫移民工程建设，基本实现了"搬得出、留得住、有社保、有出路"的目标。集中安置以县城区"仫佬家园"为龙头，设立县城区、龙岸、黄金、天河、乔善、宝坛、怀群 7 个集中安置点。分散安置由贫困群众自行选择安置地，双方议定接收条件，经移民办审定后进行安置。对于移民安置的贫困户，政府采取了多项措施，使搬迁群众"搬得出、留得住、有社保、有出路"。例如，在解决贫困户子女上学方面，在仫佬家园安置点建设配套幼儿园、小学，解决了移民搬迁群众子女上学问题；在产业扶持方面，创新实施易地扶贫搬迁后续产业扶持"三千工程"，种植千亩红心猕猴桃、千亩毛葡萄和千亩黄金百香果，实现每户搬迁户都有产业分红并获"扶贫车间"就业机会。罗城县在"仫佬家园"移民安置点附近实施红心猕猴桃"千亩千户"示范工程，带动搬迁贫困户增收发展，已完成 950 亩红心猕猴桃种植，并与 151 户搬迁脱贫户签订了项目利益分配协议书，每户可享受 1 亩红心猕猴桃利润分红，期限为 10 年。2018 年，已有 400 多亩挂果投产，首批有 250 户贫困户获得每户 2000 元分红。

（六）养老保险实现全覆盖

罗城县大力有序推进养老政策兜底工作，对未纳入低保范围的贫困人口进行重点核查，将符合条件的贫困人口纳入保障范围，做到"应保尽保、应扶尽扶"，同时稳步提高农村低保标准和补助水平，农村低保标准超过国家扶贫标准，实现低保制度与扶贫开发有效衔接。从 2018 年起，由政府对参加城乡居民基本养老保险的建档立卡贫困人口代缴养老保险费每人 100 元。罗城县抓实扶贫惠残工作，让残疾人能康复、能就业、能暖心。2016 年以来，罗城县新增评定残疾人 2625 人，2018 年全县持有二代残疾人证的残疾人数共 9235 人，享受重度残疾护理补贴 2742 人，享受困难残疾人生活补贴 1172 人；完善特殊贫困人口保障体系，现有县级福利院 1 所，乡镇敬老院 12 个，农村五保村 80 个，共有床位 900 个，初步形成遍布城乡的养老服务格局。

（七）转移就业渠道逐步拓宽

一是大力开发公益性岗位帮扶贫困劳动力就业，重点在乡村开发农家书屋图书管理员和农村保洁公益岗位，安排无法输送到企业就业的贫困劳动力就业；二是充分利用"就业扶贫车间"吸纳贫困劳动力就业，2018 年年底，罗城县有 5 家"就业扶贫车间"，吸纳建档立卡贫困劳动力 119 人就业，政府一次性奖补资金 11.9 万元。三是开展"就业援助月"活动，邀请省内外78家企业参加招聘,累计提供各类就业岗位2000余个。四是开展"送春风行动"暨西部对口结对帮扶劳务协作招聘会活动,建立贫困群众与用工企业之间的快速对接通道。五是创业担保贷款有序推进,主动降低担保及抵押门槛,提供切实的资金扶持。截至2019年4月,罗城县累计发放创业担保贷款39万元,直接带动53名建档立卡贫困劳动力就业。

(八)东西部扶贫协作成效显著

2016年9月,国家对东西部扶贫协作进行了调整,深圳帮扶河池、深圳福田区对口帮扶罗城。几年来,福田区按照东西部扶贫协作框架协议,在人力、财力方面帮助罗城,实现了"精准帮扶"。在教育方面,投入帮扶资金2590万元建设的罗城深圳实验小学已启用,有效解决了易地搬迁贫困户子女入学问题,筑牢脱贫攻坚教育保障。在住房保障方面,共投入帮扶资金1426.95万元,协助1057户建档立卡贫困户进行危房改造,户均补贴1.35万元,助力3897名贫困人口实现了住房保障。在产业扶持方面,援建的"千亩千户"红心猕猴桃产业园2018年实现首批挂果,产果30吨,250户签约贫困户共获得50万元分红。2018年,投入帮扶资金500万元建设的"贷牛代养"致富工程,惠及4个深度贫困村,625户签约贫困户获得当年6个月1800元的分红。此外,在医疗、培训、就业及农产品推介等方面都进行了大力帮扶;先后投入近500万元,帮助罗城县易地扶贫搬迁集中安置新区中医仫佬族医院康复科解决医疗设备;先后派35名专业技术人员到罗城县开展支教支医行动;开展了4场深圳专场招聘会,举办培训班3期,培训贫困人口1200多人,帮助690名贫困人口实现就业,其中411人到东部结对省份就业,拓宽了贫困户就业渠道,帮助带动近3500人实现脱贫。从广东引进入驻"仫佬家园"的"深圳第一扶贫车间"——广西松声电子科技有限公司已全面建设投产,2018年带动400多人实现就业,其中贫困户119人,直接解决了贫困户增收难题。截至2018年年底,福田区4家企业、4个街道、2个部门、2个社区共12个单位与罗城多个乡镇、贫困村结成对子,签订了框架协议,并开展村村结对帮扶行动,累计提供项目帮扶及捐赠资金达150万元。

(九)村集体经济稳步发展

近年来,罗城县通过实施政府扶持政策,鼓励发展村集体经济,如政府给予村集体经济启动资金，贫困村每村50万元，非贫困村（社区）每村30万元。东门镇和四把镇仫佬族聚居村充分利用政府给予的政策，大力发展村集体经济。目前，东门镇20个村均已成立村民合作社，部分村的产业定位和培育正在进行。有11个农民自创合作社（冲洞村1个、大境村1个、燕糖村3个、平溶村2个、龙山村2个、格木村2个）已获得政府扶持资金50万元。其中，大境村的资金用于委托广西中源山泉公司（九千万水厂）进行矿泉水开发生产，为大境村集体经济收入从2017年的2万元增加至2020年5万元奠定基础。冲洞、三家、燕塘、勒俄、平洛、古耀、德音等13个村的资金用于托管给天龙泉公司，已获得分红1万元。四把镇部分村的资金则委托企业，现已拿到第一笔分红。其中，地门村、德能村集体经济通过光伏发电项目、养殖项目分别实现增收2.6万元、1万元。

（十）语言扶贫消除语言障碍

罗城县立足"大语言文字工作"发展思路，把语言文字工作纳入全县脱贫攻坚大局，构建高站位、全覆盖、广动员、深融合的语言文字工作新格局。聚焦学前幼儿和小学生、基层公务员重点对象，推进语言文字精准培训、经典诵读、语言文字规范化达标"三大工程"，将普及普通话列入驻村干部和第一书记的重要工作任务，狠抓全社会用语用字规范，消除贫困群众脱贫致富的语言障碍，有效助力脱贫攻坚。2018年年底，全县普通话普及率从2016年的70%提高至90%，贫困人口普通话普及率达79.82%，90.47%的贫困家庭青壮年劳动力具备普通话交流能力。2018年，罗城县代表广西高分通过国家通用语言文字工作督导评估并获得国家教育部充分肯定。

二、存在的困难和问题

罗城县是深度贫困县，贫困面广，贫困程度深，农民增收渠道少。2018年年底，全县累计有21个贫困村脱贫摘帽，但仍有51个贫困村3.07万人未脱贫摘帽，脱贫攻坚任务依然繁重且艰苦。按近年的发展速度，罗城县要实现与全国同步全面建成小康社会的目标，任务十分艰巨，难度极大。

（一）农民收入仍然较低，与国家脱贫标准仍有差距

罗城县农民收入主要依靠务农和外出务工，近几年在大力发展特色农业的推动下，农民就业渠道逐步拓宽，但收入与全区、全国相比仍很低。如表1所示，罗城县2015—2018年城镇和农村居民人均可支配收入逐年提高，但仍比全区、全国平均增速慢。

表1　2015—2018年罗城县与全区、全国城镇居民和农村居民人均可支配收入对比情况

单位：元

指标	2015年	2016年	2017年	2018年
罗城城镇居民人均可支配收入	18210	20046	21549	23057
罗城农村居民人均纯收入	5323	6638	7262	8046
广西城镇居民人均可支配收入	26416	28324	30502	32436
广西农村居民人均纯收入	9467	10359	11325	12435
全国城镇居民人均可支配收入	31195	33616	36396	39251
全国农村居民人均可支配收入	11421	12363	13432	14617

资料来源：罗城县、广西全区2015—2017年统计数据来源于2016—2018年广西统计年鉴；罗城县2018年数据来源于《2018年罗城仫佬族自治县国民经济和社会发展统计公报》；广西全区2018年数据来源于《2019年广西统计年鉴》；全国数据来源于国家统计局网站。

（二）扶贫产业规模小，缺乏龙头企业带动

罗城县农产品加工龙头企业少、品牌少，县内农产品大多未经过深加工直接销售，产业链短，附加值低，龙头企业带动能力有限，产业规模难以做大。例如，罗城县种植有大量的毛葡萄，但唯一的深加工是加工生产葡萄酒。由于葡萄酒生产和销量有所下降，鲜果销售渠道狭窄，导致大量鲜果滞销。这严重打击了贫困户发展种养业的积极性。

（三）基础设施有待进一步完善

完善的基础设施对于区域经济社会发展起着至关重要的作用。在路网建设方面，从罗城全县来看，目前还没有通高速公路，铁路站点偏僻，与

县城有十几千米的路程,铁路对推动罗城县域经济社会发展的作用不大。贫困村的一些道路还没有实现硬化,对群众出行和发展经济极其不利。在饮水安全方面,按照广西现行的贫困户"八有一超"的脱贫标准,罗城县存在较大的困难。经过摸底调查,罗城县需实施农村饮水巩固提升项目共329处,需投资1.05亿元。饮水安全工程项目除了缺乏资金外,由于一些村屯地形地貌复杂,通过勘测打井也难以找到充足的水源。例如,东门镇桥头社区由于地形地貌属浅层煤区,原来开采过度,严重影响了水源,社区群众人畜饮水主要靠打井用地下水,地菜屯、巴立屯、周冲屯等也均以地下水为人畜饮用水,水质不达标,严重影响了群众的身体健康。

三、对策和建议

(一)持续推进特色扶贫产业发展

持续加大资金、技术、人才、政策等扶持力度,推动"十大百万"扶贫产业、县级"5+2"和村级"3+1"特色产业实现再提质、再增效、再升级,加快推进全国电子商务进农村综合示范县项目建设,充分利用农村电商龙头企业平台,解决农产品销路问题,不断提升特色扶贫产业助推脱贫攻坚的贡献率和成效。

(二)进一步推进易地扶贫搬迁

加快完善城区易地扶贫搬迁安置点内学校、医院、市场等基础设施建设,强化后续扶持产业健康持续发展,加强就业创业技术培训,提供新增就业岗位,增强搬迁群众的认同感、归属感和幸福感。

(三)加快农村基础设施建设步伐

按照国家"两不愁三保障"贫困人口脱贫摘帽标准并结合乡村振兴行动,从水、电、路、房、网等方面逐项对照检查,列出问题清单,落实工作责任,逐项整改,切实改善和提升贫困群众的生产生活条件。

(四)强力推进乡村振兴战略

深入实施乡村振兴三年行动计划,选择1~2个乡镇开展乡村振兴试点工作。大力推进"美丽乡村"建设,全面改善农村人居环境。夯实农业基础设施，大力实施水毁修复工程、高效节水灌溉等项目。深入实施现代特色农业示范区增点扩面提质升级三年行动计划。

（五）建议加大对人口较少民族县财政扶持力度

罗城县是全国唯一的仫佬族自治县，是国家扶贫开发工作重点县、滇桂黔石漠化片区县、国家重点生态功能区、全国革命老区县，贫困人口大多居住在石漠化严重的大石山区，生存条件恶劣，自然灾害频发，发展基础薄弱，脱贫攻坚任务十分艰巨，迫切需要国家在脱贫政策、资金、项目上的大力扶持。为加快脱贫攻坚步伐，罗城县相继启动了大批基础设施项目建设，但由于历史欠账较多，县级财政对项目地方配套资金的承担能力有限。因此，国家和自治区层面应当继续加大对罗城县的财政扶持力度，调减或免除地方配套资金。

广西侗族地区脱贫攻坚调研报告

——以三江侗族自治县为例

陆昂 覃娟[*]

一、基本情况

(一)资源条件

三江侗族自治县(以下简称"三江县")总面积2454平方千米,辖15个乡镇,169个行政村(社区),人口39.6万人,主要居住有侗、苗、瑶、壮、汉等民族,其中侗族人口占总人口的58%,是广西唯一的侗族自治县,是全国侗族人口最多的少数民族自治县。

三江县属丘陵山地地貌,素有"九山半水半分田"之称,山地面积占全县土地面积的77.2%。耕地面积20121.96公顷,其中水田16805.19公顷,旱地3131.41公顷;人均耕地0.76亩,其中人均水田0.63亩,但可生产经营的土地资源分布不均,东部乡镇土地多、资源条件好,相对富裕,西部乡镇人多地少,相对贫困。三江县属亚热带南岭湿润气候区,多年平均降雨量1557.3毫米,平均气温17~19℃。全县生态环境良好,森林覆盖率达78.2%,空气环境质量保持国家二级标准,地表水环境质量保持国家Ⅲ类标准。

三江县被誉为"世界楼桥之乡",极具民族特色的"三江风雨桥"闻名中外。2014年,全县有14个村寨入选首批"中国少数民族特色村寨",截至2018年年底,有6个侗族村寨列入中国世界文化遗产预备名单,有4

---

[*] 陆昂,广西财经学院财政与公共管理学院正高级经济师;覃娟,广西社会科学院科研处处长,研究员。

处国家级重点文物保护单位（程阳永济桥、岜团桥、马胖鼓楼、和里三王宫），3项国家级非物质文化遗产保护名录（侗族大歌、侗族木构建筑技艺、侗戏）。

（二）经济发展概况

三江县经济发展以特色农业和特色旅游业为主。2018年，全县地区生产总值56.98亿元，同比增长9.00%；财政收入4.53亿元，同比增长13.96%；规模以上工业增加值1.35亿元，同比增长5.00%；社会消费品零售总额26.31亿元，同比增长11.00%；城镇居民人均可支配收入28806元，同比增长6.50%；农村居民人均可支配收入12400元，同比增长11.50%。2018年，全县旅游总人数901.21万人次，同比增长14.00%；旅游总消费72.50亿元，同比增长31.00%。❶三江县特色农业主要是"两茶一竹"（茶叶、油茶、竹子）、种稻养鱼。全县现有茶园面积17.05万亩，油茶林面积61.2万亩，竹林面积16.6万公顷，种稻养鱼面积7.5万亩。三江县地区生产总值和农村居民人均可支配收入在柳州市10个区县中排末位。

（三）脱贫攻坚基本情况

三江县是国家扶贫开发工作重点县，在广西全区20个深度贫困县中贫困发生率列第二位，属于典型的深度贫困地区。经过2015年精准识别，全县共有贫困村86个，贫困户21709户，贫困人口92406人，贫困发生率为25.22%。2016—2018年，三江县共实现12458户54134人脱贫。截至2018年年底，全县未脱贫户10299户43835人；2016—2018年共实现35个村摘帽出列，剩余的63个贫困村中有55个为深度贫困村、5个为极度贫困村。2018年年底，未脱贫的建档立卡贫困户因病因残致贫占17.36%，因学致贫占11.29%，缺少劳动力致贫13.45%，缺少技术致贫占45.05%，其他因自身发展不足、条件落后、因灾致贫的占12.85%。❷

三江县区域内脱贫发展不平衡，表现为"东部快过西部""沿河沿路优于高寒山区"，特别是富禄、洋溪、良口、老堡、同乐等乡的部分贫困村发展最慢、最为落后，这些村没有形成收入稳定的产业，大多数贫困劳动力

---

❶ 数据参见《2019年三江侗族自治县人民政府工作报告》。
❷ 数据由三江县扶贫攻坚指挥部提供。

通过外出务工挣钱，由于技能本领不高、务工收入低，减贫任务重，脱贫速度慢。调研结果显示，土地缺乏是三江县农业人口贫困的重要因素。三江县西部乡镇相对贫困、东部乡镇相对富裕，主要是因为人均耕地、林地有差异。此外，海拔和区位交通也是影响贫困发生率的重要因素。海拔高与人均耕地少、水源紧张、交通不便有很大的相关性。三江县西部乡镇的海拔普遍高于东部乡镇，深度贫困村的海拔普遍高于一般贫困村。

二、脱贫攻坚工作主要成效

（一）开展整风肃纪，推进干部队伍作风实现质的转变

一是举行"两誓师两讨论"，强化思想，集聚士气。三江县两次召集全县干部举行"下死力气、啃硬骨头、打翻身仗"誓师大会和"吹响集结号，打好歼灭战，全力以赴推进脱贫攻坚再上新台阶"誓师大会，集聚了干部队伍的士气。举行了正科级以上领导干部脱贫攻坚大讨论活动，每月开展"我不干谁干，我不上谁上，我不担当谁担当"思想大讨论活动，强化干部队伍思想教育。二是坚持"奖惩分明"，鼓励先进，鞭策后进。对2018年以来实绩突出的50个先进集体、60名先进个人、30户脱贫示范户和10名致富带头人进行表彰，激发干部群众合力攻坚拔穷根的激情。实施"书记引领"工程，解决作风不实、执行不力等问题，约谈或调离一批不作为、慢作为干部。三是坚持建章立制，压实责任，确保长效。通过出台实施《三江县决胜脱贫攻坚分战区作战实施方案》《三江县决胜脱贫攻坚压实责任实施办法》《三江县决胜脱贫攻坚进一步加强作风建设的实施意见》等，推行"一线工作法"，实行"分战区"全程责任链条式管理，层层压实责任、层层传导压力，营造了以上率下、上下联动、全力攻坚的工作氛围。

（二）锁定目标，分类施策，全面出击攻打"四大战役"

聚焦深度极度贫困村和当年计划脱贫摘帽贫困村，全面摸排"两不愁三保障"突出问题，根据不同地域、不同类型特点，实行具体化、差异化、精准化施策。

1. 义务教育保障战役

全面改善贫困地区教育薄弱学校办学条件，2018年上半年教育项目新开工2项，竣工4项，竣工校舍面积4510平方米，竣工运动场面积10200

平方米，竣工挡土墙26立方米，完成投资1540万元。认真落实国家资助政策，资助贫困家庭学生入学就读，2019年春季学期对家庭经济困难的学前入园儿童资助150万元，发放寄宿补助资金993万元，涉及16500人；免除普通高中学杂费128.5万元，涉及1563人；发放普通高中国家助学金308万元，涉及2234人。落实农村义务教育阶段学生营养餐用料统一采购配送服务。教师培训有序开展，培训中小学教师、校长共1560人次。项目课题研究取得较大成效，协助国家教育部、联合国儿童基金会成功举办三江县"社会情感学习"（SEL）项目阶段性成果展示会。进一步推进控辍保学工作，按照工作力度不减、工作措施不减、工作目标不减三大工作措施，压实责任，采取"人盯人"的办法，"入工厂、入户、入田间地头"开展劝返。截至2018年6月27日，三江县辍学适龄儿童少年从264人降到57人，成功劝返207人，其中建档立卡贫困学生由45人降到4人，成功劝返41人。

2. 基本医疗保障战役

三江县以"开展大病集中救治一批、慢病签约服务管理一批、重病兜底保障一批"为主要工作措施，构筑坚实的基本医保防线。截至2018年年底，全县应参加医疗保险379432人，已参保369503人，参保率达97.38%。36个预脱贫村参保率均达98%以上，35个已脱贫村参保率均达98%以上。全县特殊人群参保人数151420人，实现建档立卡贫困人口、特殊人群参保百分百。建档立卡贫困人口享受"先诊疗、后付费"患者人数7826人；享受"一站式"贫困患者共17373人次，其中住院9990人（含县外），住院报销比例达92%；门诊慢性病7383人次，门诊报销比例达80%，拨付兜底经费294万元。全县农村贫困人口患大病应救治人数561人，已救治人数552人，救治率98.4%。开展慢病贫困患者筛查鉴定"冲刺月"活动，由县级医疗机构组成4个专家组分别深入各行政村对疑似慢病贫困人员进行筛查，采取统一集中的方式作进一步确诊办卡，共办理慢病卡录入系统管理的慢病贫困患者3606人。

3. 住房保障安全战役

三江县采取维修加固和推倒重建两种方法解决住房问题。积极筹措资金，以统建模式和自建模式，加快推进危房改造工作，将危房改造作为脱贫攻坚、乡村振兴的重点工程来抓。2018年，三江县共完成危房改造2800户，其中贫困户2489户，受益1.21万人。同时，全力打好易地扶贫搬迁硬仕，2018年共建设项目17个，建成住房1789套，完成投资5亿元，搬迁入住1654户6734人，搬迁入住率达69.26%；完成易地扶贫搬迁拆旧233户，复垦7425平方米。

4. 饮水安全战役

已全面完成全县所有行政村饮用水达标任务，少数由于季节性缺水，部分管网老旧。截至2018年，需要解决安全饮水的还有5625户，其中建档立卡户2560户。针对这一问题，2018年三江县实施一批农村饮水安全巩固提升项目，下大力气解决贫困群众饮水困难问题。

（三）攻克堡垒，尽锐出战，全力以赴打好脱贫攻坚"五场硬仗"

1. 强化政策资金扶持，推进产业扶贫提质增效

2018年，三江县全面推进产业扶贫，制定了《三江县以奖代补推进特色产业扶贫实施方案》，扎实开展"春风行动"，促进农村贫困人口转移就业。2018年共落实产业扶贫专项到位资金6520万元，其中中央彩票公益金扶贫项目资金1020万元，中央自治区第一批资金3500万元、市级资金2000万，多渠道扶持贫困户发展产业，两茶一木、种稻养鱼特色优势主导产业覆盖全县96.72%的贫困户；实行"五种"发展模式，投入资金5850万元，推进村集体经济发展壮大，帮助贫困村建立实体经济，2018年年内全面消除"空壳村"，169个行政村（社区）集体经济收入均达到3万元以上，全县集体经济总收入870.46万元。

2. 狠抓配套建设，强力推进易地扶贫搬迁后续工作

截至2019年6月，全面完成6361套住房建设任务，五方责任主体验收率100%。有5个安置点完成正式竣工验收，正式竣工验收1561套，正式验收率24.54%。后续"3+3+1"配套产业逐渐形成，通过实施"微车间、微田园、微市场"+"万亩茶叶扶贫产业园、扶贫生态工业园、大洲岛旅游开发"+"公益岗位开发"的"3+3+1"后续产业配套模式，让搬迁户在家门口方便就业，按每户有1人以上有劳动能力且有就业意愿的家庭成员实现稳定就业的要求，解决搬迁群众就业创业问题。目前建成"微车间"6个，已安排358人就业。"微田园"就业基地完成土地流转202.09亩，签订合同149户，"微市场"就业基地设置239个摊位，落实125户就业。万亩茶园项目（一期）已流转土地7822.5亩，签订茶园承包协议2488户，贫困户累

计务工8900人次。社区管理工作逐渐走上规范，已成立南站社区居民委员会，社区设有党群服务中心。拆除复垦取得阶段性成效。

3. 多元发展村集体经济，确保村经济组织健康发展

2018年上半年，三江县集体经济小组积极开展成村民合作社设立、登记、开户和合作社督导工作，深入开展清理规范村级集体经济合同工作，共清理村级集体经济合同131份，整改完成3份。为提高村民合作社社长业务知识，三江县集体经济办公室2018年上半年分别组织全县170个行政村村民合作社社长召开业务培训班，提高了社长的业务知识水平，有效推进了各项工作开展。重点推动示范村项目建设，申请各级扶持资金4712.85万元，把产业发展优势明显的村进行统一打造、连片开发，着力打造15个集体经济示范村（示范带）项目，形成"强村+弱村""强村+强村"的组合发展模式，培育一批"集体经济示范村"，以示范带动全县其他村发展壮大村集体经济。

4. 打好基础设施建设硬仗

一是路通村屯方面，2018年开工建设项目66项，包括道路硬化、砂石路、桥涵、安全防护栏等建设内容，总投资1.7亿元，极大地改善了贫困村的交通出行条件。二是电力方面，改造项目8项，完成投资金额200.4万元。三是通信网络建设情况方面，实施项目建设198项，实际投资约800万元，帮助贫困村改善了通信信号覆盖不全、信号弱的问题。

5. 打好粤桂扶贫协作硬仗

2018年三江县增强吴川·三江扶贫协作工作实效，打好粤桂扶贫协作硬仗。一是在扶贫资金方面，粤桂扶贫协作财政资金2018年到位3330万元，全部用于易地扶贫搬迁安置区、小学、贫困户危房修缮、扶贫产业、贫困户技能培训等惠民项目建设；二是在劳务合作方面，举办就业帮扶大型招聘会和致富带头人培训班，并通过"扶贫微车间"实现贫困户就地就业，帮扶的扶贫微车间每个可解决几十人到上千人就业；三是在产业合作方面，引导和鼓励湛江籍企业家到三江投资建设项目，分期分批接待湛江籍企业家近200人。同时合作开发旅游项目，组织旅游企业考察旅游线路，强化旅游部门对接，制定旅游奖励政策，开展文化交流活动。举办湛江扶贫区域协作旅游推介会，开通粤桂旅游扶贫动车专列2趟，有力提升"千年侗寨·梦萦三江"旅游品牌影响力，进一步主动融入粤桂黔高铁旅游经济带。

（四）加强统筹整合，加快财政扶贫资金支出进度

建立了扶贫资金支出预警机制和防止扶贫资金闲置管理机制，定时发布资金使用情况，随时统筹调整资金支出进度，取得了良好的效果。在2018年5月广西发布的1—4月资金使用通报中，三江县进入了两个前10名。2019年，三江县进一步加强对扶贫资金的统筹整合力度，加快2019年统筹整合资金的支出进度，包括抓紧支出易地扶贫搬迁结转结余资金的使用。

（五）巩固和提升脱贫成果，推动脱贫攻坚与乡村振兴有效衔接

制定出台了《关于调整"十三五"脱贫攻坚县处级领导干部联系乡镇、贫困村的通知》，深度贫困村都已明确1名县级党委、政府领导推进落实脱贫工作。其中，5个极度贫困村由四家班子主要领导和县委常委联系挂村。印发《三江侗族自治县老堡乡白文村极度贫困脱贫攻坚实施方案（2019—2020）》《三江县支持深度贫困地区脱贫攻坚实施方案》等通知，对深度贫困村、极度贫困村加大财政投入，加强人才支援，优先保障深度极度贫困地区用地需求。同时，紧紧围绕"两不愁""三保障"扶贫标准，充分考虑贫困村和贫困群众发展需求，结合三江县实际情况，坚持脱贫不脱政策原则，推进贫困村提升工程。三江县从产业提升、村集体经济扶持升级、扶志扶智方面入手，以打通贫困村脱贫攻坚政策落实"最后一公里"为重点，巩固脱贫成果，为打好打赢精准脱贫攻坚战和推动实施乡村振兴战略奠定坚实基础。

三、三江县打赢脱贫攻坚战面临的困难和问题

（一）住房保障问题是当前制约脱贫摘帽最大的瓶颈

三江县少数民族群众居住的木质房屋大部分有几十年甚至上百年的历史，已出现支撑木破旧腐烂或整体倾斜，导致住房不稳固、不安全，随时有倒塌的危险。在一些发生地质灾害的村屯，笔者甚至看到有的群众用竹子作为支撑木来加固摇摇欲坠的木楼。此外，人均居住面积不达标。调研发现，一栋木楼甚至居住了7户人家30多口人，整个居住环境拥挤、狭

窄、阴暗、潮湿，大白天入户也需要开灯。究其原因，一是危改补助标准太低，许多农户除按政策享受危改补助资金外，自身缺乏资金，即使拿到危改指标也建设不了新房；二是三江县农村宅基地异常紧张，村落很拥挤杂乱，一些农户自身有些建房资金，但由于没有宅基地，改扩建房屋或新建搬迁点很难找到土地；三是一栋木楼多户居住，贫困户和非贫困户杂居，改造需要多户协商，实施困难。总的来说，三江县少数民族贫困群众居住条件和居住环境相对其他贫困地区比较差。

（二）水、电、路等基础设施建设亟待提升

一是饮水问题解决难度大。一些村民住在海拔比较高的地区，距离水源地较远，从山脚引水到山顶距离远，扬程高，难度大，全村普遍存在严重缺水问题。二是少数民族村寨防火压力大。一方面，三江县少数民族群众居住的木楼通常栋栋相连，寨寨相通，耐火等级低，一旦失火，极易造成"火烧连营"，消防用水压力非常大；另一方面，人饮、消防网管不分，村寨消防安全隐患大。三江县历史上曾经多次发生过造成人员伤亡和财产损失重大的村寨失火事件。在笔者调研的一些村寨，生产、生活和消防用水均接引山泉水，水源少，雨季水量丰沛，旱季缺水，断断续续，经常无法满足农户日常生产生活需求，消防用水更无从考虑。三是交通基础设施落后面貌亟待改变。现有部分贫困村的生产生活环境恶劣，交通基础设施条件差，少数深度贫困村屯还需二次运输或马帮运输，道路建设成本高，维护难度大，时常出现因灾损毁现象；一部分村屯连接交通主干道的路段建设、维护不到位，境内跨江桥梁密度过小、间距过大；一些贫困村通行路面没有达到4.5米的要求；一些村屯扶贫产业路建设严重滞后，影响了农产品的采摘、运输和市场销售。三江县拥有"世界楼桥之乡"的优秀民族文化旅游资源和生态旅游资源优势，由于旅游配套基础设施太差、限制太多，旅游扶贫的作用没有充分发挥，少数民族群众难以从民族旅游发展中获得收益。四是电网建设需提速。一些贫困村电线老化，2008年电网改造时负荷少，不能满足现在的用电需求；同时，电线线路老化，也是导致村寨火灾的重大隐患。

（三）解决贫困户稳定收入来源困难较多

三江县的一大资源优势在于森林资源多，生态条件好，因此，除了外出务工以外，三江县农户收入来源主要靠"两茶一竹"和种稻养鱼。种植一亩茶园可以为农户带来 3000~5000 元的收入，油茶每亩收入也有 3000 元左右。2017 年，三江县农民人均纯收入基本与广西平均水平持平，比许多深度贫困县要好。问题主要在于：一是茶叶的提质升级不够，自有品牌不足，缺乏深加工，影响农民增收。调研组走访的农户中，有产业覆盖的占 72%，但产业总体规模小，种植面积稍大点的茶叶和油茶，管理粗放，品质和产量低，深加工和品牌化程度低，产品附加值低。二是产业发展的组织化程度低，三个村都没有引领产业发展的专业合作社，产业基本是单家独户，抗风险能力差，茶叶加工基本是家庭小作坊生产，技术含量较低，只停留在炒茶初加工环节。因此，加工出来的茶叶销售价格低，农民收入少。三是产业发展资金支持力度不够。产业扶持以产业奖补为主，覆盖面不大，补助额度小，一般户均 1000~2000 元。四是外出务工农户整体文化程度低，收入水平低。外出务工人员因学历低、无技术，大多做的是体力活、临时工，工资偏低，就业不稳定，收入来源无法保障。

（四）义务教育保障水平低

三江县义务教育均衡发展问题较为突出，一些偏远山区、深度贫困地区的师资不足、教育设备落后，教育基础设施建设需求缺口较大，一些贫困地区学前教育条件差，影响后续义务教育水平。在落实贫困学生资助政策过程中，对贫困学生的一些优惠政策实行"先交后返"的措施给部分特别贫困家庭带来压力。在一些贫困村，因厌学而导致的辍学现象增多，控辍保学难度较大。辍学原因主要有：一是离家到县乡学校读书租房费、交通费、生活费支出大，家庭开支压力大；二是学生因厌学自己放弃，也有因纪律问题影响教学被劝离的；三是身体有残疾或自身条件不允许。

（五）医疗保障问题比较突出

三江县采取的是农户自己交一点、政府补贴一点的方式，已基本实现贫困户新农合直接缴纳 72 元。基层干部坦言每年新农合征收工作压力很大，原因在于：新农合缴纳费用逐年上升，且不能滚动到下一年，农户感觉负担较重；报销手续复杂，住院尚未实现"一站式"报销，贫困户先诊疗后付费政策、住院病人医疗费用报销比例不低于 90% 政策、费用报销的要求等没有宣传到位，导致一些农户不知如何报销或有病不去治疗；保险知识宣传不够，农户保险意识淡薄，老年人认为年纪大了没必要参保，年青人认为身强力壮也没必要参保，参保积极性越来越低。从全县的情况来看，东部乡镇农民收入高，新农合缴纳工作通常比较顺利，西部乡镇农民收入低，新农合缴纳工作困难较多。过去一些脱贫村缴纳不足的部分都由帮扶单位或当地政府兜底解决，容易在农村形成"自己不交、政府帮交"的不良倾向，影响下一年农民缴费积极性。新农合缴费问题的最终解决还是要靠不断提高农民收入水平和城乡医疗保障服务水平来推进。

（六）村集体经济发展困难

三江县耕地全部承包到户，山林地也大多分配到户。大多数行政村缺乏集体资源，也没有产业发展启动资金；部分行政村有集体山林地，种植一些杉木、茶叶等，但由于杉木砍伐周期为18~20年，加上缺乏相关配套，运输成本高，因此，村集体经济发展基础较弱。现有村集体经济发展模式单一，基本上是整合投入三江县文旅公司或者大的农业企业，见效周期较长，难以实现快速增收；扶持资金直接投入村集体经济组织不多，对集体经济组织和致富能人的支持带动作用不强，村集体自我发展、自我管理和生产组织能力难以提高。此外，村内青壮年以外出务工居多，劳动力资源外溢严重，产业发展缺少劳动力因素支撑，发展集体经济人才缺乏，产业发展思路和方向不明确。部分贫困村新型农业经营主体存在空壳现象，没有真正起到带动贫困户脱贫的作用；部分贫困村还没有建立产业基地和成立新型农业经营主体。截至2018年年底，三江县"空壳村"还有20个，占全县行政村总数的12%；集体经济收入在2万元以下的"薄弱村"有70个，占全县行政村总数的41%；集体经济收入在2万元以上5万元以下的有71个，占全县行政村总数的42%；集体经济收入在5万元以上的仅有8个，占全县行政村总数的5%。

四、三江县脱贫攻坚的深层思考

（一）危房改造与少数民族传统村落保护的困境

三江县少数民族群众住房保障存在问题的深层次的原因在于少数民族居住习惯和传统村落的保护问题。针对少数民族群众习惯居住的木楼，尚未有明确、统一的危房评估标准，且木楼的改造和重建成本大于一般的砖混结构房屋，按危房改造的补助标准，很多贫困户无法完成房屋改造。移民搬迁既要解决本村本土新建搬迁点的土地问题，又要注意搬迁点房屋建设体现少数民族的居住特点，砖混与木质结构相结合。因此，三江县少数民族传统村落的改造和脱贫需要投入比其他地区更多的资源。

（二）少数民族现代化发展与传统村落保护的困境

少数民族传统村落的保护已列入法律和政策的范畴，但保护传统村落绝不是原封不动，不能因保护传统村落而剥夺村落群众享受现代科技文明带来的便利与实惠的权利。国内外一些实践证明，村落的保护与发展完全可以做到两全其美，如在不改变街区历史格局、尺度和建筑外墙的前提下，改造内部的使用功能，甚至重新调整内部结构，或者在村落附近建设传统民居小区，既可以使传统村落群众居住环境和生活质量大大提高，又可以发展民族旅游，实现双赢。

（三）少数民族聚居区扶贫资源合理分配的难题

三江县传统少数民族村寨集中连片，贫困面广、贫困程度深。调研发现，集中连片的村寨中，年久失修、破旧不堪的木楼数量不少，少数民族群众住房保障和住房条件改善的需求是普遍而迫切的，并不局限于贫困村和贫困户。但是，三江县自身财力弱，要保证完成每年的脱贫攻坚任务，只能把有限的扶贫资源集中投向年度脱贫村，其他贫困村很难安排到项目，等到有项目安排的时候又必须得在短时间内仓促完成。此外，一些非贫困村虽然与贫困村同样面临住房、饮水、交通等基础设施严重落后的问题，但却很难分享到扶贫资源。因此，如何坚持以问题为导向，坚持以人民的需求为中心来解决脱贫攻坚工作中遇到的困难，亟待研究。

五、对策建议

习近平总书记多次强调，"全面建成小康社会，一个民族都不能少"。这不仅是对建设小康社会的目标要求，也是对少数民族群众的庄严承诺。当前，我国脱贫攻坚工作进程和贫困基本面已经从注重全面推进帮扶向更加注重深度贫困地区攻坚转变，从注重减贫进度向更加注重脱贫质量转变，从注重完成脱贫目标向更加注重增强贫困群众获得感转变。以三江县为代表的桂北少数民族聚居区（包括融水、龙胜）长期以来发展落后，少数民族群众生产生活条件差，下大力气切实改善少数民族群众的生产生活条件，不仅关系全面小康的实现，而且关系我国民族团结稳定和共同繁荣进步的大局。

（一）结合乡村振兴战略要求，切实改善桂北少数民族聚居区基础设施条件

1. 实施桂北少数民族聚居区住房保障工程

开展少数民族聚居区农村住房保障情况大普查，进一步明确少数民族建筑危房评估标准，深入研究少数民族村寨与传统村落保护、改造、利用的规划方案和实施步骤，做到全面规划。加强对少数民族移民安置点的规划建设，突出民族特色和文化要求，着重加快搬迁安置区的基础设施和配套设施建设、招商引资企业入驻生产，适当增加乡、村两级安置点数量并相应调整安置点布局以尽量满足不同少数民族同族聚居等合理要求；进一步摸清少数民族村寨危房改造需求，努力解决危房改造的补助问题；对个别深度贫困村实施的统一建设，应该更加理性地对待，在防控廉洁风险、确保社会稳定的前提下，尊重群众搬迁意愿和需求，鼓励探索创新。

2. 实施少数民族村寨路、水、电等基础设施建设提升工程

工作重点是着力优化提高交通基础设施建设水平，着力解决少数民族群众饮水困难，着力强化少数民族村寨防火能力，着力推动农村电网升级改造。

3. 实施教育质量提升工程

加大对少数民族聚居区义务教育的校舍、师资、教学设备等投入力度，支持深度贫困地区学前教育发展，全面提升办学质量。落实"两免一补"和"雨露计划"，确保贫困家庭子女得到帮扶，着力提高义务教育阶段特困户家庭子女的生活补助水平。抓好控辍保学工作，认真研判少数民族学生辍学原因，制定系统的解决方案。提高乡村教师的生活待遇，改善教学环境和生活条件，实施边远艰苦地区乡村学校教师周转宿舍建设等。

4. 实施农村医疗保障能力提升工程

夯实农村三级卫生服务网的建设基础，提升农村基本公共卫生及基本医疗服务的设施水平，改善村级卫生机构的诊疗功能、基础设施，推进卫

生医疗信息化建设，强化乡村两级医疗卫生机构整体功能，进一步加强乡卫生院对村卫生所（室）的业务指导和行政管理，让村民在家门口也能享受更加专业、规范的医疗服务。加大宣传力度，提高农户参合的保险意识，提高城乡居民基本医疗保险参保率，同时，进一步简化新型农村合作医疗报销手续，提升报销工作便利化程度。

5. 以需求为导向建设一批扶贫项目

对少数民族聚居区重点深度贫困村贫困现状、脱贫需求进行深入研究，对照自治区脱贫标准要求，尽快谋划建设一批带动脱贫能力强、当地急需、见效快且又不会形成新的产能过剩的项目。在通盘考虑大局的基础上，兼顾当前脱贫和未来长远发展，在深度贫困村连片地区布局建设一些重大项目。例如，在榕江深度贫困带建设跨江桥梁，在深度贫困村集聚的大山脉建设等级略高于村屯通道的环山公路并与交通主干道连接等。

（二）全面加强干部队伍作风建设，强化组织保障

以2018年脱贫攻坚作风建设年为契机，继续全面推进三江县干部队伍作风建设，为脱贫攻坚提供坚强的组织保障。要从干部政治觉悟和思想观念上下功夫，坚定不移以实事求是、为人民服务的好作风推进脱贫攻坚取得好效果，力戒形式主义、官僚主义，不回避、不遮掩脱贫攻坚中的棘手问题，坚持以人民群众的需求为中心，重点整顿"节日扶贫""慰问扶贫"和"挂村不驻村"等帮扶责任落实不到位现象。制定系统的培训计划，加强对驻村干部、第一书记和帮扶人的扶贫业务培训，进一步提升帮扶能力。着力构建以乡镇干部包村帮扶为主体，以驻村干部为依靠，以帮扶联系人为执行主体的帮扶体系，优化提高三江脱贫帮扶工作的整体效率。

（三）加大特色产业培育力度，夯实贫困户增收渠道

着力推进新品油茶、茶叶、竹子种植和种稻养鱼四大主导产业的发展，实施品牌化发展战略，提升产业化、规模化、品牌化发展水平。以良好的营商环境和更开放、更实惠的措施招商引资，引入带动脱贫能力更强的大中型农业龙头企业、旅游企业和工商业企业；提升茶叶、油茶、中草药等农业特色产业种植品种，加大农产品品牌宣传、保护力度，加强农民技术培训和农业企业经营管理培训，研究解决农业龙头企业用电不能享受农业用电价格优惠等实际问题，鼓励各类农业"能人"带动村民致富、贫困户

脱贫，对市场前景好、带动脱贫见效快的农产业实施特殊政策支持；督促广西旅游投资集团等旅游企业兑现投资承诺，建立健全旅游景点发展与当地群众收益联动机制，推动本地旅游资源跨省区合作开发，培育"少数民族风情+自然生态+休闲农业"的旅游发展模式，扩大旅游消费总收入，延伸旅游产业链条。

（四）引导贫困户输出劳务，促进贫困户收入稳定增长

通过多种形式加大贫困劳动力务工的组织化，特别是大力发展"扶贫车间"，让贫困劳动力能够在家附近实现就业增收。引导和鼓励农村劳动力积极参加职业技能培训，提高务工技术水平。可根据粤桂对口扶贫城市的劳务需求，由村集体组织贫困户劳动力成立统一的劳务队，通过分类培训、统一管理，为对口支援城市输送符合条件的劳务人员，拓展贫困户收入来源，进一步提高贫困户收入。

（五）发展壮大村集体经济，增强村级自治能力

鼓励探索多种形式的村集体经济发展模式。用好村集体经济发展资金，采取村企联姻入股分红的方式获得收益；通过发展特色农业和特色旅游业等增加村集体经营收入；采取承包、出租、自行开发经营等方式盘活现有村集体资源；大力发展村集体电子商务，开展服务经营，有效整合一二三产的资源，不断延伸产业链；通过建章立制、加强管理，提高集体经济及经营主体的竞争力和活力。

（六）结合乡风文明建设，激发贫困户发展内生动力

强化勤劳致富、自力更生、节俭养德的文明乡风建设，通过定期举办"脱贫故事会"，让脱贫致富农户和致富能人现身说法，在农民群众身边树典型、立标杆，营造"致富光荣、脱贫光荣"的发展氛围，引导贫困群众树立"宁愿苦干、不愿苦熬"的观念，使学习典型的过程成为实践社会主义核心价值观和重拾生活信心、致富信念的过程，调动贫困群众人心思进、主动脱贫、勤劳致富的积极性和主动性。推动农村移风易俗，遏制大操大办、铺张浪费和相互攀比等陋习，建设一批文明乡村村史馆、民俗馆、移风易俗示范村。加大对贫困群众的实用技术培训力度，充分整合各部门培训资源，以贫困群众实际需求为响应有效组织培训，既要下到田间地头开

展实用技术培训,又要组织贫困群众"走出去"开阔眼界,引导贫困群众逐步克服"等靠要"思想,提升自我发展、自我管理和组织生产能力,从而增强脱贫内生动力。

(七)狠抓村级组织建设,提高服务群众水平

继续抓好党建工作,强化村"两委"班子帮扶、带富能力;开展"一带二帮三·先锋促脱贫"活动,充分发挥基层党组织和党员的先锋模范作用,带动贫困户脱贫致富,确保精准帮扶效果。选聘责任心强、群众基础好的村民担任乡村事务的管理员,配合村两委做好村务服务管理工作。

广西京族地区消除贫困人口发展报告

罗柳宁*

2010年第六次全国人口普查数据显示,广西壮族自治区京族人口为23283人,占全国京族总人口28199人的82.57%。东兴市是我国京族唯一的聚居地,有汉、壮、京、瑶等世居民族。京族主要聚居于东兴市的江平镇和东兴镇,其中以京族三岛万尾村、巫头村、山心村最为集中,其余散居于防城区、港口区、钦南区等县区。2018年年初,东兴市户籍人口14.96万人,少数民族5.21万人,其中京族人口2.1万人,占总人口的14.04%。

一、京族聚居地区经济发展现状

东兴市京族聚居村有23个,涉及3个镇,人口5.7万人,京族人口占聚居区总人口的31%。京族是一个居住在海边,以海为生的海洋民族。京族聚居的东兴市位于我国大陆海岸线最西南端,与越南北方最大经济特区芒街市仅一河之隔,是我国通往越南乃至东盟国家最便捷的海陆通道。东兴口岸1958年被列为国家一类口岸,已发展成为我国边境口岸中设施最完善的口岸之一。1992年9月26日,国务院特区办公室批准设立东兴边境经济合作区。2010年,东兴试验区开发开放正式上升为国家发展战略,成为国家重点开发开放试验区。东兴市集山、海、边、少数民族特色于一体,与东盟各国互通联动,全市农林、海洋、矿产资源丰富,得天独厚的自然、人文资源优势,使东兴市享有"上山下海又出国"的知名旅游品牌。近年来,东兴市积极适应经济发展新常态,加快推进边海经济转型升级、提质增效,经济社会发展步入了新阶段。东兴市人均地区生产总值、人均财政

---

* 罗柳宁,广西民族研究中心,副研究员。

收入、人均存款余额、城镇居民人均可支配收入和农民人均纯收入等经济指标保持在广西全区前列，获得国家表彰30多项。东兴市先后荣获"中国最具海外影响力城市""中国最具竞争力百强县""中国电子商务百强县""全国双拥模范城""广西科学发展进步县""广西特色旅游名县"等荣誉称号。2018年，东兴市再度跻身全国县级市全面小康指数百强，成为广西唯一上榜的县级市，荣获"2018中国西部百强县市"荣誉称号。东兴市商贸、旅游、加工三大支柱产业蓬勃发展，初步形成了大开放、大市场、大流通、大发展的良好格局。

在党中央、国务院的亲切关怀和重视下，2005年，京族被列入国务院批准实施的《扶持人口较少民族发展规划（2005—2010年）》。通过一系列民族发展项目的实施，广西的三个人口较少民族聚居区经济社会获得了较快发展，基础设施显著改善，结构调整步伐加快，人民生活明显改善，社会事业稳步推进，发展能力逐步增强，呈现出生产发展、生活提高、生态改善、民族团结、社会和谐的良好局面，为全面实现小康社会奠定了坚实基础，京族成为全国最先实现小康社会的少数民族。

近年来，在国家扶持人口较少民族发展政策的大力支持下，京族人民坚持走"农商结合、养捕并举"的经济发展路子，全面实施"3331致富工程"（即大体上30%的劳力从事边贸，30%从事养殖，30%从事海洋捕采，10%从事农业综合开发）。东兴市对当地资源进行了综合开发，建成了对虾养殖、"红姑娘"红薯种植及"皇帝果"种植等一批特色农业种养基地，增加了农民的收入，促进了当地经济和社会的发展。

2018年，东兴市地区生产总值达98.29亿元，增长6.6%，其中第一、第二、第三产业增加值分别增长5.6%、5.8%、7.9%；财政收入7.93亿元，剔除一次性收入因素后，同比增加6800万元，增长11.3%；固定资产投资45.52亿元，增长16.8%；城镇居民人均可支配收入40363元，增长7.2%；农村居民人均可支配收入17937元，增长8.9%，具体如表1所示。

表1 2018年广西人口较少民族聚居区经济发展指标

指标	东兴市	环江毛南族自治县	罗城仫佬族自治县
地区生产总值/亿元	98.29	56.91	52.54
地区生产总值增长/%	6.6	8.5	10.4

续表

指标	东兴市	环江毛南族自治县	罗城仫佬族自治县
财政收入/亿元	7.93	4.51	4.66
财政收入增长/%	11.3	12.5	35.4
固定资产投资/亿元	45.52	36.6	39.95
固定资产投资增长/%	16.8	5.3	40.8
城镇居民人均可支配收入/元	40363	26854	23057
农村居民人均可支配收入/元	17937	9880	8046

资料来源：《广西统计年鉴2019》（中国统计出版社，2019年）。

（一）第一产业可持续发展能力不断提升

现代特色农业示范区创建工作成效显著，东兴市在原有11个现代特色农业示范区基础上进行增点扩面提质升级，新增特色农业示范区（园、点）38个，策划打造自治区级（核心）示范区4个，打造乡级示范园10个，村级示范点31个，确保村村有示范点、镇镇有示范区或示范园。同时，在全市31个行政村实施万亩金花茶种植等"十个一万"特色农业产业。

（二）第二产业持续较快增长

注重"跨境加工+品牌"打造，成功打造怡诚海产、金滩管业、鼎康科技、高山红红木等10多个全国知名品牌，拥有25项实用新型专利和3项发明专利。东兴市互市商品落地加工企业累计发展到30家，互市商品落地加工产值近30亿元。江平工业园入园项目达53个，投产项目达30个，规模以上企业达11家，省级及以上名牌产品企业4个，高新技术企业3个，省级及以上研发机构1个。冲榄工业园签约入园项目达11个，总用地面积290.97亩，总投资5.2亿元。东盟特色产业加工区已进驻家家鸿红木、澳门豆捞等15家企业。

（三）第三产业加快发展壮大，跨境贸易繁荣发展

一是打造了"互市+全产业链"的东兴模式，东兴十八方农产品进出

口交易中心（一期）、海关 H986 系统等项目建成投入使用；东兴—芒街便民浮桥建成运营，东兴进境水果指定口岸开通试运营。口岸分类通关改革扎实推进，推行"一次申报、一次查验、一次放行"机制，推动了贸易通关便利化发展。建成东兴边防检查站互市区辅助管理信息系统，加强对互市区货物运输车辆管控，提高了互市区运作力度，大大提高了贸易便利化。2018 年，全市互市贸易进出口额 179.7 亿元，互市贸易日均交易额 4922 万元，日均交易量达 4709 吨。二是跨境旅游发展取得新突破。2018 年 4 月，国务院批准在东兴市设立边境旅游试验区，东兴口岸成为广西实行境外旅客离境退税政策首个试点口岸。东兴市在全国首创开通桂林经东兴至越南下龙的跨境自驾游线路，入境自驾游通关业务实现单日办结；开创发展"两国一城"全域旅游的"六联合"（联合打造旅游线路、联合打造旅游景区、联合开展旅游宣传推广、联合做好旅游演艺交流、联合开展旅游市场执法、联合开展跨境旅游培训）模式。启用全国首个边境旅游网上办证预约系统。2018 年，全市接待游客人数 1140.31 万人次，增长 21.2%；旅游总消费 104.75 亿元，增长 27.4%。经东兴口岸出入境人数达 1219 万人次，增长 18.24%。三是跨境物流不断壮大。2018 年，全市公路客货运周转量 6.84 亿吨千米，增长 8.2%；口岸出入境车辆累计达 4.71 万辆次，增长 30.5%；口岸进出境货物累计达 43.77 万吨，增长 15.2%。四是跨境金融运行稳健。2018 年，全市跨境人民币结算总量 325.1 亿元，其中个人跨境人民币结算总量 256.75 亿元；金融机构存款余额 147.98 亿元，贷款余额 94.37 亿元。东兴试验区内 4 家开办人民币与越南盾项下兑换业务的个人本外币兑换特许机构共办理货币兑换业务 10470 笔，金额合计 2.98 亿元人民币。五是跨境电商持续较快发展。2018 年，全市新增电商企业（含个体、个人网店）80 家，电子商务企业（含个体、微商）达 2591 家，实现电子商务交易额 35.3 亿元，增长 21.1%。

二、京族地区消除脱贫人口取得新成效

由于京族居住在沿海地域，耕地较少，耕地中有相当部分属咸酸田，粮食单位产量低，种植效益不佳，因此，京族的生产方式主要以海水捕捞和海鲜养殖为主，是我国唯一以海洋渔业经济为主的少数民族。

2015 年年末，东兴市精准识别贫困村 4 个，识别贫困人口 730 户 2780

人，贫困发生率为3.34%。在23个京族聚居行政村中，横隘村、那漏村、吊应村3个村被认定为贫困村。主要致贫原因包括因病、因残、因学、缺劳动力、缺资金等。其中，因病致贫216户850人，占贫困人口的30.58%；因残致贫115户389人，占贫困人口的13.99%；因学致贫39户133人，占贫困人口的4.78%；因缺乏劳动力致贫60户190人，占贫困人口的6.83%；因缺资金致贫172户680人，占24.46%；因自身发展力不足致贫79户352人，占12.66%；因其他原因致贫共49户186人，占6.69%。2016年年底，实现128户493人脱贫（东兴镇24户97人，江平镇87户335人，马路镇17户61人），4个贫困村摘帽；2017年年初，实现255户1027人脱贫（东兴镇71户285人，江平镇137户570人，马路镇47户172人）。23个京族聚居行政村集体经济收入均达2万元以上，其中4个贫困村达4.7万元以上。在各级政府部门的努力下，长湖村、横隘村、那漏村、吊应村4个建档立卡贫困村已于2016年年底完成了脱贫摘帽，京族聚居地区贫困发生率下降至1.12%。在脱贫攻坚方面，京族聚居的东兴市一方面凭借自然条件和区位优势，另一方面通过强化基础设施建设，抓好贫困村民生保障，推进产业扶贫，带动贫困村经济社会的发展。至2018年年底，东兴市尚有贫困人口936人。

东兴市消除贫困人口主要在以下几个方面取得了新成效：一是实施饮水工程大会战。2015年以来，投入资金129.83万元，实施农村饮水安全巩固提升工程项目4个，共解决3723人吃水难和饮水不安全问题。二是强化教育保障。2015年以来，投入资金14087万元用于学校及配套基础设施建设，新建2所中小学校，2所幼儿园。大力抓好控辍保学工作，从源头上阻断贫困"代际传递"，出现贫困学生失学辍学时及时启动"双线四包"劝学机制，加大关爱力度，使失学辍学贫困学生及时返学。三是加强医疗保障。2015年以来，共报销812万元医疗费用，惠及1011人贫困户。四是解决住房安全保障。不断改善人口较少民族聚居地区住房条件。2015年以来，投资668.905万元，实施农村危房改造304户，解决了1172名贫困群众的住房安全。五是打好基础设施"硬仗"。2016年以来，累计投入4078万元修建屯级道路75.2千米。六是打好产业扶贫"硬仗"。重点推广肉桂种植等长线产业。广西庚源香料有限责任公司以"企业+贫困户+基地+合作社"的模式发展肉桂种植7976亩，带动239户贫困户增收。不老峰铁皮石斛产业示范区以"龙头企业带动，合作社衔接，家庭农场参与，社会化服务跟进"的现代农业产业体系发展铁皮石斛种植1200亩，带动22户贫困户增收。东兴市江源水产有限公司通过土地流转及代种代养的形式发展水产养殖，土地流转3200亩，代种代养200亩，带动108户贫困户增收。七是打好村级集体经济发展"硬仗"。2018年，4个脱贫摘帽村均已开展村级集体经济项目库建设，集体经济收入均达3万元以上，其余27个面上村有24个村集体经济收入达到3万元以上。八是大力开展就业扶贫专项行动。2015年以来，通过深化粤桂劳务协作、开展"春风行动"等就业援助专项行动，精准帮扶贫困劳动力转移就业，统筹培训贫困家庭劳动力50人次以上，贫困劳动力转移就业新增606人次，就业人数达1.12万人，向贫困人口提供新增公益岗位220个。九是大力开展生态扶贫专项行动。2015—2018年，累计植树造林3.7万亩（含广西十万大山国家级自然保护区管理局实施0.24万亩、防城港市本级实施0.46万亩），森林抚育7.5万亩；聘用生态护林员49人，管护总面积4.6万亩，带动181名以上贫困人口脱贫。十是大力开展综合保障性扶贫专项行动。建立以社会保险、社会救助、社会福利制度为主体，以社会帮扶、社工助力为辅的综合保障体系。一方面，健全低保对象认定方法。加强低保对象动态管理，及时将生活条件已改善且收入超过低保标准的低保对象退出低保范围。重点对成年无业且肢体一级、二级和精神智力三级、四级的残疾人，重病户，因生产条件恶劣家庭生活困难的贫困户给予倾斜兜底保障。另一方面，完成社保扶贫4个100%指标要求。十一是大力开展贫困残疾人脱贫专项行动。将符合条件的164人建档立卡贫困残疾人纳入农村低保，城乡医疗救助达到全覆盖。通过就读特教学校、随班就读和送教上门等形式，帮助120名贫困家庭残疾儿童接受义务教育。十二是大力开展扶贫扶志专项行动。加强政策指路，用好宣传法宝，消除"等靠要"意识，树立"穷而有志"观念。注重典型引路，打好感情基础，消除"以贫为荣"意识，树立"穷则思变"观念。

三、京族地区消除贫困人口的具体措施

万尾村共有贫困户26户，2015年建档立卡的贫困人口有15户59人，2015年退出8户22人，贫困发生率为1.1%。经过几年的努力，该村2016年脱贫1户3人，2017年脱贫5户21人，2018年脱贫3户4人。截至

2018年年底，全村剩余贫困人口6户27人，贫困发生率为0.6%。巫头村位于江平镇西南部，距离镇政府所在地9千米，是我国京族聚居地——京族三岛之一，与越南隔海相望。全村总面积5.4平方千米，海岸线长3.9千米，海滩涂面积2万亩，耕地面积2229亩，已开发海水对虾养殖面积3820亩。2018年年初，精准识别建档立卡贫困户全部实现脱贫。

万尾村通过以下三项措施消除贫困人口：一是提升技能水平，解决贫困户劳动力就业创业问题。2018年，万尾村组织举办了1期创业培训班，5期中式烹调师就业技能培训班，参加培训人员达到269人（创业培训30人，中式烹调师239人）。二是推动产业覆盖，申请以奖代补。广西特色产业以奖代补政策出台后，全村26户贫困户（包括退出、脱贫户）全部实现特色产业覆盖，达到申请奖补规模的有8户，联合帮扶责任人为贫困户实地测量、核实并填报了以奖代补申请。三是按"八有一超"达标标准为贫困户解决实际问题。

巫头村通过以下三项措施消除贫困人口：一是加强基层党建工作，立足于"抓党建促扶贫"，坚持党建引领。二是加大基础设施建设力度，结合本村民族特色，积极对接上级业务部门，申请财政一事一议资金及少数民族转移建设资金，促使项目快速落地。三是突出产业扶贫，助农长效增收。通过东兴市京岛海洋渔业（核心）示范区的带动辐射作用，巫头村海水养殖及海产品加工业发展较快，已开发海水对虾养殖面积3820亩，海蜇加工场40多家，村民收入保持较快增长。2018年，农民人均纯收入达到14000元，同比增长10%，成为较富裕的少数民族地区。四是大力实施多种形式扶贫。截至2018年，实现了所有贫困户适龄儿童在校就读，为所有贫困户购买城乡医疗保险及大病险，实现了所有贫困户住房均达标。

山心村总人口1609人，2015年精准识别贫困户17户71人，截至2018年12月，脱贫11户45人，未脱贫6户26人。山心村通过以下几项措施消除贫困人口：2018年村委组织两委干部、驻村工作队员开展扶贫政策培训、扶贫应知应会培训，开展扶贫工作布置和业务培训5次，要求干部掌握本村所有贫困户的基本信息和所享受的帮扶政策，特别是驻村第一书记、工作队员、信息员一定要学好学透扶贫政策，准确运用扶贫政策，认真执行扶贫政策。2018年，该村贫困户享受低保待遇户数达到19户，新增享受低保待遇3户，享受危房改造政策的有17户，享受危房改造补助的有6户，享受改厨改厕4户，申请产业以奖代补8户，申请"雨露计划"教育补助4户，享受创业技能培训补贴6人。扶贫政策得到充分落实。

四、京族地区消除贫困人口的建议

第一，建议在基础设施建设项目中增设项目实施前期费用和后期维护费用，或增加项目工作经费的比例。项目竣工后，应预留专项维护资金，作为后期的维护费用。

第二，除了继续安排基础设施建设项目外，可将更多的扶持资金用于软实力建设，如文化、教育、卫生等。文化方面，将少数民族传统文化的挖掘、保护、传承和发展作为扶持的重点；教育方面，要重点扶持人口较少民族聚居村的学前教育、教学点建设，完善和提高教学条件和教学质量；卫生方面，重点扶持人口较少民族聚居乡镇卫生院和聚居村卫生室的软硬件设施。

第三，设立产业扶持基金，扶持具有地方特色或民族特色的产业发展，如京族地区的海产品养殖、鱼露生产、海产品加工等。

第四，调整优化产业结构，发展特色产业，促进农民增收。打造产业发展平台，加快现有工业园区建设；加快传统产业转型升级，延长产业链；加强对小微工业企业的扶持力度，在产业发展、创业孵化等方面加强对小微企业的帮扶，让其增强对京族地区贫困人口的吸纳与帮扶。

第五，发展特色农业，建立产销结合的农业发展模式，降低种养的风险，让农民免除后顾之忧，敢种、敢养，有收益。可引进实力雄厚的农业龙头加工企业到人口较少民族聚居地区从事农产品深加工，提升农业产业化、规模化水平，延伸农副产品产业链，提高其附加值，带动农业结构调整和农民增收。同时，抓好现代特色农业（核心）示范区创建工作，特色农业还可与休闲观光旅游相结合。

第六，发展具有民族特色的旅游业，打造民族特色景区。广西人口较少民族聚居地区拥有丰富的旅游资源，东兴市著名景区金滩就在京族聚居的万尾村。应打造一个专门展示民族特色文化的景区或街区，展示京族的特色文化，包括展示馆、民族特色文艺演出、民族特色餐饮、民族特色产品及其制作等。此外，应以民族民俗旅游为依托，结合自然景观、农业生态休闲旅游、健康养生旅游，拉长旅游消费产业链。

广西民族地区发展报告

附 录

2018年广西民族发展大事记

廖凌子*

1月

▲富川脐橙、环江青梅被农业部认定为国家农产品地理标志登记产品。

广西壮族自治区民族宗教委员会荣获"2017年度全国民委系统信息工作先进集体"称号。

2日,广西壮族自治区成立60周年庆祝活动筹备委员会召开第一次全体成员会议,全面启动并研究部署庆祝活动各项筹备工作。自治区党委书记彭清华主持会议并讲话,自治区主席陈武在会上讲话,自治区政协主席陈际瓦出席会议。

15日,广西壮族自治区成立60周年庆祝活动筹备委员会办公室第二次全体会议在南宁召开。自治区党委副书记孙大伟主持会议并讲话,自治区副主席黄伟京出席会议。

同日,大型花山风情音舞境《骆越·天传》在崇左花山剧场演出。

16日,教育部公布第二批全国中小学中华优秀文化艺术传承学校名单,南宁市民乐路小学、良庆区南晓镇中心学校、解放路小学、马山县百龙滩镇初级中学、马山县加方初级中学、柳州市第二职业技术学校等38所学校上榜。

18日,第八届广西文艺创作铜鼓奖及广西第十四届精神文明建设"五个一工程"颁奖表彰会在南宁召开,自治区民族古籍办组织编纂的《仫佬族地区文书古籍影印校注》(上、下册)荣获第八届广西文艺创作铜鼓奖。

25日,环江·荔波跨省全域旅游合作交流座谈会在环江毛南族自治县召开,两地共同签订了旅游战略合作框架协议。

---

* 廖凌子,广西民族研究中心壮学研究部三级主任科员。

26日，恭城瑶族自治县在第三届全国社会治理创新经验交流会暨《全国社会治理创新典范案例汇编（2017）》发布会上获"2017年全国社会治理创新优秀县"荣誉称号，这是广西壮族自治区唯一获此殊荣的市县。

27日，环江毛南族自治县首个以毛南族文化为主题的特色邮局正式开门营业。

29日，政协广西壮族自治区第十二届委员会一次会议选举蓝天立（壮族）为自治区政协主席，黄道伟、李康（女、壮族）、黄日波（壮族）、陈刚、刘正东、磨长英（女）、彭晓春、钱学明、刘慕仁为自治区政协副主席，王西冀为自治区政协秘书长。

31日，广西壮族自治区第十三届人民代表大会第一次会议举行第三次全体会议，彭清华当选为自治区十三届人大常委会主任，陈武当选为自治区主席。

2月

5日，防城港市民族宗教委员会与中国建设银行防城港分行签订战略合作协议，善行宗教事务服务项目落地防城港市。防城港市是该项目全国首批项目试点城市，也是全国首个项目签约城市。

6日，中国（广西）第二届壮语春节联欢晚会在来宾市忻城县举办。

25日，桂籍艺术家罗氏兄弟（罗卫东、罗卫国、罗卫兵）庆祝自治区成立60周年艺术作品展及研讨会在广西博物馆举办。

27日，自治区人民政府在自治区民族宗教委员会召开研究"土瑶"等少数民族特困地区脱贫攻坚专题会议。自治区副主席黄俊华主持会议并讲话。

3月

▲动画片《少数民族民间故事动画系列片（第二季）》入选国家新闻出版广电总局第二批"中国经典民间故事动漫创作工程"重点电视动画片扶持项目。

1日，2018年中越（上石）民俗文化节暨北帝宫庙会在凭祥市上石镇举行。

3日，中国·南丹2018年白裤瑶年街节在南丹举行。

12日，自治区成立60周年庆祝活动筹备委员会办公室在南宁召开专题工作汇报会。会议由自治区副主席、筹委会办公室常务副主任黄伟京主持。自治区民宗委主任、筹委会办公室副主任何朝建参加会议并作汇报。

同日，崇左市公安边防支队凭祥拘留所隆重举行欢迎中国第五支赴利比里亚维和警察防暴队凯旋仪式，迎接该所维和队员戴忠贤归来。

24日，冯子材生平事迹展在广西民族博物馆开幕，展览时间为期一个月。

同日，田林县瑶族民间文化研究联合会召开成立大会，宣布该联合会成立。

27日，百色机场新增海口至百色至桂林、长沙至百色至广州两条航线，由北部湾航空执飞。

同日，中国新闻摄影学会在隆林各族自治县举行中国新闻摄影学会"国家级摄影创作基地"授牌仪式。

28日，柳州市公安局交警支队原创拍摄的微电影作品《山水之恋》在中国金鸡百花电影节第三届国际微电影展映颁奖盛典上荣获微电影"优秀作品"奖。

同日，隆林各族自治县成立65周年文艺晚会——《畅想隆林》在县民族文化广场举行。

4月

4日，广西壮族自治区成立60周年庆祝活动筹备委员会召开专题汇报会议。自治区党委书记鹿心社主持会议并讲话，自治区党委副书记、自治区主席陈武在会上讲话，自治区政协主席蓝天立出席会议。

15日，广西壮族自治区成立60周年庆祝活动筹备委员会办公室举行新闻发布会，通报自治区成立60周年庆祝活动筹备工作情况和公布自治区成立60周年庆祝活动徽标、吉祥物。

16日至20日，全国首个省级体育庙会和广西壮族自治区人民政府部署的2018年"壮族三月三·民族体育炫"活动在来宾市举行。

24日至27日，"庆祝广西壮族自治区成立60周年广西舞台艺术优秀剧目系列展演——柳州文化周"活动在国家大剧院隆重举行，并展演了舞蹈诗《侗》、广西民族音画《八桂大歌》、民族歌舞剧《白莲》等3部优秀剧目。

28日，"壮族三月三·八桂嘉年华"壮语经典诵读大赛决赛在广西壮文学校（广西民族中等专业学校）举行，共有20队选手进入决赛。

29日，大型京族原生态文化节目《12天籁·京岛渔歌》——广西世居民族民歌音乐会在广西艺术中心首演。

5月

▲三江侗族自治县本土作家创作的《三江侗戏选》由广西人民出版社出版发行。

2日，用金秀瑶族支系（盘瑶）瑶语译制的瑶语电影《举起手来》在金秀放映。

3日，中国—东盟老年医疗保健国际论坛暨首届中国长寿之乡大健康产业科技创新发展大会在南宁召开。会上审议通过了中国长寿之乡大健康产业联盟章程，成立中国长寿之乡大健康产业联盟领导机构。

同日，南宁市马山县，防城港市上思县，百色市田阳县、凌云县，贺州市富川瑶族自治县，河池市南丹县、东兰县、来宾市忻城县8个县被自治区创建特色旅游名县工作领导小组办公室认定为广西特色旅游名县创建县。

6日，广西首部民族歌剧《三月三》在南宁剧场首演。

8日，中华人民共和国文化和旅游部下发《关于公布第五批国家级非物质文化遗产代表性项目代表性传承人的通知》，广西冯杏元、张树萍、杨开远、苏春发、邓明华、黄明荣、黎芳才、黄道胜、阮桂陆、周瑾、李蔚琛、谭素娟、李村灵、杨求诗、陆景平、韦洁群、卢超元、廖熙福、谢忠厚、韦真礼、何金秀、潘继凤、陈基坤23位非物质文化遗产传承人成为国家级非物质文化遗产代表性项目代表性传承人。

17日，"心仪广西 六十国宝——广西壮族自治区成立60周年文物博物馆事业成果展"巡展启动仪式暨首展开展仪式在南宁博物馆举行。

同日，广西城市民族工作会议暨民族团结进步创建工作推进会在柳州召开。

20日，2018年中国（广西）—东盟蔬菜新品种博览会在广西国家级农作物品种区域试验站开幕。

28日，巴马瑶族自治县东山中心小学举办首届瑶族文化艺术节。

31日，广西壮族自治区十三届人大常委会第三次会议第二次全体会议在南宁召开，会议表决通过了《广西壮族自治区少数民族语言文字工作条例》，并于2018年7月1日正式实施。

6月

▲金秀瑶族自治县瑶族支系（茶山瑶）瑶语译制的电影《刘老庄八十二壮士》在金秀首映。

1日，广西壮族自治区党委常委、宣传部部长范晓莉主持召开广西壮族自治区成立60周年庆祝大会民族文化展演活动工作推进会。同日，广西壮族自治区党委副书记、筹委会办公室主任孙大伟在南宁主持召开筹委会办公室第四次全体成员会议。

同日，改版后的《壮语文广播学校》在广西人民广播电台新闻910频道正式播出，共设"一日一课""壮语听天下""壮语开讲啦""为你读诗（壮语版）""政策天天读""美丽壮乡歌曲欣赏"6个板块。

2日，三江侗族自治县独峒镇举办第二届侗族农民画文化艺术节。

7日，庆祝改革开放40周年和广西壮族自治区成立60周年文艺精品项目和重点文化体育活动新闻发布会在广西新闻中心举行。

8日，宜州刘三姐文化博物馆正式揭牌开放。

16日，第十四届中国—东盟（南宁）国际龙舟邀请赛暨2018年广西龙舟系列赛（南宁站）在南宁邕江举行，来自国内外的56支龙舟队展开激烈角逐。这是该赛事举办14年来首次在邕江举行。

21日，来宾市四届人民政府第47次常务会议上，审议并原则通过《来宾市中医药壮瑶医药发展"十三五"规划》。

22日，上林县举行徐霞客游历上林380周年暨霞客里程碑立碑纪念仪式，特邀北京市中国地质学会徐霞客研究分会、江阴市政府及江阴徐霞客研究会等单位一起参加。

25日，2018年百色芒果（北京）专场推介会在北京市新发地农产品批发市场举行。

29日，恭城瑶族自治县被全国气候与气候变化标准化技术委员会授予"国家气候标志"，是全国首个气候宜居县。

同日，广西最大铜鼓在环江毛南族自治县花竹帽广场通过"世界最大铜鼓"吉尼斯世界纪录认证。

29日，环江毛南族自治县举办毛南族分龙节。

7月

▲中国邮政集团公司广西壮族自治区分公司制作的毛南族山乡风情纪念邮品正式面向全国发行。

8日，深度贫困地区高质量脱贫研讨会在百色干部学院举行。会上，百色市政府和中国扶贫开发协会签署了《高质量脱贫全面合作框架协议》。

17日，2018年亚洲法官研修班在国家法官学院广西分院开班，来自老挝、马来西亚、蒙古、缅甸、巴基斯坦、乌兹别克斯坦6个国家共30多名大法官、法官、检察官参加研修学习，研修班共举办14天。

18日，贺州市第二届少数民族传统体育运动会开幕，来自该市的7个代表团、共424名运动员参赛。

25日，大型民族歌剧《刘三姐》在国家大剧院首演。

27日，《恭城瑶族自治县传统村落保护条例》获得广西壮族自治区第十三届人民代表大会常务委员会第四次会议批准，并由恭城瑶族自治县人大常委会公布实施。这是广西首部传统村落保护法规，也是全国首部由少数民族自治县出台的传统村落保护条例。

8月

▲环江毛南族自治县首个生物发电项目——理昂农林废弃物热电项目正式并网发电。

北海市合浦县委、县政府投资兴建的6个"民族之家"投入使用，少数民族贫困家庭可免费居住，解决了数百位贫困少数民族群众的住房问题。

1日，河池市174个邮政营业网点正式启用壮汉双文邮政日戳，取代了之前的纯汉字邮政日戳。

4日，2018年壮语文水平考试在广西民族大学举行，共371名考生参加了本次考试。

5日，中国广西平果县的思恩合唱团演唱壮族原创曲目《月亮》，在"一带一路·唱响未来"2018马来西亚国际华人合唱大赛中获得金奖。

10日，"遍行天下·心仪广西"2018广西文化旅游推介会在纽约联合国总部举行。

同日，广西壮族自治区党委常委、秘书长、自治区成立60周年庆祝活动筹委会办公室常务副主任黄伟京主持召开筹委会办公室第二次常务会议。

13日，国际灌排委员会第69届国际执行理事会全体会议公布了2018年（第五批）世界灌溉工程遗产名录，灵渠成功申报成为世界灌溉工程遗产。

18日，"月色中的壮乡"稻田艺术展在南宁市武鸣区成功举办。

22日，中国作家协会《民族文学》都安创作基地在都安瑶族自治县举行授牌仪式。

22日至26日，广西民族出版社与印度通用图书公司在第25届北京国际图书博览会上签订了"广西壮族神话传说少儿绘本"《伦歌朝观》（三册）的版权输出协议。这是继《广西铜鼓》（上、下卷）后，广西民族出版社又一套"走出去"的民族文化类精品读物。

24日，2018广西工艺美术作品旅游工艺品暨大师精品展在南宁国际会展中心开幕，展览分工艺美术作品展区、旅游工艺品展区和广西工艺美术大师精品展区3个展区。

24日至25日，第七届桂湘黔三省（区）"文学与地域"研讨会暨《风雨桥》创刊40周年座谈会在三江侗族自治县召开，来自桂湘黔三省（区）九市十八县的近百名侗族作家参会。

28日至29日，2018年广西少数民族民歌展演在南宁市武鸣区的广西壮文学校举行。

29日，广西壮族自治区成立60周年庆祝活动筹备委员会召开第二次全体成员会议。自治区党委书记鹿心社主持会议并讲话，自治区党委副书记、自治区主席陈武在会上讲话，自治区政协主席蓝天立出席会议。

9月

▲《江州区城镇农村居民点壮语地名汇编》正式出版，这是崇左市

江州区第一本系统、全面地研究、介绍城镇农村居民点壮语地名的文献资料集。

资源县首个瑶族刺绣基地在该县中峰镇成立，同时还创立了资源县瑶寨传承刺绣有限公司，公司经营范围为刺绣、工艺品销售和服装制作。

3日至6日，"粤桂媒体大化行"大型媒体采访活动正式启动，媒体围绕"脱贫攻坚、旅游发展、康养美食、城市建设、民族文化、乡村振兴"等内容开展采访活动。

7日至9日，来宾市选送的金秀瑶族刺绣时尚手提包和忻城锦绣包在四川举行的2018中国旅游商品大赛上获得铜奖。

10日，贺州市八步区首部大型客家山歌剧《股份农民》在贺州文化中心举行首场演出。

12日，第15届中国—东盟博览会、中国—东盟商务与投资峰会在广西南宁国际会展中心开幕，广西特产精品馆开馆。同日，第20届南宁国际民歌艺术节晚会在广西文化艺术中心大剧院正式拉开帷幕，晚会共分为"大美壮乡""丝路情缘""新时代颂"三大篇章。

13日，"中华情·夕阳红"2018年走进俄罗斯中俄文艺大汇演在俄罗斯符拉迪沃斯托克举行。来宾市象州县壮欢研究学会会长廖引帮等8人组成的壮欢队以广西特色的民族山歌清唱（原生态）唱法演唱山歌《中俄文化共交流》获得2018年赴俄罗斯中俄文化交流演出铜奖，廖引帮获组织金奖。

15日，广西国际壮医医院正式开业。

19日，广西本土摄影家、广西群众艺术馆摄影创作员粟俊携作品《梦幻·古城》参加第十八届中国平遥国际摄影大展。

21日，庆祝广西壮族自治区成立60周年大会指挥部第一次全体会议在南宁召开，会议由自治区党委副书记、自治区筹委会副主任、庆祝大会指挥部总指挥孙大伟主持。自治区党委常委、宣传部部长、庆祝大会指挥部副总指挥范晓莉，自治区党委常委、南宁市委书记、庆祝大会指挥部副总指挥王小东出席会议并发言。

同日，"唱响新时代　彰显新气象"南宁市文艺界庆祝改革开放40周年、广西壮族自治区成立60周年主题优秀摄影作品展在广西美术馆开展。本次展览包含"追忆南宁""今昔南宁""幸福南宁""飞阅南宁""抒情南宁"5个篇章，共展出作品350件。

26日，金秀瑶族自治县被中国气象服务协会授予"中国天然氧吧"称号，成为广西首个获得该称号的县域。

同日，2018年民体杯全国珍珠球比赛在南宁市广西大学体育馆正式开幕。

30日，广西壮族自治区第十三届人民代表大会常务委员会第五次会议通过了《广西壮族自治区人民代表大会常务委员会关于加强民族团结进步创建活动的决定》。

10月

▲永福县成立首个少数民族研究会——瑶族文化研究会。

10日，广西壮族自治区成立60周年庆祝活动第二场新闻发布会在南宁市举行。会上介绍了自治区成立60周年庆祝活动筹备工作情况、《广西壮族自治区人民代表大会常务委员会关于加强民族团结进步创建活动的决定》有关情况，以及第十四届广西全区少数民族传统体育运动会筹备情况。

11日，2018年全国壮汉双语法官培训班开班仪式在广西法官学院举行。

16日，广西壮族自治区成立60周年庆祝大会指挥部办公室常务会议在南宁召开。会议由自治区党委常委、秘书长、筹委会办公室常务副主任黄伟京主持。

同日，第九届广西网络媒体峰会暨第四届中国（贺州）新媒体群英会在贺州开幕。

18日，广西壮族自治区成立60周年纪念邮票首发式在广西民族博物馆举行。邮票图案名称分别为"和谐家园""开放门户"和"生态福地"，分别展现了60年来广西12个世居民族在党的民族政策和民族区域自治制度下取得的辉煌成就及广西山清水秀的生态美景。

19日，设立于广西艺术学院南湖校区的广西首个民族音乐博物馆正式开馆。

同日，首届广西全区中学生壮语标准语诵读比赛在南宁市举行，来自全区8个市22个县（市、区）34所壮汉双语中学学生共计39人参加比赛。

20日，大化瑶族自治县成立30周年县庆活动举办，其以"康养福

地 美食之乡"为主题,包括庆祝大会、主题文艺晚会和广场民族文艺表演活动、自治县成立30周年成就展等系列活动。

同日,中国康复医学会物理治疗专业委员会首届学术年会在南宁开幕。

22日,广西壮族自治区成立60周年经济社会发展情况介绍会在南宁召开。会议由自治区党委常委、宣传部部长范晓莉主持,自治区党委副书记孙大伟出席会议并讲话。

22日至28日,2018年"丝路杯"中国—东盟乒乓球赛在百色靖西市举行。

24日至30日,广西壮族自治区第十四届少数民族传统体育运动会在崇左市举行。运动会竞赛项目包括花炮、珍珠球、蹴球、秋千、射弩、陀螺、投绣球、毽球、龙舟、高脚竞速、少数民族武术、板鞋竞速、独竹漂、民族健身操14个项目,另外进行竞技类、技巧类、综合类3类表演项目。

26日,广西壮族自治区成立60周年庆祝活动吉祥物系列文创产品发布会在广西民族博物馆举行。

同日,广西艺术学院建校80周年庆典在广西艺术学院南湖校区会演中心举行。为庆祝建校80周年,该校还举办了中国—东盟艺术高校联盟会议、中国—东盟艺术院校校长圆桌会议、漓江画派国际研讨会、原生民歌专场音乐会、历届师生优秀作品成果展、杰出校友讲座等一系列活动。

26日至28日,第11届中国—东盟(百色)现代农业展示交易会在百色市田阳县举行,其以"一带一路 合作共享"为主题。

27日,恭城瑶族自治县被国家气候中心授予"中国气候宜居县"称号。

同日,中国民族语文翻译局2018年度壮语文新词术语翻译专家审定会在南宁市上林县召开。

28日,百色—北京航线成功开通。

29日,庆祝改革开放40周年、广西壮族自治区成立60周年文化艺术展览展演(北京)活动在北京举行。活动包括广西文化艺术作品展、广西优秀剧目展演、电影《又是一年三月三》首映、广西好书推介及读书分享会,一直延续到11月20日。

31日,广西壮族自治区成立60周年讲好"广西故事"民族团结进步征文评选揭晓。此次征文活动共评选出获奖作品60篇,其中,一等奖2篇,二等奖5篇,三等奖15篇,优秀奖38篇。

11月

▲《壮族典籍译丛》由广西人民出版社出版发行。该书以印尼语、老挝语、缅甸语、泰国语、越南语与壮语汉语对照编译,面向东南亚国家译介传播。

1日,国务院新闻办公室举行广西壮族自治区成立60周年经济社会发展情况及庆祝活动新闻发布会。自治区党委书记鹿心社,自治区党委副书记、自治区主席陈武出席发布会,向中外媒体介绍广西经济社会发展情况并回答记者提问。

2日,119家企业成为"十三五"期间民族特需商品定点生产企业。此次认定企业覆盖了少数民族药类、针纺织类、清真食品类、日用杂品类、边销茶、工艺美术类、生产工具类、家具类、文体用品类、服装类10个大类。被认定的企业可在名单公布之日起享受民族贸易和民族特需商品定点生产企业贷款贴息优惠政策。

6日,由广西区地方志编纂委员会编纂的《广西通志·报业志(1998—2005)》正式出版。

9日,中国宪法边疆行暨广西边关普法活动启动仪式在靖西市人民会堂举行。

16日,广西桂中山歌文化旅游联合体在忻城县揭牌成立,初始成员单位包括忻城、合山、宜州、都安、大化、上林、马山7个桂中县(自治县、市、区)。

17日,2018中国—东盟国际马拉松在防城港市开跑,来自16个国家的1.5万多名跑友参加了比赛。

21日,"八桂多娇 共庆华诞"——庆祝广西壮族自治区成立60周年书画摄影展在自治区政协同心会堂书画摄影展厅举行。

25日,2018红城百色国际半程马拉松赛正式开跑。

28日,广西壮族自治区第八次民族团结进步表彰大会在广西人民会堂举行,表彰在民族团结进步事业中作出突出贡献的200个模范集体和299名模范个人。

同日,壮文智能语音翻译软件发布会在广西南宁市召开。

同日,广西代表队在2018年民体杯全国民族健身操比赛中荣获三等奖。

30日，广西实施兴边富民行动新闻发布会在南宁市召开。

12月

▲在北京大学公布的2018年《中文核心期刊要目总览》中，《广西民族研究》位居民族学类期刊第三名；在南京大学公布的"中文社会科学引文索引来源期刊"中，该刊物位居民族学与文化学类期刊第一名。此外，《广西民族研究》还入选了"中国人民大学报刊复印资料重要转载来源期刊""《中国学术期刊影响因子年报》统计源期刊"。

《神秘的西林唱娅王》正式出版发行，该书分为"论坛""唱娅王""意义""传说"四辑。全书采用国际音标、壮文、直译、汉译对照译注。

1日，"山乡·翰墨神韵"中国仫佬山乡书画摄影作品晋邕展开展仪式在南宁市工人文化宫举行。

3日，广西壮族自治区成立60周年庆祝活动第三场新闻发布会在南宁市举办。

5日，旧桂系军阀首领陆荣廷陈列馆在龙州县正式揭牌开馆。

6日，庆祝广西壮族自治区成立60周年"民族团结进步丛书"专家座谈会在南宁举行。丛书包括《热血丹心八桂情——讲好"广西故事"民族团结进步征文获奖作品选》《今朝望乡处——壮族作家汉壮双语散文选》《老报纸见证：广西壮族自治区成立》《中国壮医学》《广西文化符号》《壮族文化概览》《广西世居民族服饰文化》7部作品。

7日，黄姚古镇在"2018魅力中国城"文化旅游魅力榜发布会暨城市文化旅游论坛中入选"年度魅力小镇"榜。

9日，中共中央政治局常委、全国政协主席、中央代表团团长汪洋率中央代表团出席在广西人民会堂举行的向广西壮族自治区赠送纪念品仪式。中央代表团向广西赠送了习近平总书记"建设壮美广西 共圆复兴梦想"题词贺匾、珐琅瓶等纪念品。

10日，广西壮族自治区成立60周年庆祝大会在广西体育中心隆重举行。中共中央政治局委员、国务院副总理、中央代表团副团长孙春兰宣读中共中央、全国人大常委会、国务院、全国政协、中央军委关于庆祝广西壮族自治区成立60周年的贺电。中共中央政治局常委、全国政协主席、中央代表团团长汪洋发表讲话，向广西壮族自治区表示热烈的祝贺，向 5600 万广西各族干部群众致以节日的问候和良好的祝愿。自治区党委书记鹿心社和壮汉群众代表在大会上发言，大会由自治区党委副书记、自治区主席陈武主持。

15 日，广西少数民族语文学会 2018 年年会暨学术研讨会在广西民族师范学院召开。来自全区各高校、民族语言部门、科研院所的专家学者近 80 人参加了会议。

16 日，环江毛南族自治县和罗城仫佬族自治县在 2018 年中国森林旅游节上被国家林业和草原局授予"全国森林旅游示范县"称号。

18 日，荔浦撤县设市大会举办，荔浦市委、市政府、市人大、市政协、市纪委监委相继揭牌。

21 日，南宁市新兴民族学校举行 20 周年校庆庆典活动。

29 日，国家民委公布"第六批全国民族团结进步创建示范区（单位）"名单，广西壮族自治区柳州市融水苗族自治县、梧州市万秀区城南街道南中社区、广西柳工集团有限公司、防城港市港口区渔洲坪街道桃花湾社区、桂林市戏曲创作研究院、南宁市青秀区凤岭北社区、北海市银海区平阳镇东山村、崇左市江州区江南第一小学入列。